生命禮俗五部曲

Rituals of Five Stages in Life

瀟灑走一回

施來山 著

博客思出版社

吳校長推薦序

生命禮儀立基於對生命的尊重態度。自出生、成年、婚嫁、壽誕，一直到生命的結束，人們都是藉著各種禮俗儀式來處理。禮俗是傳統文化重要的組成部分，也稱為風俗習慣。莊重為禮，簡約為俗。上層文化為禮，下層文化為俗。禮與俗雖然在概念上可以各自獨立，但兩者的宗旨是一致的。生命禮儀與社會組織、信仰、生活經驗等多方面的民俗文化相交織。集中體現來自不同社會和民俗文化類型中的生命週期觀和生命價值觀。生命儀禮一方面連結尋常百姓的人生追求和需要，一方面連結著受儒家文化支配的傳統價值觀念，千百年來始終發揮著規範人生和統一教化的作用。

中華民族擁有五千年的歷史文化，我們的祖先在歷經每天的日出日落、寒來暑往，累積出一年四季當中規律生活所必須的「**人情世事**」，後世子孫代代相傳，呈現了人類都可能歷經的出生、成長、結婚、壽慶，乃至於終老死亡等過程，每一階段都是人生的一個驛站，對於人的生命旅途而言，它帶來新鮮、喜悅、興奮，有如登山頂目睹陽光噴薄而出的感覺般燦爛，憧憬的在心中蕩漾，壯麗的生命前景在眼前展開著。

什麼是生命？**漢寶德先生說：「生物界的一切造物主要工作就是求生，就是維持生命於不墜，並設法延續生命」**。大自然賦予求生的本能，牠們都循著自然的規律生存於世。只有人類因有思考的能力，才會尋找生命的意義，為自己在忙碌生活中求生，在心靈上找到安頓。生命的原始意義就是活著；為了在世上存活，要面對各種困頓、艱難，甚至死亡的威脅。只有人類會因為想不通生命的意義而走上自殘滅絕之途。**蔣介石先生曾說：「生活的目的在增進人類全體之生活，生命的意義在創造宇宙繼起之生命」**，是很有道理的。

所謂「禮儀」，是社會生活中由於風俗習慣而形成的，是大眾共同遵守的儀式。而「生命禮儀」就是一種通過儀式，透過誕生、成年、結婚、壽誕、喪禮來安頓已知或未知的一生。但最重要的是它具有社群及信仰特徵，它把各族的人生觀、價值觀和禍福交織在一起，形成複雜多樣的民俗樣式，而且長期的支配人類生活。做一個廿一世紀的公民，我們應從過去生命禮俗的各個角度去認識生命。要認識生命首先要從科學層面上去了解生命的本質，認識怎麼樣可以延續生命的過程，直到人最後善終。而貪生怕死是生物的本性，但人類要在精神上設法超越對生死的恐怖。自文化層面上，要認識生命的課題是人類創造力的基礎。由於我們對生命懷有永恆的疑慮，才會有生命儀禮制度與宗教信仰的產生，文學家與藝術家才有取之不竭的資源，創造出使我們感動的作品，並流傳於後世。凡是傳世的名作，都有觸動生命心弦的力量。

漢民族傳統生命禮儀的精神及對「禮」解釋意義、淵源、定義、定位、類別及對心理影響與生命禮儀中的生命觀進行學術研究發現，中國漢民族傳統生命禮儀按照人的一生中，從出生到死亡，依不同階段的前後經歷，其間有種種不同的「儀式」與生活緊密結合著，其中有該注意的與不可觸犯的禁忌，更有其不同的作法與因由。除此之外，更進而溯源整理生命禮儀的相關內容和有關生命禮儀的祭祀活動，以豐富踏實、精彩、圓滿的人生。

來山兄為完成就本著作，跑遍全台各地去訪視相關民風民俗。如今這本巨著終於付梓問世，就像他已完成了一件人生大事，他更希望此書的出版能告慰已辭世多年的父母，聊盡一份孝思。不過他最高興的還是在於能夠藉由此書的發行，幫助讀者能與社群倫理關係緊密維繫，迎向生命的每一天。並且使近代人完整解讀過去漢人如何處理人從出生、成年、結婚、壽慶及喪葬等禮儀細節，更有助於熱衷追求生命禮儀本身或周遭的人，能夠很快接受生命各階段的改變，瞭解禮儀的演繹，以順利扮演好人生中各個階段的角色。爰樂為之介，是為序。

二〇一五年十一月　**吳正牧**　敬識

（第一任桃園文化中心主任）

（曾任台灣書店總經理）

（前國立武陵高中校長）

陳執行長推薦序

生命禮儀乃指人的一生中幾個重要環節上，所經過的儀式過程，主要包括誕生禮、成年禮、婚禮和葬禮。此外每進入重要年齡階段的祝壽儀式和一年一次的生日慶賀，勉強也可視為人生的儀禮。

生命禮儀是社會民俗事項中的重要組織部分。每一個人經歷人生儀禮，決定因素不只是他本人年齡和生理變化，而且是在生命過程的不同階段上。生育、家庭、宗教等社會制度對一個人的地位和角色認可，也是一種文化規範，對他進行人格型造的要求。因此人生儀禮是將個體生命加以社會化的程序規範和階段性標誌。而禮儀是一種象徵，一種認同，也是一種交流的媒介。人是社會中的一份子，群體與社會正是通過這種禮儀對象的成員予以接納與承認。**如梁漱溟先生所講：禮的要義，禮的真意，就是在社會上人的各種節目要沉著、鄭重、認真其事，而莫輕浮隨便苟且處之。**

本書所談的「禮」是指人一生當中五個重要階段所歷經的不同儀式和禮節。所謂生命禮儀是文化人類學的專有名詞，意指人的一生，從出生到死亡的時間歷程中，每個人都會經歷一些類似的生理變化，碰到一些共同的生命關卡，而每通過一道生命關卡，多意味著身體、心境和社會角色的改變，或帶來新的喜悅或面臨新的問題，或承擔新的責任。因此幾乎每個社會或每個族群都有一套生命禮儀，用來標示人生每一個階段的變化，協助其成員平安順利的走完生命旅程。

生命禮儀擁有豐富而多采的內容，其內容包含：對新生命的迎接，對為人父母者的慰藉，對婚嫁者的祝福，甚至對結束生命者的敬重與懷念。換言之，生命禮儀讓人在面對生命的某些事務時可禮奉遵行。由於生命禮儀的進行，在儀式上有其因循的傳統，然而又不得不因應當代生活實際狀態而作調整。就儀式而言，生命禮儀的節目方式與每個社會所體現的當代實際生活狀況有密不可分的關係，舉凡經濟因素（如：消費型態的改變），社會價值（如：年輕人亟想擺脫三代同堂，對於小家庭型態的偏好），政令宣導（如：政令變遷者，如廿年前兩個孩子恰恰好的節育宣導，以及當今高齡化人口，生第三胎政府有補助…等），都可能是影響「儀式」進行方向的因素。「儀式」的進行方式，雖與時俱遷，然而其終極關懷與人情考量，卻始終汲取於文化傳統，並試圖在當代社會尋求「安頓」的形式。

唯有借重於深入理解生命禮儀的文化底蘊，才能避免生命禮儀在妥協於世俗價值而衍生出光怪陸離的社會現象。生命禮儀的價值與必要，來自於人自出生肇始，即無法自外於「生、老、病、死」的時間關卡。無論是慶賀祝福，或是哀悼緬懷，人類社會都是以禮儀來作為行經生命關卡時生活步調與心理狀態的調適。由古至今，每個社會、每個族群皆有其生命禮儀，也就是說生命禮儀在不同的族群與社會，皆有其「文化傳統」，而這些傳統又必須面對當代社會生活型態變遷，所產生的「蛻變」與「轉型」。弔詭的是這些「蛻變」與「轉型」往往立基於當事人對於「傳統的追尋」，同時折衷於對「現實生活」的妥協，我們不僅要將傳統生命禮儀當作一份神聖的工作，更要努力的為生命喝采。

有鑒於生命禮俗，乃人情無法避免，盱古衡今，儀式進行與規劃，只有訴諸於文化底蘊的理解與詮釋。因此我們面對「傳統生命禮儀與文化詮釋」的嚴肅課題前，要以豐富的文化素養，來提升生命的智慧。在行經每一道生命關卡時，展現分析思辨的能力；透過恰如其分的禮儀表現，學習成長，珍惜生命的喜悅，圓滿而無憾，帶領我們正視自我生命的莊嚴，與理解群己生命的和諧，透過文化的詮釋與省思，看重自己並尊重他人。

來山兄本著對傳統生命禮儀的精神與堅持，以及現今對傳統生命禮儀吸收現代文明的同時，能鍥（ㄑㄝ）而不舍（ㄕㄜˇ）的深入鑽研，讓漸漸失去的傳統禮俗，能在現代化生活中重拾禮儀的記憶，喚起人們對生命的尊重與安心。並透過對自己民族生命禮儀的了解，使自身的傳統文化，薪火相傳，綿延不絕，為生命祝福，更希望為人生留下青山依舊在，人間皆有情的溫馨回憶。對來山兄投入的執著至為感佩，特為之序。

二〇一五年九月　陳進本　敬序

（前台灣中油公司執行長）

（現任台灣綜合研究院研究員）

民俗禮儀與道德教範

一、生、老、病、死乃是人生必經之路，由誕生的喜悅、成長的過渡、婚姻的嫁娶、壽誕的祝福及喪葬之處理，有如自然界的四季一樣出現。生是歷程的開始，而死則是這段歷程的終點。世界上多數民族都有其豐富的生命禮儀，此禮俗乃貫穿人的整個生命過程。

二、任何一種型式的生命禮俗，可以說都是對生命的一種尊重。由於生命的生成不是簡單而輕易的，所以應對它給予適度的尊重，因此在生命的過程中，每一個重要的階段會遇到許多關卡，人們都會慎重其事的設定一些禮俗來處理，藉著一些所謂過關儀式的盛大祝禱，以象徵生命另一階段的開始。

三、禮者，體也；以恭敬辭遜為本。《禮記・王制》云：「六禮：冠、昏、喪、祭、鄉、相見」。《曲禮》云：「禮從宜，使其俗」。古代所謂的「禮制」就是從平民到王侯，在社會活動和日常生活中所遵循的行為規範準則。人們平時的衣食住行，乃至婚嫁喪葬，都有嚴格的禮制約束，禮儀被認為能「**通神明，立人倫，正情性，節萬事**」。禮所以從宜者，禮有因時制宜，因地制宜，因人制宜之處，因而須適應時代環境而改變。中國素稱禮儀之邦，《春秋》有云：「夫禮，天之經也，地之義也，民之行也」，社會風俗的良窳，端賴人民對「禮」的推行。

四、中華民族是一個富而好禮的民族，而華夏民族傳承了極其發達的禮儀文化，從出生禮、成年禮、婚禮、壽禮到葬禮各階段，都有一套莊嚴肅穆，兼顧風俗與禮節的典禮和儀式。而漢民族的完整生命禮儀體系，有以冠與笄的成年禮，有以寧靜優美的婚禮，有以莊重安詳的葬禮，尤其都以人文風俗為主要特色，是其他民族所不能媲美的。

五、人一生的禮儀主要有誕生禮、冠禮、婚禮、壽禮、喪禮等五大禮儀，是每個人必經的五個階段。為了因應每個階段的變化，人們發展出許多習俗，以祈求健康、平安（安心）、圓滿，這就是生命禮儀。生命禮俗對生長在台灣的每一個人而言應不陌生（尤其是婚禮及喪禮）。在人一生歷程中，就記錄下了豐富的生命歷程。每一個生命週期和生長階段，家人都會鄭重其事的設定一些禮俗儀式來處理，以強化生命的價值與神聖。

六、我國近代社會令人感嘆的是倫理道德觀念日漸淡薄，生命禮儀已漸漸簡單化，儀式表達的傳統意義正在被徹底顛覆，傳統的禮儀已徒具空殼，有些禮儀消失了，另一些禮儀又被製造。而這種文明繼承創新的本領似乎是與生俱來，可悲的是承的是殘缺不全的禮儀，傳的更是奇形怪狀的利益之儀。

七、有鑑於現今處理有關生前到生後事的禮儀書籍並不多見，據悉僅文謅謅的出現於二七七年前清朝福建漳州龍溪人呂子振（羽仲氏）所編，民國十一年鷺江人楊鑑（曉潭）重校的「家禮大成」。它是中國現存最早一部詩文總集，記載為人處世的基本禮節與家庭婚喪喜慶的禮俗，及在南朝梁武帝蕭衍長子蕭統（西元五○一—五三一）組織文人共同編著的《昭明文選》少有補述外，餘均極為罕見。

八、「家禮大成」原本是近代閩南人很重要的生活寶典，但卻有很多爭議處。台灣民俗專家學者徐福全也集資完成校編，與現代的「禮」有關，屬於台灣漢人族群中占多數的河洛人（閩南人）與客家人從生到死，無所不包的生命禮儀，以及這些禮俗背後所代表的生命觀與宇宙觀書刊，供近代人參考。

九、本人基於對生命的尊重，搜集了人自出生、成年、結婚、祝壽，乃至老死諸過程，都有規可循，有約定而成習俗，可以禮奉遵行的生命禮俗。提供詳實、完整，而且實用的生命過程中最重要五階段之禮儀發展與處理方式，供各界人士參考運用。書中附帶有祝、悼、賀詞等齊全的經典技巧範例外，還精選了多款例詞、妙語等精彩絕倫的賀詞素材。言語活潑生動，格式明瞭，文體豐富，更是現今婚喪喜慶、交際應酬不可或缺的禮儀範本，亦算是一本婚喪禮儀教範。

十、賀詞範例風格或典雅莊重，或詼諧幽默，或深入淺出，或妙趣橫生，可謂不拘一格，應有盡有。無論您在何種場合，扮演何種角色，本書都能提供理想方案，讓您語出驚人，讓聽者感動，印象深刻。書本並簡介多種好詞，多條臨場應用素材，集各種婚喪喜慶中的致詞經驗於一體，從禮俗到致詞題材，面面俱到。

十一、各篇附錄還酌參了台灣現實風俗民情，撰述相關內容，讓讀者大大提升致詞品質與情境適應能力，同時本書不僅具有實用性，更具有很強的趣味性，讓人入於目，朗於口而融於心，而屬於在一個特別的日子裡，一句真誠的祝福，一篇動情的賀詞，勝過五彩鮮花，勝過浪漫的詩句，更勝過貴重的禮物。

十二、本書全方位解讀了台灣漢人的生命禮俗五部曲，內容結合了政院訂定的〈國民禮儀規範〉，井然有序的將生命禮儀一一陳述，亦可供家戶在辦理婚喪參考。資料內容有十九萬字，係本人利用公暇之餘纂輯的。藉此書的出版，告慰已辭世多年的父母，聊盡一份孝思。如有選輯不精，或分類不當，或編次不善，在所難免，尚請賢者見宥。在此還要感謝前國立武陵高中校長吳正牧先生及前台灣中油公司執行長陳進本先生的細心指導，方能順利付梓出版。企盼海內外先進賢達不吝指教！幸甚！

二〇一五年十一月　施來山　謹誌

民俗禮儀與道德教範

目錄

第一部　出生禮儀篇

家中一大喜事就是添了新生命，從孩子出生開始就會被各式各樣的禮儀圍繞。明白多樣的誕生禮，是對孩子的美好祝福和期望。誕生是人生的開端，誕生禮也是人生的開端禮，在人生諸禮儀中占有重要地位，而且持續的時間也較長，其中經歷許多有趣的環節。從內容看，大體包括求子儀式、孕期習俗和賀生子三個階段，而以第三個階段為中心部分。

中華民族是一個禮儀文化極其發達的民族，有著一套完整的生命禮儀體系。其中出生禮包含了多個禮儀程序，象徵著對新生命的迎接和祝福，蘊含著非常美好的寓意。幾千年來中國人的生日記錄方法跟西方大相逕庭（ㄊㄧㄥˋ）。中國人新的一歲開始於農曆新年的大年初一，也就是說除夕過後，每個人就長一歲，所以新年「辭舊迎新」的意味裡面還有歲數的一定含義。而一般過生日還是習慣使用農曆，所以自民國以來，每個人可以有兩個生日，一個農曆，一個公曆，因為中國農曆生日，對應的公曆日期皆不相同。

出生禮被稱為「搖籃邊的禮儀」，世界許多民族的出生禮都與宗教密切相關，但華夏民族的誕生禮儀更多帶有儒學和世俗的色彩。可以說，華夏傳統的出生禮，是儒家禮義與世俗生活緊密結合的產物。台灣傳統社會裡，注重家庭與家族，所求的是人丁興旺。傳宗接代，生兒育女，是一件非常重要的事。因此一個新生命的誕生，是一件令人期待又高興的事，但經老祖宗的固有習俗傳承下，出生禮儀已成了一個既有慣例。

人的生命禮俗，在人類社會是很豐富而多采的，幾乎每一個生命的重要關卡，我們都是藉著各種的禮俗來處理。出生有迎接生命的處理，對為人父母者的慰藉，人類傳衍下來各種生命禮俗或禁忌，有的祈求新生兒未來成龍成鳳；有的祝福婚姻圓滿；有的則在撫慰往生者的親友，這些禮俗都有其宗教上的義理，而且深深影響著漢人的生活作息與綿延的世代。

嬰兒的降生是人生的大事、喜事。家人歡欣，親朋相賀。結婚生子，有新生命的加入，對於每個家庭來說都是值得慶賀，不得不重視的大事。中國傳統習俗上自然也包含了許多關於寶寶出生後的成長禮俗，如寶寶生後第三天要準備油飯、雞酒，稱為「報酒」；或出生滿四個月也有趣味的「收涎（ㄒㄧㄢˊ）禮」，希望寶寶不再流口水，可平安順利長大等，所有的禮俗用意都在祈求寶寶日後能擁有健康平順的人生。而由於在過去醫療不發達的年代，嬰兒滿月可以說是十分不容易的事，因此在「彌月之喜」這天依循古禮會有許多禮俗，以祈求寶寶有個光明美好的未來。

漢民族傳統的出生禮，由幾種禮儀組成，嬰兒誕生有誕生禮；三日後有三朝禮；出生一個月，為滿月禮；出生一百天，行百日禮；一周歲時，行周歲禮，這樣對一個新生命的迎接過程，才算完成。傳統的誕生禮的核心，是對生命延續、順利和興旺的禮愿，反映了父母對子女的舐犢情深，並具有家庭遊戲的性質，是一種具有人倫味，以育兒為追求的信仰風俗。漢民族傳統的出生禮，因地域之別而具有不同的風貌和表現樣式，但總的來看，漢民族傳統的出生禮中，大多包含了誕生、三朝、滿月、百日、周歲五種主要禮儀。

如今吃滿月酒的風俗在很多地方仍舊保留著，而且算是非常值得慶賀的日子，它幾乎標誌了一個新生命的誕生。然而，華夏民族的生命禮儀是如此地豐富多采，滿月禮只是出生禮邊的一個小高潮，只是蘊含了一部分的涵義。讓我們好好深入探討華夏民族賦予出生禮，生命禮儀的起始的每一個美好祈願。

第一章　出生禮儀

第一節　概述

舊時產房通常設在產婦的臥室，衛生條件一般不太講究，只要安靜、暖和、不透風就可以。相信本書讀者很多人都歷經過這樣的年代。甚至有些地方，產房還要事先用火烤一烤，不准隨便搬動東西。最普遍的是產房門窗要關緊，無論冬、夏都密不通風。產婦分娩時，產房內不能有男性、兒童、寡婦等閒雜人，也絕對不許有未出嫁的姑娘在場，丈夫儘管急，也要在門外靜待喜訊。

古時孕婦分娩時還不准嬰兒在床上降生，據說是怕污血沖了床神，對產婦和嬰兒不利。有地方在床前就地舖上麥穰或穀草，讓嬰兒生在草上，謂之「落草」。用過的草帶有血污，還不能隨便亂扔，要在房內當場燒掉。有些地方在炕前就放一大盆，讓產婦坐在盆上，由妯娌或同輩已婚婦女抱著腰；老娘婆再來施行接生，謂之「臨盆」或「坐盆」，此亦為今人「臨盆」一詞的由來。

一個人從母親懷胎，十個月（280天懷孕）之後呱呱落地。來到人世間報到，經過父母親友的撫養教育，到長大成年，經過一段過程，如母親懷胎有了身孕、生產、坐月子、取名字、作周歲之禮、學行、拜床母、揹絭（ㄨㄢˇ ㄑㄩㄢˋ）、奶母車、教囝、入學、過七娘媽亭、脫絭、出姐母宮等過程，相當的漫長，而且須加以扶持，才能安然渡過，如：

一、**周歲**—台灣的習俗，嬰兒滿一周歲時，即作度晬（ㄗㄨㄟˋ），準備牲醴和紅龜祭拜神明祖先，而嬰兒的外婆家，也要送紅龜、紅桃作為賀禮。滿週這一天，最主要的儀式是選才。準備十二種物品，讓滿周歲的孩子抓取，以預卜他將來的事業或愛好，即為抓周活動。因此所稱抓周選才，可說是含有對未來生命的探問、測試及展望的意義。

二、**揹絭之習**—所謂絭就是符牌，而揹就是掛在脖子上的意思，一般人相信子女都是由註生娘娘、七娘媽諸神保佑，才能使子女順利長大成人，因此作成一種符牌，栓上線，對諸神祈求保佑，然後掛在孩子的脖子上，到了十六歲時，必須回到廟裡祭拜，以表示謝意。

國人很重視為嬰兒舉行誕生禮，它既含有為新生命祝福，祈禱長命、富貴之意，也可為產婦驅邪避禍。人的誕生俗稱生日，嬰兒降生是人生的開始，也是人生的大事、喜事，家人歡欣，親朋相賀。母親懷孕，經過十月之久的醞釀，嬰兒的哭聲終於終結了父母忐忑不安的猜想，驕傲的宣布著一個全新生命的到來，沉浸在喜悅之中的大人們為了表達對新生命的愛意，對新生命的祝福，就以各種儀式來為孩子祈福，這就是出生禮。

所以在寶寶長大成人前，家中長輩會遵循老祖先們流傳下來的慣例，舉行「三朝」、「報酒」、「作滿月」、「剃頭」、「收涎」、「度晬抓周」等禮儀。經由這些禮俗、儀式，來迎接這位新成員。而整個出生禮，從出生到度晬抓周，一年的時間，也代表這個小孩已經能繼續成長。

第二節 古今生男育女性別的差異

《詩經・小雅・斯干》曰：「乃生男子，載寢之床。載衣之裳，載弄之璋」、「乃生女子，載寢之地。載衣之裼，載弄之瓦」、「無非無儀，為酒食是議，無父母怡羅」，意思是說如果生男，就讓他睡床上，給他穿華麗的衣服，給他玩白玉璋；如果生女，就讓她睡地上，把她包在襁褓裡，給她陶製的紡錘玩。《禮記・內則》也云：「子生。男子設弧於門左，女子設帨於門右」，意為若生男孩，則在側室門左懸弓一副；若生女孩，則在側室門右懸帨。帨，音「ㄕㄨㄟ」，是女子所用的佩巾。《周禮・昏禮》中，女子出嫁，母親也要親自為女兒繫結佩巾。顯然弓與帨，具有鮮明的性別特徵。近年來重視女男平等，已打破舊有的傳統思想，講求男孩女孩都是父母的寶貝，不應再保留男弄璋、女弄瓦的方式，來岐視女孩了。

中華民族傳統社會裡，注重家庭與家族，所求的是人丁興旺、傳宗接代，生兒育女是一件重要的事。《孟子・離婁》云：「不孝有三，無後為大。舜不告而娶，為無后也」。我國家庭傳統還重嗣續（傳宗接代），故在婚嫁時最常見的吉祥話，就是「**早生貴子**」，足見古代重男輕女，男尊女卑的意識是非常明顯。因此一個新生命的誕生，是一件令人期待又高興的事。

剛才說中國的傳統觀念是：「**不孝有三，無後為大**」，使得民間對求子習俗頗為重視。求子習俗顧名思義，就是婚後不孕夫婦為達懷孕的目的而進行的民俗，如古時向神靈祈子、由旁人送子、性生殖崇拜與性行為模擬等。現代人已比較沒那麼在乎生男、生女，但大多數人都相信以科學觀點的角度來看待決定生男、生女的要件。因為醫學理論著重的是夫妻倆體質的酸鹼性與

X、Y染色體的結合來決定男女性別。食物之酸鹼性靠肉類及蔬果來調理，以及X、Y染色體的結合（欲生男先生應多吃肉類與蛋白質；太太多吃蔬菜與蛋黃）。以下為古代生男與生女的各種觀點，不妨參考參考。

一、宗教觀點：

㈠《妙法蓮華經・觀世音菩薩普門品》提到，假如想生男孩，要常禮拜供養「觀世音菩薩」，便可生有福德、有智慧的男孩。

㈡《藥師經》也提到，當產婦臨盆感到痛苦時，如能至心禮讚，恭敬供養默念「藥師琉璃光如來」的名號，則眾苦皆可消除，生出端莊可愛，利根聰明，平安少病的貴子來。

二、醫術醫藥觀點：

隋唐時名醫孫思邈所著的《備急千金要方》，載有生貴子的原理，以及十五種求子藥方和六種針灸；三種轉女為男的藥方。例如：不會生小孩，丈夫要服用「七子散」或「夢雲散」；太太服用「紫石門冬丸」或「朴消盪胞湯」…等。

註一：針灸法（婦人絕子）—灸然谷穴五十壯（在內踝前直下一寸），或灸關元穴三十壯，或灸胞門穴五十壯（在關元穴左邊），或灸氣門穴一百壯（在關元穴旁三寸），或灸泉門穴十壯等灸法。

註二：七子散（治風虛目暗，經氣衰少）—五味子、牡荊子、菟絲子、車前子、菥蓂子、石斛、署預、乾地黃、杜仲、鹿茸、遠志、鍾乳粉（各八銖），附子、蛇床子、芎藭（各六銖），山茱萸、天雄、人參、茯苓、黃耆、牛膝（各三銖），桂心、蓯蓉（各十銖），巴戟天（十二銖），右廿四味，和蜜為丸。

註三：慶雲散（治陽氣不足，不能施化或施化無成）—覆盆子、五味子（各一升）、天雄（一兩）、石斛、白述（各三兩）、桑寄生（四兩）、天門冬（九兩）、菟絲子（一升）、紫石英（二兩）。

註四：女子不孕吉祥藥方—天麻、柳絮、牡丹、茯苓、桂心、乾地黃（各一兩）、五味子、桃花、白述、芎藭（各二兩），覆盆子、菟絲子、楮實子（各一升）、桃仁一百枚，右十四味，研磨成粉末，和蜜為丸如豆大，空腹吃五丸，中午、晚上各吃一次。

註五：孫思邈—是隋唐時京兆華原人，早年聰穎異人，七歲便能口誦千言，當時人稱「聖童」。可是他小時候體弱多病，染有痼疾，曾因治病把家中財產全都花光，後來隱居太白山志學仙道，精研醫術，學成後行醫濟世，救人無數。隋文帝和唐太宗曾兩度授以高官，但他都婉轉謝絕，只把心思放在濟世救人上。他醫德醫術很好，醫人不分貧富貴賤，視病猶親，活到一百多歲，成為唐朝最偉大名醫，著有《備急千金要方》、《千金翼方》、《福祿論》、《攝生真錄》、《枕中素書》、《銀海精微》等醫學名著。傳說他後來成仙，目前國內所供奉的「保生大帝─孫真人」就是孫思邈。

三、其他觀點：

國際上知名生理學家，對生男育女的問題，一再的討論、試驗，但對嬰兒的性別至今還是沒有嚴格的方法控制，現有一套較突出和令人驚異的方法，就是在五、六十年前學者發表失傳已久的「**清宮珍藏生男育女預計表**」（見下表）。

清宮珍藏生男育女預計表（**年齡應為虛歲**）

別小看這張不滿四百字的圖表，提起來則大有來歷。古代中國是一個重男輕女的社會，可能直到現今亦是如此。不管宦官家或民間，只要有麟兒落地，性別檢驗後，產婦所受的待遇就完全不一樣。大到王妃爭寵，小到婆媳不和，全部是依據嬰兒的性別而定，故預測胎兒性別是一件重要的事。宦官、產婆或算命先生若能一言中的，其所受的禮遇也就全然不同了。

據說這張「**清宮珍藏生男育女預計表**」已有三百年以上的歷史，當時珍藏在清宮，由專設的宦官保管。這張預計表據說是根據陰陽五行和八卦的演繹，再加上時間推算而得，專供王爺、妃子所用，並且屢試不爽。

滿清末年，拳匪之亂，引來八國聯軍的燒殺淫擄，清宮的古玩珍奇被掠奪殆盡，這張「預計表」也隨之飄洋過海到了英國，原本充滿「滿文」的表格經翻譯後，英皇乍見之下，如獲至寶，除照表行事外，也不輕易示人，但好景不常，它又輾轉流落到奧地利，並被一位理工博士所擁有。後來，我國有位學人前往奧國，與這位洋博士共同鑽研，他頗為投機，三杯黃湯下肚後，洋博士慨然應允，讓這位學人抄了一份回來，雖是歷盡滄桑，但也算重返故國了。

這張「**生男育女預計表**」是以女性為準，並依據中國陰曆來推算。年齡上除了配合十二生肖外，也以虛歲來列計，若一切調配得當，生男育女就可隨心所欲了。以下將做進一步的詳細舉例說明：

所謂虛歲是以出生當年為一歲計算，過了陰曆年也要加一歲，如果女性在舊曆除夕出生，第二天又是正月初一，這樣推算也就有兩歲了。如果一位女性在十八歲那年結婚，在同年三月份受孕，她將來獲得的嬰兒可能

生男育女預計表（年齡應為虛歲）

女性年齡懷孕月份	十八歲	十九歲	二十歲	廿一歲	廿二歲	廿三歲	廿四歲	廿五歲	廿六歲	廿七歲	廿八歲	廿九歲	三十歲	三一歲	三二歲	三三歲	三四歲	三五歲	三六歲	三七歲	三八歲	三九歲	四十歲	四一歲	四二歲	四三歲	四四歲	四五歲
1月	女	男	女	男	女	男	男	女	男	女	男	女	男	男	男	女	男	男	女	男	女	男	女	男	女	男	男	女
2月	男	女	男	女	男	男	女	男	女	男	女	男	女	女	女	男	女	男	男	女	男	女	男	女	男	女	男	男
3月	女	男	女	女	男	女	男	男	男	女	男	女	女	男	男	女	男	女	男	男	女	男	女	男	女	男	女	男
4月	男	女	男	女	女	男	男	女	女	男	女	女	女	女	女	男	女	男	女	男	男	男	男	女	男	女	男	女
5月	男	女	男	女	男	男	女	女	女	女	女	男	女	女	女	女	女	女	男	女	男	男	女	男	女	男	男	女
6月	男	男	男	女	女	女	男	男	男	女	女	男	女	女	女	女	女	女	女	男	女	女	男	女	男	女	男	女
7月	男	男	男	女	女	男	男	女	女	男	男	男	女	女	女	女	女	女	女	女	男	女	男	男	女	男	女	男
8月	男	男	男	女	男	女	女	男	男	男	男	男	女	女	女	男	女	男	女	男	女	男	女	男	男	女	男	女
9月	男	男	男	女	女	男	女	男	女	男	男	男	女	女	女	女	女	女	男	女	男	女	男	女	男	男	女	男
10月	男	男	女	女	女	男	女	男	女	男	男	女	女	女	女	女	女	女	男	男	女	男	女	男	女	男	男	女
11月	男	女	男	女	女	男	女	男	女	女	女	女	男	女	女	女	男	男	男	女	男	女	男	女	男	男	女	男
12月	男	女	男	女	女	女	女	男	女	男	女	女	男	男	男	男	男	男	男	男	女	女	女	男	女	男	女	男

就是女性。假如在廿五歲結婚，六月份受孕的話，她將來可能獲得一個男嬰。當然這個表並不是專供新婚夫婦運用，四十五歲以內的夫妻一樣可照表行事。

上表「男、女」性別欄共有三百三十六個，其中男性為一百六十四個，女性為一百七十二個，換言之女性占的比例為大，約為百分之五十二，其中最大的特點，就是受孕年齡越輕，獲得男孩的機率越大，受孕的年齡越大，獲得女孩的或然率也就越高。例如婦女十八歲結婚，除了一、三月受孕會獲得女嬰外，其餘獲得小壯丁的機率就有十次；如果三十歲受孕，她只有獲得男嬰三次的機會，其餘就全部都是「千金」了。所以我國古代少女十七、八歲嫁人，多半添丁，也是有它巧妙的道理存在。而假如為了怕有所失誤，最好挑選最理想的時機行事，也就是說要依或然率而來。譬如十八歲的新婚女性，頭胎要生男的話，五月到十一月受孕，機會就比較多。廿四歲的女性在九月到十一月受孕，獲得女嬰的或然率自然高些。因為表示男、女嬰的間隔率越近，「失誤」的機會也成正比上升，換言之，廿六歲的女性要想添丁，只有一、三、六、八等四個月份有機會，可是每次間隔只有短暫的機會，所以失誤也大，那她必須等到來年八、九月間了。

第三節　出生禮的由來

生命禮儀對於一個成熟的生命而言，就像冬陽般的溫暖，如同夜雨疲憊的路人歇腳的中點。歷盡跋涉艱辛的生命個體，由少年時對生命的憧憬轉化為感悟，回望來時路，心中會充滿著回味與感慨。但不管是如風的少年，還是沉靜的中年或安詳的長者，生命禮儀都會給人心中一份溫和的滋養與溫情的撫慰。在經老祖先的固有習俗傳承下，出生禮儀漸成一個既有慣例。

嬰兒從懷孕到分娩期間，孕婦言行、舉止、飲食、起居，多要非常注意，更要合乎禮節，以達胎教的效果。出生後更有許多習慣如作滿月、作四月日、作「度晬」等。弄璋、懸弓等，禮儀色彩濃厚，洗三、抓周等世俗風格明顯。隨著儒學的式微、世俗的擴張，和其它華夏傳統禮儀一樣，傳統出生禮在發展過程中，已經被徹底異化，劣質的成分被無限的放大，積極、健康、優美的元素已經非常稀薄。成為了人際關係的騷擾者，成了讓很多人不勝其煩的負擔。真正優美的民族特色基本上已無處可尋，整體上呈現俗進禮退的趨勢。儒家賦予了出生儀式類具宗教色彩，莊重、優美，寓意深刻是其優點，但同時又有宣揚男尊女卑等不良倫理的呈現，世俗將出生禮回歸生活、親切、歡樂是其所長，但同時又走向了虛假、庸俗、愚昧和膚淺。

出生（誕生）禮的來源說法不一，有的認為誕生禮源於唐玄宗時期；有的認為在先秦時期，就已形成產後三日舉行禮儀的定式。還有一說，認為禮儀源於北方遊牧民族，在魏晉南北朝時期傳入中原。

慶祝新生兒誕生的禮節，是我國傳統的誕生禮俗之一。都在小孩出生三天後舉行，不同地區、民族形式都有不同。一般有祝福、保健、占卜等幾層含義。現慶祝誕生，一般是新生兒家人擺酒宴、邀請親友。應邀的親友，視具體情況送輕重不同的禮物，禮物大多是小兒用品和產婦營養品。傳統出生禮俗包括誕生、三朝、滿月、百日、周歲等五種主要禮儀。

第四節　宗教民族出生特有禮俗

一、漢民族：

早在懷孕期間就有許多習俗，如把懷孕稱作「**有喜**」、「**有身份**」、「**得喜**」、「**有身**」、「**病子**」、「**官身命**」或「**有了**」。懷孕後婦女的妊娠反應稱「害娃娃」、「害口」、「害喜」。懷孕所以稱之為「喜」，是因為意味著後世有人，可以傳宗接代。孕婦還有許多保胎的禁忌，如忌漿洗蚊帳被褥時淋開水、忌裁布、漂染、拿針線剪刀縫補衣服、忌拆床挪動箱櫃、更禁修砌房屋、避諱喪事等。認為輕者將來孩子出生時身上會帶傷疤、色斑；重者會導致殘缺、死胎流產。有的孕婦被算卜先生認定是命帶「天狗」的，為了孩子不被天狗叼走，丈夫要到首飾店買一把銀鎖，趁妻子熟睡時悄悄地鎖在她的脖子上。

臨產前有的地方還要到廟宇拜「催生婆婆」，保佑順產。懷孕至十個月，孩子尚未呱呱落地，娘家就要「送催生」，派人送來一籃熟雞蛋，祈望像母雞下蛋一樣順當、平安。接生後，有的地方要把胎盤埋於江濱沙灘，說是埋得越深孩子的胃力越好，有的地方則把胎盤撒上草木灰密封於壇罐，置於床底下。

嬰兒誕生的過渡期還有許多禮儀。出生三天至七天稱作「上臘」，這期間要嚴格處理，產房不能透風，不能高聲喧嚷，更不能搬動家俱。所謂上臘是嬰兒出生幾天後，身體開始收斂，肌肉由嫩變得臘黃，再者從前都土法接生，接生婆使用沒經消毒的尖刀斷臍帶，容易感染破傷風，一般潛伏期為一周，這危險期若不嚴格處理會招惹不測。出生第十二天要舉行開葷儀式，產婦開始由吃素轉為吃葷，還要給鄰里、親友送禮物。生男孩的要送甜糯米飯，生女的要送魚春圓（薯粉製的小圓子），親友也要回贈白糖、麵條表示祝賀。滿四個月還要舉行「帕興」儀式，婆家會送來新衣服、新肚兜、新襁褓。從此孩子方可穿新衣、穿金掛銀。有的嬰兒由於種種原因，體弱多病、難養，還要掛百家鎖。即由父母到百戶人家乞錢，買一把銀鎖，掛在孩子脖子上，象徵著孩子為百家所有，不易被妖魔奪去。

二、回族：

把出生視為一種大禮，保留著許多傳統的風俗習慣。在孕育期，一樣稱婦女有孕為「有喜」。詢問時一般只說有喜了嗎？而不能問妳懷孕了嗎？婦女在孕育期還有許多避諱和禁忌。如不送親、不參加婚禮、不拜見已故的人、不送葬、進入生子之家等。若在途中遇見迎親、送葬的要儘快避開，不要迎面而行。在炊食上也有一些戒律，尤其孕婦不能吃兔子肉。據說吃了生子會豁唇，嘴和兔子嘴一樣是豁的，吃公鷄會使生下的小孩夜裡喜歡啼哭。也不允許孕婦平時隨意譏笑別人的小孩，更不能笑生理有缺陷的小孩。臨產時孕婦要洗大淨，儘快住進產房，這叫「占房」。

分娩時除產婆外，一般連丈夫也不能進去；門簾上要掛一個紅綢或紅布條，提醒外人免進（在醫院的嬰兒除外）。嬰兒娃哇哇降生後，若是男孩，則在家庭或親屬、近鄰中，選擇一個聰明、誠實、勇敢的人首先踏進產房；如是女孩，要選擇一個溫柔、善良、勤快的人首先踏進產房叫踩生。回族認為，孩子出生後，誰先進入產房，孩子的氣質、個性就像誰。此為回族人民一種美好的祝願和希冀。

孩子出生三天回族叫「三洗」，也叫「洗三」。要用熱水洗掉孩子身上的污垢。這天主人要用羊肉臊子麵款待親友、鄉親，祝賀小孩平安無事，長命百歲。而鄉親、朋友在洗三這天要給產婦送長麵、油香、鍋筷、雞蛋、肉等營養品，表現了回族內部互相關心，互相幫助，同心同德的風尚。有的產婦在坐月子期間缺奶，就讓家人拿一個小碗收吃七家麵，這叫「修渠引水」。

孩子滿月後，還要舉行滿月禮，也叫賀滿月。這天要請剃頭師理齊孩子頭髮，並根據頭髮的重量，相應地向貧窮人施散一部分錢財和物品。同時將剩下的小孩頭髮，丸成一個小球，用線和沙布網住，連在小孩的枕頭上，意為壯膽、吉利，健康成長。上海等地回族穆斯林還給孩子留小辮子、戴手鐲、鎖片，祝願孩子長大成人。賀滿月，也要做飯菜、炸油香等，款待親朋好友和孩子的舅舅、外祖父、外祖母等親戚，以及左鄰右舍。孩子到了一百天，有的還舉行「百日禮」，回族也叫

「趕百路子」，祝福孩子一生中走寬闊的道路，奔遠大的前程。

三、藏族：

藏族在其發展演變的過程中，形成了自己獨特的人生儀禮民俗。其誕生禮俗方面，藏族人對嬰兒是極為關心和愛護的，主要在讓通過與嬰兒有關的文化能表現出來。誕生禮屬於他們人生四大禮儀之首，是人從所謂「彼也」到達「此也」時必須舉行的一種禮儀。一個嬰兒剛出生，還僅僅是一種生物意義上的存在，在藏族自然環境極其惡劣情況下，只有通過為他舉行的誕生禮儀，他才能獲得在社會中的地位，被社會承認為一個真正意義上的人。

四、印度：

印度人慶祝新生兒誕生的方式，卻因習俗「女生需豐富的嫁妝才能嫁人」，對窮人家來說是一大負擔，所以十分重男輕女。一般來說，父母會帶小孩到寺廟進行「譜迦儀式」唱頌祈禱文，然後與親友舉行餐宴。印度人取名多半取自「神」或「英雄」，可見他們對命名非常重視。而且生辰八字關係到未來的婚姻對象，與台灣結婚前要合八字的習俗很類似。

五、基督教與天主教：

歐美是我們所稱的基督世界，亦即他們的宗教信仰，幾乎是從出生時就根深蒂固的，每一歐美孩子一出生就會接受「洗禮」，成為基督徒，從小就會週日上教堂，去聽神的教悔，教徒會為新生兒作受洗禮，由牧師主持儀式，親友們一同參加。天主教有嬰兒洗，就是把出生的嬰兒帶到教堂給天主祝福。天主教讓出生的嬰兒接受洗禮大概是承襲了猶太人的男童割損禮（即割包皮）。因為聖洗是得救的初步，希望每個孩子都得救。古時嬰兒死亡率很高，這可能也是嬰兒受洗禮的主因。

六、猶太人：

在猶太人的成長過程中，嬰兒出生後第八天必須進行割禮，這禮儀代表神與以色列家族立約的記號。從此每位男性「猶太人」（作為一名民族的成員）、「猶太教教徒」（作為一個宗教），以及所有想加入猶太教的非猶太裔男士，必須接受割禮，作為維持神與亞伯拉罕所立之約的有效性。至於「奉獻禮」卻沒有特定的時間限制，但必須等到產婦潔淨後（若是男孩，其出生後至少四十一天；若是女孩，其出生後至少八十天）才可施行。舊約聖經只提及這些禮儀是必須的，但並沒有清楚說明該用什麼作祭物，只提到用「小羊」贖回頭生的

「公驢」，並一定要贖回長子，可能基於當代實際環境的缺乏，一般都會接受窮人用同一份祭物來作奉獻禮（只為男性）和產婦潔淨禮。

七、德國：

1. 德國人出生的風俗習慣─（雙生胎的稱謂有別於一般國家；先呱呱墜地者為小；後降生者為大）。德國人口的年出生率始終是世界最低的，戰後人口的成長主要靠外來移民，在這樣一個低出生率的國家，一個家庭的添丁進人口真可算是一件大喜事，其實早在婦女懷孕之時，她便會受到來自各方面的保護，有許多風俗習慣都是為了保護孕婦的身體健康及胎兒的茁壯成長。在德國符滕堡地區的農村，孕婦是倍受敬重的貴客，她可以進入別人家的果園摘果品嚐，可到鄰家就席用餐。那裡的人認為孕婦的光臨象徵著新生和豐收。此外還有這樣一些習俗：孕婦晚上不可出門，怕黑夜裏的巫婆鬼怪傷及胎兒；孕婦不能看醜陋的東西，怕嬰兒日後長得難看；孕婦不能走十字門，不能從晾衣繩下穿行，否則會造成難產、傷害胎兒。這些風俗雖不乏封建迷信的色彩，但從中也可看出人們對孕婦的關心。在以基督教為主的德國，新生兒出生前，父母已為他找好了教父和教母；孩子一出生，家人便和教堂約定時間，由牧師或神父為孩子施洗。
2. 教父和教母─在德國，新生兒的父母早在孩子出生前便會在親友中為孩子物色教父教母。由於教父教母與孩子的一生都有著密切的關係，因此嬰兒的父母在選擇時是很審慎的。孩子的父母在選擇教父教母時，不一定要選同一對夫婦，但他們要由正直可靠、行為端正、受人尊敬，名聲較好的人來擔任。當然首先要取得本人的同意。一般被邀請的人會認為這是對孩子的信任，是一種榮譽，而樂意承擔這份責任。認教父教母的原意是為了在宗教信仰方面幫助孩子。如今教父教母的責任已不僅僅局限在宗教方面，他們可使孩子在一出生後就有多位長輩關心他的成長，在他有困難時給予照顧，萬一在孩子未成年時父母雙雙早逝，那麼教父教母還要擔負起撫養他成人的義務。
3. 新生兒洗禮─洗禮是基督教接受入教時舉行的一個重要儀式。基督教認為人生而有罪，須經過洗禮除去污垢，變得純潔，方能被接受為基督教的人，日後才有資格進入教堂，但在基督教國家中，絕大多數的人都是在嬰兒時由家長抱到教堂受洗的。嬰兒正式取名與洗禮同時進行，所以洗禮也叫「命名禮」。嬰兒父母在教堂定好日期後，即發請帖邀請親友參加，一般只請至親近友，人數不會太多。施洗禮時，嬰兒由教母抱著站在教堂內聖壇前的「聖水盆」旁，孩子的父母等人圍攏過來，由牧師或神父宣讀聖經中的有關章節，口誦規定的禮文，並接過孩子，用手蘸聖水滴在孩子頭上，口稱：「我奉聖父、聖子、聖靈之名給你施洗」。然後再說幾句願孩子長大後要博愛人類、侍奉上帝之類的話，洗禮遂告完畢。洗禮之後自然是要慶祝一番，嬰兒的父母要舉行一次午宴或茶會，邀請施禮的牧師或神父、孩子的教父教母及親朋好友參加。被邀請者要給孩子帶一些禮物，如玩具、衣服、兒童畫冊⋯等。教父教母的禮物照例要貴重些。

註：在德國，洗禮用的蠟燭是要精心收藏的，它對孩子的一生具有特殊意義。據說點燃洗禮燭可逢凶化吉、祛除百病。在德國的一些農村，至今仍虔誠地遵循著這一古老的習俗。在德國婦女生孩子可獲得一年的休假，可本人休，也可以夫妻雙方各休假六個月，共同擔負起養育孩子的責任。

八、日本貴族：

照嬰兒出生的時辰，天皇會於當天或第二天派使者送來一把原木柄的直刀，刀必須裝在紅色錦袋中，並放入木盒，此謂賜劍儀式，有避邪之意。出生第七天是為嬰兒命名之日，小孩的名字通常會參考中國的四書五經，由博學的漢學家引經據典，提供數個名字供天皇夫婦或嬰兒的父母選擇。

九、維吾爾族：

新疆人的出生、成長、婚配、生育、死亡並沒有新的內容和形式。但是獨特的生活環境和文化傳統卻使新疆人在人生過程中有著與別人不盡相同的經歷。新生命即將出生，這是一件大事，各民族都以鄭重的態度對待新生命的到來。塔吉克人在產婦臨盆時在門口燃起一團火來避災祈福。塔吉克人在新生命誕生後立即向天窗處鳴槍三發，或者大喊三聲，一是向人們宣布這家新添了一個男孩，二是用響聲驅除妖邪。如果是女孩則不鳴槍，而是在嬰兒的頭下放一把掃帚，祝她將來成為一個恪守婦道的好女人。柯爾克孜、哈薩克等民族也有此俗。在過去沒有槍的時候，用的是響箭。

十、哈薩克族：

嬰兒的出生禮，哈薩克語稱作「齊勒達哈納」（Xildehana），哈薩克人認為生小孩不僅是一家一戶的喜事，而且是整個阿吾勒村子的大喜事，哈薩克人特別重視生男孩，按照傳統習慣，誰家生了男孩，首先要舉行「齊勒達哈納」禮，專門宰「哈勒加」羊（為產婦宰的羊）來滋補養身。全阿吾勒的婦女們，都也要去慰問產婦，並為他們全家及新生兒祝福，祝他無病、無災、乖乖長大、長命百歲。

從生孩子的當天晚上開始，全阿吾勒的男女青年都要歡聚一堂，唱歌跳舞，舉行「齊勒達哈納」儀式，歡慶某家得子，如此連續舉行三個夜晚。嬰兒出生四十天，也要舉行慶祝儀式，這個儀式主要邀請婦女們參加，婦女們必須給嬰兒饋贈衣物、鈕扣、串珠、貓頭鷹羽毛等禮物，這個儀式的重要一環是由一位老人給嬰兒取名字，並將新名字在嬰兒的耳朵邊連喚三聲，最後由一位年長或有威望的婦女將嬰兒抱進搖床。這天主人必須宴請賓客，大家要向嬰兒祝福，並向主人道賀。

十一、哈尼族：

雲南省元陽及綠春等縣的哈尼族有其特殊的文化，喜慶有棕扇舞。女人、外人都不可參加祭典，祭祀時忌穿紅、白衣。嬰兒出生以接生、報喜、賀生、命名以及周歲等儀式來完成其誕生禮。整個儀式充溢的是莊重聖潔、喜氣洋洋的氣氛。哈尼族誕生禮當中最核心的內容當屬命名儀式，該儀式明確指出了新生兒在未來社會中將扮演的社會身份與角色。取名儀式往往擇單日進行，最遲不能超過嬰兒出生的第十一天。取名那天，嬰兒被第一次抱出屋外。取名之前，除殺好雞、蒸好糯米飯之外，最重要的是要請一個八、九歲的兒童在院中央模擬勞動。通過這一儀式，鄭重向世人宣告這個嬰兒已由一個自然的人轉化而為社會的、文化的人。

十二、台灣原住民：

台灣地區的原住民在廿世紀以前，有更古老的浴兒風俗，新生兒誕生後，要在溪流中直接用天然水洗浴等陋俗。以下介紹台灣各原住民族的特有出生禮：

1.泰雅族─認為一族的強盛，在於眾多壯丁。他們認為分娩是不淨的，必須行拔除儀式。此儀式有二法：

①產婦抱著嬰兒蹲在戶內，以布遮蓋頭部，女巫則拿著點燃的樟木片念咒，先照產床，然後一面念咒，一面將火炬舉在產婦頭上一尺餘處，唱著「已拔除不淨，以後外出也不會遇到暴風雨，到溪谷也能保持乾燥」，再將火炬丟棄於戶外。之後產婦抱著嬰兒

到戶外，指著天說一、兩句話，再進入家中。

②自行進行該儀式，但須離家東方約一、二町的地方，對著嬰兒唱說：「你已經舉行過拔除儀式，出遠門也不會感染邪氣」，然後回來。舉行儀式後，產婦回家釀酒、宰豬，招待親族朋友。而被招待的人也以衣物、珠飾、酒肉等送給產婦家，慶祝生子。

2. 賽夏族—過去因處於強大漢族與泰雅族之間，唯一弱小民族，故極望多產而重男輕女。生男稱Imapahks aha buhiol，意即增加一張弓，生女稱Ming sarapasang，意即塵土一般。以前的賽夏族人在生子三日後，必須派人通知母家，生男則帶箭鏃一件、糕餅一塊至母家門口通報，母家亦由一青年持鏃與餅，與通報者互相交換。

3. 布農族—孩子出世臍帶脫落後，家人釀酒、殺雞，邀集同氏族長輩及母族舉行酒宴，由母族長老為嬰兒祝福。布農族在每年六月月圓時候，舉行嬰兒節，為這一年出生的嬰兒舉行配掛項鍊的儀式，期望孩子們能像項鍊般耀眼、美麗。當天並宴請親友，告知這位新生兒的布農族名字，接受族人的慶賀與祝福。由於社會的變遷，傳統的嬰兒節已經消失，有些部落則融入西方教會的習俗。

4. 鄒族—鄒族是一個母系社會，重視男性。婦女懷孕後，照常工作，但不能參加祭儀工作，不能接觸武器與獵具，不能捕魚，不能殺昆蟲。孩子生下後，臍帶用小刀割斷，胎盤則埋在院內地下，嬰兒則用溫水洗澡，並用布包裹。雙生或怪胎視為不吉，雙生的嬰兒都是男的則留其強者，一男一女則留男，若為兩女則皆不留。但現代醫療系統進入部落後，這些觀念或禁忌大都已消失了。

5. 魯凱族—魯凱族對新生兒所舉行的相關生命儀式有極豐富的規範，所以會有一星期完整的新生兒祝福儀式，這段自出生首日至第五日所舉行的儀式總稱為Wasipi。在嬰兒出生的第二日，由家人以小米煮成乾飯，為嬰兒舉行祈求身強力壯的Tapaburane儀式。第三日由生母將嬰兒以白麻布包裹，懷抱胸前祈求神靈賜福。第四日裁剪一小塊約巴掌大潔淨白布，由生父為初生兒祈禱，並配掛在胸前。這布象徵嬰兒的靈魂，直到出牙為止不可離身。另外新生兒及其父母需前往部落西方野外，將獻給神靈的供物置於石頭上。另一塊石頭上則放著數量較少的供品，是為凶死村外的亡魂使用。然後祈禱諸方神靈給予庇佑，不加迫害。最後一個儀式則是產婦將生產期間所使用的褥蓆拿出屋外丟棄，並開始整理家屋打掃環境。

6.排灣族—排灣族較屬傳統宗教，相信太陽神像為人類生命來源，月神為司生育之神，兩位神Salanpav和Matukuku是直接司理生育之神，並且相信祖靈是保護嬰兒者。排灣族對長嗣出生特別重視，沒有重男輕女或重女輕男的觀念，無論長嗣是男是女都稱之為Vusam。長嗣之出生特別舉行祝典，由男家向產婦之娘家送謝禮。若為貴族則要釀酒祝賀。排灣族人對長嗣的重視程度，時至今日，仍可明顯感受到。

十三、台灣河洛：

當新的小生命終於在大家的期盼下誕生，父母、家人除喜悅之餘，會藉由各種儀禮的進行來達到分享喜悅的目的。台灣民間流傳的出生禮，很多也是選擇在嬰兒出生的第三天來進行，不過現代人生活繁忙，就可以變通，不一定都要在三天內完成。

小孩出生後，除了婆家的人，新娘的母親是最關心的親人之一，因此要趕快將嬰兒出生的消息告訴外婆家，也就是「報喜」，外婆接到消息後，就會送上賀禮，包括紅包、金飾，以及全套的衣、帽、鞋、襪，通常又叫做「送頭尾」，另外還要送紅龜粿，過去外婆還會親手做虎頭鞋、虎頭帽以避邪。另外如果是第一個孩子出生，當然要謝媒人，稱為媒婆禮，表示不能忘本。媒人禮是嬰兒出生後的第三天，由嬰兒的父親親自帶禮品到媒人家送禮，禮物通常是一隻雞和一碗油飯，表示媒人對這對新婚夫妻的職責已圓滿達成，特地前來告知並致謝。如果第一胎生的是男孩，媒人禮會更慎重，而媒人也要回禮，回禮中會有「一顆石頭」，用意是希望新生兒將來有好膽識，所以石頭不能選太小的。關於閩南習俗出現的石頭，另有一個說法是石頭表示頭硬，也就是說將來嬰兒比較好養。

為嬰兒取名字，也是一件大事，國人自古以來對「命名」就非常重視，古時還有隆重的命名禮儀，現在則一切簡化，不過名字是一個人一輩子的符號，為了能夠終身適用，父母為孩子取名字的時候，除了要有積極的期許，也會有一些命名的禁忌，譬如比劃、八字，甚至請算命師來命名，也許有人認為這是迷信，但也正代表著長輩望子成龍、望女成鳳的祝福與心意。

十四、台灣客家人：

客家人對於周歲或河洛話所講的「度晬」，客家人稱為「作對歲」。此一周歲生日是在六十歲生日前最重要的一個生日。作對歲時，外婆要送來「頭尾禮」，亦即餽贈嬰兒鞋、帽、衣服、金戒指、金鍊等，還有紅圓、紅龜粄…等。

總之，台灣河洛人傳統的出生禮，可區分為「出生前」和「出生後」。出生前的相關儀式，包括「探花欉（顧花欉）」、「栽花換門」、「換肚」、「祈子」、「孕婦禁忌」、「安胎」、「送流蝦（霞）」等項。出生後的包括「埋胎衣」、「坐月內（坐月子）」，而孩子方面則有「三朝」、「報酒」、「剃髮」、「滿月」、「作四月日」、「作度晬（周歲）」、「掛絭」、「拜床母」等相關出生禮活動，都比其他民族來得豐富。

第二章　孕婦分娩母子關連性

第一節　古代產婦分娩的禁忌

古代孕婦分娩，胎衣（盤）的處理，充滿著禁忌。如胎衣要找一個僻靜的地方埋掉，不能讓人踐踏，更不能給狗吃。男孩的胎衣一般埋在磨盤（石磨）下，女孩的胎衣埋在欄圈（家畜的圈裡）…等。有關孕婦分娩的禁忌還有：

一、產婦分娩一定要在家裡，反之會破壞禮俗，招致大颱風的災難。

二、分娩時家裡的男人不得在家，或進產房。

三、不可用鐵製品割斷臍帶，而是要用竹片剪臍，並用火灰擦拭。

四、孕婦分娩後家人要到河邊祭神，以避免風災來臨。

第二節　產婦剪臍

一、舊時：

古代臍帶有用剪刀鉸斷，剪刀扎臍帶的棉線要用白酒消毒；也有用手扯斷的。所以說舊時婦女生一個孩子就要過一次鬼門關，所謂有福「雞酒香」；無福就「四塊板」，就會難產的意思。收拾完後，在床前燒幾張黃紙，把產婦和嬰兒搬上床，喝一劑「生化湯」。也有地方用摻子米熬湯供產婦飲用，名為「定心湯」。舊俗生完之後胎盤（衣）必須裝在甕中、拌以石灰，放床下四個月不能移動後再埋到土裏，否則嬰兒會吐奶。現在生產都在醫院，定期產檢加上醫療進步，生產危機已減少許多，胎盤也都由醫院來處理，也就沒有埋胎盤的習俗了。為了怕發生血崩，所以產房內不可放置紅色以及水流類的東西，因這兩樣物品，會使人有血崩的感覺。

二、近代：（西元一九七〇年以前）

出生時產婆用剪刀將臍帶剪斷，然後用布把傷口包好，直到第三天才正式以水為嬰兒洗澡。四、五天後將脫落的臍帶收藏，而剪臍就是生產中重要的一道手續，同時剪臍之後產婆會在傷口塗抹上麻油，以現代眼光來看似乎有些不可思議，也難怪民間有「**生得雞酒香，生不過四塊板**」的諺語。在古代傳統習俗上，婦女生產都是由產婆負責接生。當嬰兒剛生下不是用水洗澡，而是用軟布、蘸著熱水擦拭，用麻油塗擦身體。以父親舊衣包裹上，再用棉花、蘸鹽水擦嘴，並餵以甘草水和糖水。

三、現代：

現代家庭相當重視孕婦產前的健康檢查，所以產婦分娩時胎兒及產婦都很安全，已很少有難產的危險意外發生。由於醫學的進步，十月懷胎孕婦產前都會先到婦產科做定檢，就因為安全保護措施作得好，婦產科也好像失去了應有的功能（價值與存在性）。於今想想，與古代相比實在讓人感覺簡直不可思議。

第三節　產婦坐月子

產婦分娩後，三日之內不下床；一個月之內不出屋門，或者不出街門，俗稱「坐月子」。月子裡，產房有許多禁忌，主要是忌諱生人進屋，生人進入產房謂之「踩生」，首位踏進產房的人，忌諱進入主要是怕鞋上帶來生土，怕穿重孝服的人，怕有眼疾的人，怕信神靈的人，怕身上帶鑰匙的人會進產房，而且還忌諱說「不長命」之類的話。其主要用意就是希望產婦能多安靜，避免大聲吵鬧，相關再敘述如后：

一、**時間：**產後嬰兒與母親就要開始進入坐月子階段了，這整個月或四十天，產婦與孩子都不可外出，主要的目地是希望媽媽與孩子，都能得到最好的休息。

二、**禁忌：**

1. 以前的人認為產房內是不潔、不淨的，其實主要是希望能減少親友們到產房去打擾產婦。
2. 產婦在滿月前不可外出，必須等到作完月子才能恢復以前正常生活。

第三章　傳統出生禮主要禮俗

第一節　三朝禮

一、時間：寶寶在出生的第三天在習俗上稱為三朝。為什麼特別選第三天，據說「三」代表多的意思，是一個福數，自古以來更是一個幸運數字，例如「三星高照」、「三元及第」等。「三」通常也代表一個關口、關卡，代表這個小孩可以存活下來。

二、古傳統禮俗：

1.射天地四方—《禮記・射義》謂：「故男子生，桑弧蓬矢，以射天地四方。天地四方者，男子之所有事也。故必先有志於其所有事，然後敢用谷也，飯食之謂也」，孩子出生三天後，父母抱其出外，用弓箭射天地四方。很明顯這是期待男孩長大後志向高遠，對女孩則不行此禮。

2.接子—嬰兒出生三天後才可抱出來稱之。古代接子要選擇三天內的吉日，天子的太子要一羊行禮，大夫的長子亦用一羊；士長、庶人的長子都用一豬來行祭禮。

3.開奶—過去開奶是在三朝禮進行，這天產婦開始給新生兒餵奶。為了使嬰兒將來能吃苦，餵奶前在奶頭上先灑幾點黃蓮水，使嬰兒吃奶前先嚐到苦味。而後將糖汁水用手指抹在嬰兒嘴上，讓嬰兒吃奶。但現在為了適應小兒生長生理需要，分娩半天後即可開奶。

註一：弓箭主要是象徵性意義而非實用意義，因此不需要真正的大型弓箭，只需弓箭玩具或模型即可，具有弓箭的形狀，能引弓，能發射就行。丈夫可在妻子孕期時，親自動手製作一套小型弓箭。大小不宜過大，如一個初生兒體長即可。不要小看這一親手製弓（製弓一具，箭六支）的過程，將是為人父的責任感、喜悅感將油然而生。妻子亦可在孕期，親自動手繡一方佩巾，繡上對兒女的期待和祝願。當然以不要過於勞累，不影響正常妊娠健康為前提。也可以買一方型漂亮的、富有涵義的佩巾繡品。

註二：持弓、持帨—因為現在的生產都是在醫院，所以由親人在家中等待。持弓、持帨的親人將與產房外持璋的準爸爸同樣充滿焦急，幸福地憧憬著新生命的降臨。當然也可以懸於醫院的母嬰房門外。

註三：懸弓、懸帨—嬰兒誕生，性別確定後，嬰兒父親通知家中等待的親人，親人將弓或帨懸於門之左或右方。宜懸於家中大門外，以便與鄰里分享新生命誕生的喜悅。

嬰兒第一次洗沐稱「洗三」。整個出生禮的進行，從出生後開始作起，首先是「三朝」，產後三日作「三朝」，因小孩出生時並不用水洗，只用麻油擦拭，三天後正式以水裝在孕母婚嫁攜來的浴盆內，放入桂花心，柑橘葉或龍眼葉，象徵孩子日後富貴吉祥，子孫滿堂，一或三顆石子，象徵祈求孩子頭殼長得堅硬，膽大勇敢，以及十二文銅錢（有財運亨通之意），來為嬰兒洗澡，再由產婆為嬰兒洗身，換上新衣。準備相關供品，稟告神明、床母和祖先，並祈求祂們日後對孩子持續庇佑，稱為「三朝」，也稱「洗三朝」或「洗兒」。

洗三據記載，習俗源自於唐朝，唐代《明皇雜錄》中記載，唐太宗李世民為貞觀二年元月出生的兒子舉行洗三禮。另外在唐朝李豫進行洗三禮時，因為先天體弱，還發生奶媽怕他受寒而調包的事件，不過卻被爺爺唐玄宗李隆基一眼識破，堅持要孫子接受洗三禮的考驗和祝福，奶媽只好聽從，可見洗三禮古代受重視的程度。

在宋朝已很流行洗三禮，依然遵循洗三禮儀式，在元代《錢唐遺事》描述宋徽宗參加兒子洗三禮的軼事：「宋高宗誕生三日，徽宗幸慈寧后閣，妃嬪捧抱以見，上撫視甚喜，謂后妃曰：『浙臉也』，蓋慈寧后乃浙人也」，這是嬰兒出生後舉行的洗浴儀式。洗三禮各地作法不盡相同，但基本過程大同小異。簡而言之就是用艾熬水，給小孩洗澡。前來祝賀的親友拿銅板、喜果之類的東西，往洗澡盆裡擱，叫作「添盆」。洗婆根據親友所投物品不同，口唸不同的吉祥話。如：**若擱棗兒、栗子，就說「早立子兒」；若擱蓮子，就說「連生貴子」**…等。洗完後，用蔥在孩子身上拍打三下，取聰（蔥）明伶俐之意。進行時親友會以紅包賀禮，主人則以糕點等款待，並留吃洗三麵。用艾草、槐條熬水給小孩洗澡後，還有一儀式叫落臍炙囟（ㄒㄧㄣˋ）。即去掉新生兒的臍帶殘餘，並敷以明礬，熏炙嬰兒的囟門頂，表示新生兒就此脫離了孕期，正式進入嬰兒階段。

近代洗三禮都由接生婆主持。儀式進行時，由尊卑長幼順序，往盆裏添一勺清水再放入一些錢幣。如果放的是錢幣則保留在盆裡；如果添的是紙鈔就放在茶盤裡。另外亦可添些桂圓、紅棗之類的喜果。添清水時產婆會在一旁唸些吉祥話，如「**長流水，聽明伶俐**」。如果添的是喜果，產婆則會說：「**早（棗）立兒子，連生貴（桂）子，桂圓桂圓，連中三元**」。添盆後，產婆會拿起棒鎚往盆裡攪一攪，並說些吉祥話後，開始替嬰兒洗澡，萬一嬰兒受驚哭了也不打緊，反而是吉祥的表徵，謂之「響盆」。洗後由祖母抱著嬰兒，以雞酒、油飯、牲醴來祭祖，並順便將已取好的名字稟告神佛。

三、現代作法：

1. 幫寶寶洗澡時，在浴盆內放入桂花心（象徵富貴）、橘子葉（表甘甜、繁榮、子孫滿堂）、二塊大小適中石頭（意為幫寶寶壯膽；膽子不能太小，也不能膽大包天），狀圓的石頭（表頭殼硬硬、個性柔和圓滑）的意思。

2. 洗完澡穿上新衣後，要準備雞酒、油飯祭拜祖先及守護神，一般祭拜時會將牲醴雞腳塞入雞腹內，但另外俗話也說，腳長有吃福，表示孩子以後有豐衣足食的福分。

第二節 報酒（報喜）

古代報喜是由丈夫赴岳父母家通報喜訊。應穿漢禮服，根據各地風俗帶報喜禮物以莊重、喜慶、健康為主。到達後先通報母子平安，再向岳父母行正式拜禮三次，漢民族傳統禮儀之拜禮，行禮方法是：直立，舉手加額如揖禮，行禮九十度，然後直身（這叫鞠躬），同時手隨著再次齊眉。然後雙膝同時著地，緩緩下拜，手掌著地，額頭貼手掌上（這叫拜），然後直起上身，同時手隨著齊眉（這叫興），然後根據禮節，平身或再拜，平身時，兩手齊眉，起身，直立後手放下。

古代在小孩出生的第三天，三朝禮後，由孩子的父親赴岳家報喜訊，稱為「報酒」。現代則是用電話取代了親自登門報喜。當祭祀祖先等儀式完成後就送雞酒、用盤子裝油飯、喜蛋（熟蛋殼染紅）至娘家通知娘家小外孫已經出生了，返回時盤中放一顆石頭和一把白米，相信可使嬰兒頭腦堅固、好養育。而娘家則會回以各種補品，讓產婦調補身體，同時也會送雞酒、油飯給媒人以感謝當初作媒，分享新生的喜訊，不過過去重男輕女的關係，有些人只有在生男丁時才會送媒人，此外也會分送油飯給鄰居，讓大家一起增添新生命的喜悅。

現代報酒主要風俗一般是由孩子的父親赴親家家，主要是向岳父母報喜。賀喜禮物主要有紅蛋、喜餅、喜糖、蛋糕、油飯等誕生禮盒，把這個喜報傳遞給更多的人，如同事、主管，這份初為人父母的喜悅之情躍然可見。

第三節 剃頭

剃髮是滿月這天的重頭戲，依傳統習俗，一則希望藉由「剃胎毛」，來剔除穢氣。二則期望寶寶頭髮能長得又濃又密；另外還包含祈求寶寶從頭開始；一生圓滿，能夠聰明、有財運的意義。到滿月時，家人會請來理髮匠，為孩子第一次剪頭髮，稱為「剃胎髮」。休息一個月的媽媽也會抱著孩子回娘家過門，到時外婆會在外孫肩上搭花線，頸上掛銀墜，以祝願外孫長命富貴。

一、時機：剃頭時間各地習俗不同，有人選在出生後女孩廿四天；男孩三十天，也有人選在十二天、十六天、廿四天或滿月為孩子舉行剃髮。廿四天剃頭是期盼小孩長大後，能像廿四孝一樣的孝順長輩，善盡孝道。另外再仔細些就會看看剃頭當天初幾（如初三表富貴、初四表悅色、初八表長命…），有時會順延兩天，等好日子才剃頭。

二、作法：因首度正式為孩子將胎髮剃掉，家人在剃髮前先將煮過紅雞蛋、紅鴨蛋的水，也有加一種退火的草藥臭青籐一起煮沸的水，倒入浴盆裡，調成所謂陰陽水（一半煮開熱水加一半生水），放入染紅雞蛋（表紅頂升官之意）、鴨蛋（表壓煞）各十二枚、艾草（清淨）、一根蔥（聰的諧音，表智慧，頭髮長得像蔥一樣濃密）、石頭一顆（表有膽及頭好壯壯）、十二文銅錢（表財、富、祿共進），來為寶寶沐浴。剃掉頭髮及眉毛後將蔥搗碎與蛋黃混合塗抹頭髮（有去污及聰明之意），但亦有拿起雞蛋在臉上滾動三圈；再拿鴨蛋在身上滾一圈，作式塗抹一下（蛋表讓嬰兒身體強壯、面目清秀，希望臉長得像蛋一樣白嫩、圓滑）。並邊口唸吉祥話如**「雞卵面、鴨卵身」、「雞蛋身、雞蛋面，剃頭莫變面，娶某（妻）得好做親」或「鴨卵身、雞卵面，好親相（成）來相配」**等，以祈求寶寶將來能夠擁有雞蛋可愛的面容及鴨蛋強壯的身體。事後任剃髮的長輩或理髮匠會獲賞錢。最後再將剃下來之胎髮與石頭一起包在紅紙內，拋於屋頂上。

第四節　作滿月（產後滿一個月）

一個小孩子出生滿月的時候，生育孩子的家庭要遍請賓客，不只是慶賀孩子的誕生，更是小孩子與家裡的賓朋相見，讓他被親戚接納而融入社會的契機。在福建莆田，誕生禮非常隆重，在嬰兒降世後要持續整整一年。嬰兒降生後十四天，舉行的儀式叫「十四朝」，屆時舅家要購置十全果為嬰兒祝福，出生滿三十天，進行的儀禮叫「滿月」，又稱「出月」，即「彌月」的意思。此時要做三件事：一是「洗兒」，舊法接生，嬰兒要等到出月才給他沐浴。沐浴時，先舉行儀式，備禮謝神告祖，然後用「午時草」（端午節留下的菖蒲、牡荊等乾草）燒水為嬰兒洗澡。澡盆中放入紅銅錢，請老年婦女（認為命好的）在廳堂上給嬰兒洗澡。二是剃頭畫桃。嬰兒浴後，用潔淨的剃刀剃去胎髮，只在囟門處，留下一小撮。再由其父或其祖父用雄黃在嬰兒頭頂畫個大桃，謂能使其聰明、長壽（莆田對上當受騙者有「頭頂沒有畫桃」之說）。之後給嬰兒換上新衣，戴上飾有「福」或「壽」字的小帽，掛上「長命鎖」，抱到廳堂拜祖先、拜灶公、拜長輩，討「掛月豆」紅包。三是給鄰居小朋友們分喜紅蛋。這天產婦娘家送來嬰兒衣褲、鞋帽、襁褓、項圈、手鐲、腳環及紅蛋等賀禮。頭胎嬰兒若是男孩，還要辦「出月酒」或演戲慶賀一番。

剛才說嬰兒滿月，不但要祭拜神佛祖先，還要告知寶寶的生辰及姓名，希望能夠求得神明、祖先的庇佑，一方面也向祖先傳報增添子弟的喜訊。拜神佛要用油飯及雞酒，若曾向註生娘娘祈子許願者，滿月日也要用油飯、雞酒和紅龜粿前往答謝。

經過一個月（有人四十天）的閉關階段，母親與嬰兒已正式作完月子，要開始恢復一般的生活，為慶祝新生命的加入，讓親友們一起沾染得子得女的喜氣，過去尤其是大戶人家，通常會在滿月這天擺設筵席宴請親友，會在這天舉行滿月酒，也稱為「吃麻油雞酒」，此為民間普遍流行的滿月禮俗，此日親友來道賀，主人會衡量情況來款待，也有人在幾天前會發彌月請帖請客，彌月柬帖範例如后：

本月○日為○兒○○彌月之期，○午○時　敬治湯餅

恭候

台光

○○○　謹訂

席設：○○○○

小規模會邀親友來吃雞酒，若嬰兒為長子、長孫會辦桌。當然收到喜訊的親友會「**禮尚往來**」，回贈各種祝賀的彌月禮物，一般為金飾、紅包…等，稱為「送庚」賀出生四字吉祥語詳如**附錄一**。現代社會為求簡便，通常會以市售的彌月蛋糕或彌月油飯禮盒來分送親友及同事。

註一：「禮尚往來」─人與人維繫彼此關係，「禮尚往來」成為必要的行為。在台灣傳統的社會習俗中，所謂「人情世事」，就是人與人之間情感交流體現的平台。

「滿月日」外婆家會送禮物給嬰兒，稱為送頭尾，指的就是嬰兒從頭到腳所穿的全部衣物，包括衣服背領還繡有「卍」字紋（象徵保平安的意義）、帽子即一般所謂的童帽（虎頭帽、獅帽或鳳帽）、鞋襪、棉被、飾物、揹巾。另有一說，希望下一胎生男孩，就不必送揹巾，以免送揹「巾」，也送上千「金」而生下女生…等。飾物有銀牌、金、銀鎖片等胸飾，手鍊、戒子、項鍊、腳環等銀飾，此外尚贈送香蕉、外媽圓、紅龜粿、紅桃、紅蠟燭等禮品，主人通常以油飯、米糕、酥餅或糰子為答禮。

註二：蛋糕上點蠟燭習俗─源於希臘人在圓月般的蜜餅上點燃小蠟燭，然後放在阿耳特彌斯神的廟壇上，以供奉這個月神。根據民間傳統信仰，在生日點燃的蠟燭具有神奇的力量，能夠使願望實現。自人類開始設置祭神以來，點著小蠟燭或燃起祭火已有神秘的特殊意義，點燃生日蠟燭是向過生日的小孩表示敬意，能為小孩帶來好運、道賀和祝福，都是不可或缺的環節。

坐月子後，產婦就可外出、做家事。民間以產婦產後一個月內不准外出，每天在房內，若不慎外出，民間相信會冒瀆神明，使產婦生病，為避免犯忌。因此有坐月子的習俗。其實這是因為在傳統農業社會非常忙碌，產後身體虛弱，宜加調養休息，不宜工作，因此用禁忌的方式來規定，是對產婦身體的保護。

滿月禮的那天，許多親朋好友都會帶上禮物前來道賀，主人則設下豐盛的宴席款待賓客，稱作「滿月酒」。每位坐席吃酒的賓客還會收到四個煮熟染色的紅雞蛋，因為雞蛋象徵著傳宗接代，而紅色又蘊含喜慶祥瑞之色。

第五節 喊鴟鴞及移窠

通常在滿月剃髮後還有一項習俗叫「喊鴟（ㄓ）鴞（ㄜˋ）」。民間藉著喊鴟鴞的儀式，一方面讓嬰兒見到天日，另一方面也喊出對孩子未來的期望。希望孩子早日長大結婚生子，功成名就。作法即由祖母、尊長（或哥哥、姊姊背著）抱到門外，用雞箠（趕雞的竹竿）敲地，對著空中喊鴟鴞（老鷹）。民間養雞，老鷹常來抓小雞，用雞箠敲地，一方面趕雞，另一方面也趕走老鷹，保護小雞，邊敲邊喊「**鴟鴞、鴟鴞飛上山，囝仔快做官。鴟鴞、鴟鴞飛低低，囝仔快做爸。鴟鴞、鴟鴞飛高高，囝仔中狀元（台語）**」，如果生女嬰僅喊「鴟鴞、鴟鴞」，因女孩以前不能做官，也不能中狀元和做爸爸。禮成後背人兄姊可獲贈一支雞腿。

而所謂移窠又叫移巢、滿月遊走等。民間風俗，嬰兒初生是不能隨便走動的，到了滿月時就可以了，此時母親抱著嬰兒到別人房間去四處遊走稱之。

第六節　取名字

名字雖是人的代號，但它伴人一生，甚至更長，所以人們給孩子取名字都很慎重、認真，包含著對孩子一生的希望。若是家庭自己為子女取名，多以父親或祖父的意思為主。若因自己知識不足或要進一步慎重其事，就會請深通文墨的先生命名，或請德高望重的長輩賜名。但基本上都有以下四個特點：

一、**以賤庇佑**—為了易養育、保平安，人們有意給孩子取個輕賤的乳名，民間常見的如牛仔、狗娃、豬娃、狗蛋、臭娃…等。宋代有一取名逸聞，著名文學家歐陽修素不重佛，偏就給其一子取名僧哥，有人問他：公素不重佛，安用此名？歐陽修答曰：小兒要易長育，往往以賤物為名，如狗、羊、馬、牛之類，僧哥之名，亦此意耳。此俗來源於一段迷信傳說：每個人的名字都押在「閻羅王」那裡，它想叫誰死，就按名拿人。為了迷惑閻王爺，故意不取人的名字，使其在「人簿」中找不到，拿不住，就能長大成人。這也算是人要勝天的一種方法。但這種取名法，只限乳名，若取正名，則依照以下三例。

二、**按子排輩**—宗法倫理始終貫串漫長的封建社會過程中，而與宗法社會觀念相吻合的命名方式，於漢代應運而生，影響至今。例如家族早就確認是每一輩份命名必須使用的偏旁或文字。一般兒子們家族範字，日後要按輩份登錄於族譜，而女兒們則用家庭範字。如有宗族按福、祿、壽、禧、吉、星、高、照、富、貴、康、甯等吉祥語字，按輩排列，看名字即知此人為家族中的「福」字輩、「祿」字輩，或「壽」字輩。以前人們給孩子取名還忌與宗族近親長輩重名重字，否則就會被人譴責為「不恭」、「不孝」。現代人取名雖不拘於許多戒規了，但與長輩重名重字的仍是忌。

三、寓有深意—字音響亮，充滿褒義、氣魄宏大、呼叫順口，是人們取名字主要意向。如富、貴、吉、祥、玉、輝、丁等寓意興旺發達的字眼，常為人所用。取名用字，還推崇一些高尚雅致的字，或者來源於古代經典著作中的字詞和典故，以此意含著長輩對子女成材的殷切期望。也有以記事、記人取名，以作為父輩生命歷程的一個紀念。由於個人是作為社會的組成部分而存在的。因此這類取名法，就受到其所生活的時代背景和社會環境的制約。

四、避免歧意—人們給孩子取名不僅追求字義好，而且特別要注意避免與其他字義不佳的字詞同字或近音，以免造成名字的諧音，呼叫時形成歧意，把名字變成「綽號」。例如名為「秦富」的，就與「情婦」諧音。名為「史貴」的，就與「死鬼」諧音。名為「曾懷丹」的，就與「真壞蛋」諧音。如果不避開這些諧音，就會造成許多尷尬和誤會。

根據《禮記・內則》篇介紹，命名禮儀是一個複雜，但頗有條理的過程。古代孩子的名字早在妻子孕期、未出生之前丈夫就已取好（男女各取一名）。以毛筆書寫在宣紙上，由妻子親手置入紅色信箋封簽。嬰兒出生哺乳後母親再拆封，親口將名字告訴寶寶。但也可訂在出生四個月再取名，因過去孩子夭折的可能性大，所以前人要幫孩子取名，大約都是出生四個月左右的事。取名通常父母會找命理師或家中長輩根據生辰八字來命名。過去認為名字越隨便，甚至越難聽，孩子會比較好養，所以罔腰、罔市、阿狗之類的名字時有所聞。當然現在規定孩子出生一個月內就要報戶口，所以也就早早幫孩子取名了，命名方向也隨時代潮流而有不一樣的演變。

第七節 百日禮

一、穿百家衣：

幼兒百日民間風俗給穿百家衣。父母期望孩子健康成長，認為這需要託大家的福，託大家的福就要吃百家飯、穿百家衣。從各家取一塊布片，將布片拼合起來做成服裝，也就成了百家衣。

二、戴長命鎖：

百日禮還有一項重要的工作是給孩子佩戴長命鎖，認為孩子一旦戴上了鎖，就能無災無禍，平安長大。長命鎖是掛在脖子上的一種裝飾物，民間認為只要佩掛上這種飾物，就能避災去邪，「鎖」住生命，辟除關煞、長命百歲。長命鎖的前身是「長命縷」。長命縷也叫長生縷、續命縷、延年縷、五色縷、闢兵繒、朱索、百索等。佩長命縷的習俗，最早可追溯到漢朝，據《荊楚歲時記》、《風俗通》等書的記載，在漢朝每在端午佳節，家家戶戶都會在門楣上懸掛上五色絲繩，以避不祥。到了魏晉南北朝時，這股絲繩被移到婦女臂上，漸成了婦女和兒童的一種臂飾。在當時由於戰爭頻繁，加上瘟疫、災荒不斷，人民渴望平安，所以用五色彩絲編成繩索，纏繞於婦女和兒童手臂，以祈求避邪、去災、祛病、延年。到了宋朝，這種風俗繼續存在，不僅流行在民間，還傳入宮廷，除婦女、兒童外，男子也可佩戴。每到端午節，皇帝還會親自將續命縷賞賜給近臣百官，讓他們在節日佩戴。宋朝稱這五彩繩編結物為珠兒結、彩線結，其形制已較複雜。除絲繩、彩線外，還穿有珍珠等飾物，在當時汴京等地的街市上還有不少店鋪和市販，專門銷售這種飾物為生。到了明朝風俗變遷，成年男女使用者日少，通常只用於出生嬰兒，而成為兒童的一種頸飾。

三、拜床母（鳥母）：

傳說床神有男、女之分。床婆貪杯，而床公好茶，所以以酒祭床母，以茶祭床公。民間在婚禮、生育、三朝、滿月等時候有拜床母的習慣，且都以澆了酒的肉為祭。懷孕的婦女有如含苞待放的花兒，而花公花婆負責灌水、施肥、穩固根部，還要除蟲害，所以懷孕婦女要拜花公花婆。待孩子生下則要拜他們的助手—鳥母（或叫床母）。臨水夫人廟有三十六位鳥母，掌管「生」，保佑初生嬰兒免於痴、傻、哭、鬧、病、弱、驚等，照顧著小孩直到十六歲不再受驚嚇及不正常發育。還要顧及孩子心理感性與智性的正常發展，因此可使頑石點頭，笨頭笨腦的可使聰明伶俐，所以有小孩的家庭，除了到廟裏拜拜，通常還要在嬰兒的床擺供品燒香拜鳥母，祈求鳥母妥善照顧嬰兒。

第八節 收涎（作四月日）

嬰兒產後滿四個月，民間要為嬰兒作「四月日」，這天要用牲醴、紅桃、紅龜粿和酥餅祭祖先、神佛，同時舉行收涎禮。而娘家也會送來與滿月時相同的頭尾（從頭到腳的東西）和紅桃來祝賀。一般親友亦會送禮祝賀，主人會以紅桃來答禮致謝。

收涎的意思就是小孩子不斷地成長，永不遲延，讓孩子不要再流口水，祝他長大。作法即準備酥餅十二、廿四或四十八個，用紅絲線或黑絲線串起來，掛在嬰兒脖子上，然後由母親抱著嬰兒到親友家中，由親友長輩以嬰兒脖子上拿下一個酥餅在嬰兒嘴邊橫拭一下，同時口說吉祥話，如：「**收涎收離離，明年招小弟**」，涎就是把遲延收拾乾淨，明年又有弟弟出現，等到明年真的又有弟弟出現時再說一句，「**收涎收乾乾，明年生郎葩**」（意思同前），或只說「賢大漢」（容易長大之意）。「收涎」最主要的意義就是希望自己四個月大的孩子能永無遲延，成長甚速。

第九節　孤齒（時間：七至九個月）

俗語說：「七坐，八爬，九發牙」，代表的正是一個孩子的生長發展階段。現孩子營養好、刺激多，成長的速度多半會超越以前，快一點的寶寶可能六、七個月就會長牙了。因為以前的人覺得只長一顆牙是不好的，所以這時就有了「**吃姑米，穿姑鞋**」的習俗，要請姑姑拿來水米（泡過的水米），用來煮成稀飯讓寶寶吃，還要請姑姑送一雙鞋子讓寶寶穿，如此有吃又有穿，就能夠祝福寶寶快快長牙。

以上禮儀近年來，由於作滿月、作四月日、作周歲等三次「頭尾」的贈禮和費用很是複雜而龐大，所以儀式漸漸省略，作滿月有人以禮金代替，其餘事項均省略，還禮時要在器具上放少許的米和黑豆，若無黑豆，則以兩個小石頭代替，表示祝福小孩身體健康之意。

第十節　周歲禮（即作度晬）

嬰兒滿一周歲稱「週日卒」，俗稱「對日卒」、「摸摸」。要舉行「日卒盤試兒」儀式。這天嬰兒外婆家送來小兒衣帽、鞋飾等。母親給小兒穿上新衣服，然後在廳堂中地上放一個米篩，內放剪刀、量尺、戥子、算盤、毛筆、書本、錢幣等各種玩具和生活用具，使其隨意抓取，以此卜定預測嬰兒日後的前途、性情和志趣。此也稱「試日卒」、「摸摸」。「摸摸」時小孩要坐在一個小石臼上，意為坐石頭上就有飯吃。細節補充再說明如下：

一、生日一歲曰「晬ㄗㄨㄟˋ」，嬰兒出生滿一年就要作「度晬」，度晬就是周歲，周歲要準備牲醴及紅龜來祭拜祖先、神佛。生母的娘家於當日也要送來頭尾禮（從頭到腳的金飾、衣飾）和紅龜粿以茲祝賀，本省人稱這個儀式為「作周歲」（即度晬），但生女嬰通常省略不作。接受「頭尾」的夫家應視其量，送紅包以還禮。進行儀式為先祭拜祖先，告訴祖先寶寶滿一歲的訊息，祈求寶寶能健康成長。

祭拜後，最普遍的風俗儀式就是「抓周」了。周歲試周曰「晬盤之期」，抓周又稱「試兒」、「試晬」。《東京夢華錄記》謂：「羅列盤盞於地，盛果木、飲食、官誥、筆研、笄秤等經卷針線應用之物，觀其所先拈者，以為徵兆，謂之試蔡，此小兒之盛禮也」。

而台灣民間作周歲這一天抓周是在大廳神龕之前放大竹篩，內放剪刀、量尺、戥子（秤錘）、印章、筆墨、書本、算盤（計算機）、聽筒、錢幣、蔥、芹菜、蒜、稻草、雞腿、豬肉等物，大約十餘種象徵性的物品，祭拜後，讓孩子坐在竹篩中央，讓其任意抓取稱「掠週」，來預卜嬰兒日後的前途（未來可能行業與命運），引起大人浮想連翩，這一風俗至今仍然流行於民間，還出現專為小兒抓周時使用的套裝禮器。每項物品所代表長大後的職業與意義，預卜如下：

1.字典或詞典—代表文學家或科學家，有知識的人才。
2.書、筆—具有特定意味，代表書法家、文人、文職工作。
3.尺—具有尺度的意味，代表律師、法官、革命家。
4.算盤、計算機—代表善於理財和經商（商家或生意人）。
5.印章—表官運亨通。
6.墨、紙硯—表生性好學；在科舉中取得好成績。
7.縫紉或炊事用具—表善於料理家務。
8.玩具和食物—表會有安逸舒適的生活。

二、**一般幼兒出生滿周歲後**，父母為了讓子女平安成長大成人，常會到七娘媽廟讓子女拜「七娘媽」為契子（義子）、契女（義女）的拜祭儀式，在儀式中行「加絭」（即加錢），「加」是以古錢、銀造的鎖牌或以黃紙畫符折成八卦形裝入紅布袋，繫上紅線，掛在頸上，所以又叫「掛絭ㄑㄩㄢˋ」。相信在「加絭」後，就可保護幼兒平安。而後每年七夕，都要到廟中祭祀，將「絭」在香爐上旋繞，希望獲得靈力，直到滿十六歲時，在當年七月七日攜帶祭品祭拜。祭品有：五牲、六色菜碗、七碗甜芋等。

註：而後的壽日謂「母難之日」，或云「劬勞之日」，古人都不慶賀。

第四章　懷孕後保胎的禁忌

第一節　農業社會傳説中的禁忌

懷孕起始，長輩們常說，有了身孕一些禁忌特別要注意，以免觸犯胎神。懷孕在民俗上民眾生活中忌諱之事項摘述如下：

一、不可將手舉高過肩，否則容易流產。

二、曬衣服造成流產。

三、不可拍孕婦肩膀。

四、孕婦不能縫針線，動用剪刀。

五、孕婦不能看布袋戲或傀儡戲，否則將來孩子會變得很被動，有軟骨症。

六、孕婦長期待在吵雜的環境中，或聽吵雜的音樂聲，寶寶將來會很愛哭。

七、家裡有人懷孕，不能搬家，或在牆上敲敲打打，否則會流產。

八、孕婦坐月的房間，男子不能進入，不然會倒大霉。

九、孕婦若吃深色的東西，生的小孩會變黑。

十、懷孕期間不能亂動工程。有人把牆角洞補起來，結果生出的孩子是無肛門。

至於懷孕期間，除了求神明保佑之外，更有許多禁忌習俗，來約束孕婦和她周圍的人，以求順利生出胎兒。台灣民間普遍相信，婦女自受孕之初，周邊便有了胎神的存在，而胎神有二意，一指的是胎兒的元神與胎兒的靈魂相連；另外一個則是指控制與支配胎兒的神，可以保護胎兒，也可傷害胎兒。正因為有胎神的觀念，所以民間就有習俗稱說婦女懷孕期間，不可以移動家俱、補牆、綑綁、穿鑿，尤其不可以釘釘子，否則會觸犯胎神而使孕婦與胎兒受到傷害，有可能導致流產、難產，或者是生下畸形兒，因為這些行為觸犯了胎神，就要趕快請道士來家裡作安撫胎神的方術，或到廟裡求取安胎符，以求安胎。

另外還有關於孕婦的禁忌，大致可分為行為和飲食兩方面，行為方面，諸如孕婦不可見醜的事物，不聽淫聲，不視邪色。孕婦也忌諱看到月蝕，否則所生下的孩子可能會身體不全，還有孕婦不可參加婚禮，因為會「沖喜」，導致一方或雙方會發生不吉利的事。至於飲食方面，普遍認為孕婦忌吃生冷的食物，過去還有人認為孕婦忌吃螃蟹，以免生出來的孩子像螃蟹，多手多腳，或致胎橫難產。現以科學的眼光來看這些禁忌，或許會覺得不可思議，但仔細想想，許多禁忌的意思其實是讓孕婦不要過於勞動，對胎兒健康有其正面的意義。譬如不可以拿剪刀，不可以拿釘鎚之類的東西，其實是希望不要因為這些東西而傷害到孕母，避免引起感染而生病。

第二節　民間孕婦保胎的禁忌

民俗禁忌是民眾生活中共同遵守，不可觸犯的規範，許多人將民間禁忌視為迷信，其實多數禁忌是可以科學、理性來解釋。孕婦有許多保胎的禁忌，有關孕婦的禁忌，揆其原意就是要讓孕婦多休息、免勞動，當然也有些禁忌只是「**想當然耳**」的諧音所產生，如不參加喪禮、不說再見，此禁忌在於尋求心靈的安頓。

民俗禁忌有其普遍性，故民間普遍遵循，避免觸犯生活法則，但禁忌並無強制性，簡言之，不遵守民俗禁忌並不違法，但一般民眾卻都抱持「**寧可信其有**」的心態。遵守禁忌至少求得心安；不守禁忌恐引起內心不安，或引起他人不悅。至於禁忌的真實性則是「信不信由你」，難以驗證真偽。台灣民間的生活禁忌種類繁多，動則得咎。由於人生的每一階段都必須認真面對，以祈求平安順遂，因此生命禮俗的禁忌也特別繁雜。如不看入殮、封棺（避免過度傷心）。不可看「炊粿」，否則會蒸不熟。不可看「動工」、「上樑」，不可「踐轎腳」，因神轎上八卦會傷到胎兒。孕婦忌在娘家生產，台灣俗語有「**借人死，無借人生**」，民俗信借人辦喪事，將扣除家中的劫數；借人出生則會將娘家福份佔取。因此女兒嚴禁回娘家生產，只允許在娘家坐月子，產婦也不可洗冷水、吹風或吃鹽、吃冰，以免得到「月內風」。還有忌漿洗蚊帳、被褥時淋開水；忌裁布、漂染、縫補衣服；忌拆床、挪移搬動箱櫃，更禁修房屋、避諱喪事等。認為輕者將來孩子出生時身上會帶傷疤、色斑，重者會導致殘缺、死胎流產。有的孕婦被算卜先生認定是命帶「天狗」的，為了使孩子不被「天狗」叼走，丈夫要到首飾店買一把銀鎖，趁妻子熟睡時悄悄地鎖在她的脖子上。

臨產前，有的地方還要到廟宇拜「註生娘娘」，保祐順產。懷孕至十個月，孩子尚未呱呱墜地，娘家就要「送催生」，派人送來一隻熟雞，祈望像母雞下蛋一樣順當、平安。接生後，有的地方要把胎盤埋於江濱沙灘，說是埋得越深孩子的胃力越好，有些地方還把胎盤撒上草木灰密封於壇罐，置於床底下。

產婦產後一個月內不得外出，在「月內房」居住，因恐怕身體污穢會觸怒到神明，所以不敢外出，只好請下女端來食物和清掃房間，其餘人等不能隨意進出，等一個月後就可外出幫忙家事。

第三節　出生禮儀總結

孕婦經過十月之久，漫長的懷胎醞釀，嬰兒哭聲終於終結父母忐忑的猜想，驕傲的宣布著一個全新生命的到來，沉浸在喜悅中，大人們為表達對新生命的愛意及對新生命的祝福，就以各種儀式來為孩子祈福，這就是生命禮。

漢民族傳統的出生禮因地域之別而具有不同的風貌和表現，但總體來看，大都包含了嬰兒誕生有誕生禮；三日後有三朝禮；出生一個月為滿月禮；出生百天行百日禮；一周歲時行周歲禮等五種主要禮儀，其具體表現形式基本上大同小異。但必經此迎接新生命的過程，才算完成。

復興傳統出生禮，理應將其回歸禮儀本身，回歸為對生命的真切祝福和對為孩子的幸福祈禱，一些庸俗的社會人倫風氣，不應該繼續傳承，出生禮對人們造成情感和物資壓力也理當卸去。我們認為，出生禮不應該迫使人們去攀比金錢的多寡和禮物的貴賤，出生禮儀的耗費應遵循節約、適度，以自己的耗費為主的原則，原則上，不宜接受他人的禮金，提倡一種真誠祝福、淡薄物質的禮儀態度。同時出生禮應該增強禮儀成份，把握好生活歡愉的分寸，回歸華夏民族的真實和特色。

◇出生禮相關術語註解

1. 漢族文化：

①閩南文化（福佬文化）—台灣漢族則大多數是福建、廣東兩省的移民，其中福建以漳、泉兩地移民約占80%，因此閩南語（又稱為福佬話）為台灣民間的主要方言，被稱為「台語」。閩南文化又稱為「河洛文化」、「福佬文化」。

②客家文化—客家人主要來自中國廣東潮州和梅縣。目前分布於桃、竹、苗地區，或高雄、屏東、美濃等地。客家人適應力特強，為了生活可以四處為家，漂泊異地。早期客家人保有傳統的客家精神—「勤儉」、「硬頸」、「念祖」、「團結」、「凝聚力強」。客家人較保守，有強烈的「我群」意識，珍惜文化，尊重有知識的讀書人，較重視教育成就。

2. 中國求子習俗—古書有許多的記載，如《禮記・月令》篇仲春之月：「是月也，玄鳥至，至之日，以大牢祈於高禖」，高禖就是求子之神，也是司生育之神。經過兩千多年的演變，後世民間祈子有關的神有送子張仙、送子觀音、註生娘娘、媽祖、臨水夫人、七娘媽…等，在各地流傳廣大。由此可看出「不孝有三，無後為大」，幾千年的封建傳統對世俗，尤其是對婦女是條極其沉重的鎖鏈。

3. 敬神敬佛、祭祀點香—祭拜祖先時點兩支香，祭拜天公、神明須點三炷香，祭鬼魂時用一炷或三炷香。祭拜時先點燃再用右手持香，左手包在右手外，擺在胸前再上、下拜三次即可，持香祭拜時，上不可超過眉毛，下不可低於肚臍，否則會被視為無禮，即俗語：「頂無過眉，下無過臍」一詞的由來。

4. 囟（ㄒㄧㄣˋ）門—嬰兒頭頂上，接近前額處有一頭骨還沒有密合的地方，可以看到跳動。這個部位叫「囟門」，也叫「囟腦門兒」或「頂門」。

5. 戥子—是秤錘，用來秤金銀、珠寶等貴重物品重量時，秤子的配重物。

6. 石麟—即石麒麟。古人以「天上石麟」，來稱讚他人的兒子聰穎出眾。

7. 明珠—比喻極受寵愛珍視的人，這裡指寶貝女兒。

8. 乳名、乳兒—奶名，小名。乳兒，一歲以下的嬰兒。

9. 「懸弧令旦」、「設帨佳旦」—分別形容男孩及女孩的生辰日。

10. 「嵩嶽降神」、「緩急非益」—嵩嶽降神又曰「弄璋」；緩急非益又曰「弄瓦」。分別為慶賀人生子及生女。

①弄璋：指生男。璋，玉器。古俗生男拿玉器給他玩，期望兒子具有如玉一般的品德。

②弄瓦：指生女。瓦，紡錘。古俗生女拿紡錘給她玩，期望女兒善於女紅、家事。

11. 「夢熊夢羆（ㄆㄧˊ）」、「夢虺（ㄏㄨㄟˇ）夢蛇」—分別為男子之祥及女子之端。

12. 周朝是中國古代禮制最興盛的時期。《周禮》中說「以玉作六器，以禮天地四方，以蒼璧禮天，以黃璜禮地，以青圭禮東方，以赤璋禮南方，以白琥禮西方，以玄璜禮北方」。這是從「六瑞」的顏色上來解釋它們的用途，在傳世的漢碑上尚可見到這六種「瑞玉」的圖形。在用玉制度出現了一系列禮玉。這些禮玉形制不同、用途各異、名稱繁多。其中最主要的是璧、圭、琮、璋、琥和璜，合稱為「六瑞」。這六種玉器是中國古典玉器的核心。

13. 自稱生日，曰「初度之晨」；年老生子，謂之「老蚌生珠」。

14. 《禮記・內則》—內則意為家裡的規矩。

15. 卐、卍—音「ㄨㄢˋ」。是梵文。分右旋、左旋。為佛陀三十二相之一，是一種象徵的瑞相。意為吉祥雲海。

八土徵輝	人中麒驥	女界增輝	子孫滿堂	子種蓮房
小鳳新聲	天降石麟	天賜石麟	天賜麟兒	文孫彌月
毋竹生孫	瓜瓞延祥	瓜瓞綿延	瓜瓞綿綿	玉枝啟秀
玉筍呈祥	玉筍並茂	玉勝之喜	玉勝徵祥	玉種藍田
玉燕投懷	玉燕鐘祥	玉樹聯芬	玉鶯投懷	丕振家聲
石麟呈彩	石麟降世	石麟誕育	百子圖開	早生貴子
充閭之慶	足月之喜	弄瓦之慶	弄瓦喜讌	弄瓦徵祥
弄璋之喜	弄璋誌喜	弄璋誌慶	弄璋徵祥	芝楣益耀
芝蘭新茁	秀出蘭芽	秀茁蘭芽	明珠入拿	明珠入掌
長命百歲	長貽世德	初度之喜	奉申之喜	兩美同生
花萼欣榮	金孫彌月	金蘭茁玉	枝葉並茂	育珠之喜
育麟之喜	英聲朗月	英聲驚座	弧懸異彩	射矢喜硯
家有後人	桐枝衍秀	桐枝衍慶	孫枝啟秀	班聯玉筍
荀龍薛鳳	珠璧聯輝	掌上明珠	羆夢得寶	添丁之喜
添丁添福	添丁發財	添丁誌喜	添子之喜	國民先聲
連生貴子	彩鳳新雛	彩褓凝祥	祥瑞弄璋	祥徵羆夢
設帨之慶	設帨佳旦	設帨凝祥	設帨凝輝	喜比螽斯
喜比螽麟	喜得寧馨	喜溢門楣	喜慶臨門	喜顏如玉
喜獲麟兒	喜聽英聲	喜隨福來	棠棣增輝	棠棣聯輝
富貴吉祥	華誕之慶	晬盤之敬	歲華吉祥	啼試英聲
湯餅之敬	飴座騰歡	筍誕石麟	鳳毛齊美	鳳毛麟趾
趕百路子	嵩嶽降神	滿月之喜	熊喜徵祥	熊夢徵祥
綿綿瓜瓞	綵褓凝祥	維熊維羆	德門生輝	誕育寧馨
慶協弄璋	慶衍龍女	説悦凝庥	輝增彩悅	輝聯彩悅
螽斯協吉	緣鳳新雛	澤綿瓜瓞	燕翼貽謀	壎篪並奏
雛鳳新聲	繩其祖武	繩武象賢	彌月之喜	彌月之敬
彌月之慶	彌月誌喜	麟趾呈祥	雙芝競秀	雙株競秀
雙璋之喜	懸弧令旦	蘭芝茁秀	蘭階吐秀	蘭階添喜

第二部　成年禮儀篇

成年禮是指人類為了慶祝其成員長大成人；確認年輕人具有進入社會的能力和資格而舉行的人生儀禮，是一個人由個體走向社會的一道不可少的程序，一個人當他經過漫長的文化教育過程後，逐漸走向成熟，脫離了親人的養育、監護，承擔起社會所賦予的權利和義務。在這個時候，人們又要舉行一系列的禮儀來紀念當事人由不成熟走向成熟的過渡，這種禮儀就是成年禮。有的成年禮儀過程十分隆重，而且帶有考驗的性質，中國一些少數民族的成年禮還有比較明顯的保留。成年禮儀是人生儀禮中最為重要，並且具有多種特性的禮儀，是一種普遍存在的文化現象。

而舉行之禮俗儀式，古時西周就有了，延續到了明朝。似是周公旦創造出來的禮制。禮記中說：「男子二十，冠而字。女子許嫁，笄而字。嫁，則十五而笄。未許嫁，則三十而笄」。中國古代遠從周朝開始也有「男子二十而冠，女子十五而笄」，意思是說古時候的男子到廿歲；女子到十五歲為成年，要舉行一定的紀念儀式，男的稱「加冠」，女的稱「加笄」。加冠儀式一般是由長輩為成年男子梳髮，改變髮型，然後戴上新帽；加笄則為女子挽髮為結，然後插上笄釵，所以在中國古代從周朝開始，男子在廿歲，女子在十五歲的時候就算成年。貴族女子則是在滿十五歲舉辦笄禮及笄之後可以嫁人。也有定在滿十六歲時舉辦者，如日本人的元服（成年禮），潮州人的出花園以及台灣人的作十六歲。如果是皇室，這個年紀可以再提前，春秋時就有十二歲加冠的例子。

連横在《台灣通史》記載：「富厚之家，子女達十六歲者，糊一紙亭，祀織女，刑牲設醴，以祝成人，親友賀之」，台南人作十六歲的由來與五條港經濟活動有一個有趣的傳說，據云昔在台灣府城大西門外水仙宮前有五條港，郊行雲集，商業鼎盛，來往船隻皆由五大姓分據碼頭裝卸，其中不乏囝仔工幫忙搬運，只有領半薪，所以當地工人家中，有小孩滿十六歲即在農曆七月初七（七娘媽生）舉行作十六歲的科儀，並告知鄰里分贈紅龜，且請來工頭及親友歡宴慶祝，從此日後可領「大人工錢」，相沿成俗，台南各地皆有辦理十六歲的習俗。在台灣各港鎮亦有流通，台北文獻亦有記載，萬華地區也有作十六歲，鹿港、北港、鹽水亦然，只是現在僅存台南仍保有這項活動。

台南作十六歲的民俗活動是源自於泉州，但在台灣亦有流變，其信仰的源由有七星娘娘、織女星、魁星等系統，從一般的俗神信仰演變為庶民生命成長歷程的成年禮儀式，此民俗活動意涵著台灣社會重視生命力及勞動力的成長，與承續家庭生活及進入社會體系的責任交付。

成年禮是台灣漢人社會為子女成年所舉行的儀式，民俗的成年禮與七娘媽信仰有關，表現於「作十六歲」的儀式中。在台灣作「成年禮」的儀式是在七夕當天，我們要準備一些牲醴、麻油雞、油飯，以及胭脂水粉來祭拜兒童的守護神（七星娘娘及床母），感謝祂十六年來的照顧，因為現在已經成年了，所以在七夕這一天感謝二位神明。之後要燒七星娘娘亭，它是一個用紙糊成亭子的形狀，通常是由父母各執一邊，讓滿十六歲要作成年禮的小孩從中間穿越，所以叫做「鑽七星娘娘亭」；像在台南地區，要在台南的開隆宮從七星娘娘的供桌底下穿過，稱為「鑽七星娘娘桌」，然後從桌子底下鑽出來，就完成成年禮儀式。所以在台灣是滿十六歲，而且是在七夕時所作的。

在台灣的成年禮俗中也稱為「作十六歲」或「出花園」，因為在十六歲之前我們一直接受七星娘娘還有床母的保護，直到「作十六歲」時才算是成人。而現在法律應該是說滿十八歲是成年，所以所謂的「成年禮」在不同的時代及不同的地區，都有不同的定義。另台灣原住住民之成年禮就與自然環境有密不可分的關係，如以打獵來代表勇敢或舉辦祭典來緬懷祖先或神明所賜與的勇氣。「作十六歲」的年齡是農業社會的成年年歲；但官方所倡導的則是源於儒家的「冠禮」。

第一章 傳統成年禮

第一節 成年禮的定義與社會意義

每一文化皆由生命推動儀式，藉以界定每個社會文化成員生命的階段性角色。成年禮更是許多文化所共有的重要生命禮儀，這種儀式，一方面可以區別兒童和成人的不同，提醒其人格修養與責任的承擔；另一方面則表現出對生命的喜悅與情思。古時成年禮意即冠禮，對象是指年滿廿歲之青年。舉行典禮之意義在肯定該員為成年人，能夠獨立自主享有成年人權利並履行義務。倫語云：「吾日三省吾身，為人謀而不忠乎？與朋友交而不信乎？傳不習乎？」，孔子也主張「智、仁、勇」三達德，告別懵懂，為自己負責。依〈國民禮儀範規〉規定「凡年滿十八歲之男女青年，宜為其舉行成年禮，以喻知其人生應有之責任與義務」，意謂此時孩子身心都已具成人條件，經此隆典後給當事人深刻的印象，使瞭解從此不再是個小孩，任何言行都必須自己負責，在面對現實生活已無所依賴或逃避，以激起其自我獨立之意義及社會責任感。

成年禮在世界各民族中都曾盛行過。它是一個人生理發育成熟時所舉行的儀式。人類學資料告訴我們，原始部落的成年禮是非常複雜的，有時還顯得十分殘酷。成年禮的主要目的是在使受禮者經歷種種生理和意志上的磨練，並通過這種磨練的考驗，將他們接納到成年社會中。後來隨著社會的發展逐漸演變成為人生儀禮中的一種象徵儀式。

對於年滿廿歲的男女青年，舉行成年禮以肯定該員為成年人，能夠獨立自主享有成年人權利並履行義務。成年禮是一種生命的禮儀，這種儀式表示一個人或一群人從孩童轉變為成人時，得到社會認定的一種轉變。因此為人父母者也更祈求孩子能通過現代的成年禮（順利服完兵役返家），完成婚姻大事，這也算是現代成年禮的一種，並且祝愿未來人生旅途能走得平順。成年禮在台灣民間都辦得很盛大，其主因是：

一、**因為它有「宣示」的作用**。也就是公告讓人知道「吾家有女初長成」，我家的女兒已經成年了，有興趣的男生可參考看看！（以免女兒都長到十六歲成年了，也沒有人注意到）。

二、**對男子而言，也是主動對外公告，我家壯漢已經長大成年，要出外找工作了！要負擔起養家活口的責任了！**所以請左鄰右舍或親朋好友幫忙找個好工作、好對象。

三、**對孩子而言，也是一種佈達的作用**，藉由成年禮的舉行告訴孩子，你已經成年了，你應該要學習擔負起家計，幫助家裡，因為你已經是大人了。所以成年禮的舉行不管是對孩子或對整個社會而言，成年禮都是相當有意義，而且是一個重要的關卡。

第二節　中國古代傳統成年禮

男子冠禮，前三日，主人率冠者告於祠堂，序立，跪，啟櫝，上香，參神，鞠躬四拜，興，平身，酙酒，跪，告云：「某之子某，年已長成，將於某日加冠於首，謹以酒果，用伸虔敬，謹告」，俯伏，興，四拜，平身，閉櫝而退。此為古代傳統成年禮儀式，分述如下：

一、**由來**——「冠禮」即今人所謂成年禮。成年禮是我國古代流傳已久的一種古禮。禮記中記載「冠禮」是一切禮儀的開始，而所謂冠禮，正是成年禮。禮記中說：「男子二十，冠而字。女子許嫁，笄而字。嫁，則十五而笄。未許嫁，則三十而笄」。古代士人家庭男孩年滿廿，即舉行隆重之加冠典禮，女子則年滿十五許嫁而笄，表示彼已成為端莊穩重之成人。而行過冠禮的男子最起碼要具備「**體正、顏色齊、辭令順**」的涵養。男子的冠禮中，除了士庶，還有天子、皇太子、皇子、親王、品官等階層的冠禮。

《禮記・內則》鄭註：「其未許嫁，二十則笄」，古代廿歲已成年女子遲遲未許嫁，就必須行笄禮，笄禮是漢民族、朝鮮族女性的成年禮，笄禮作為女兒的成年禮，像男生的冠禮一樣。也就是說，一個女孩子到了十五歲，就隨時可以許嫁，也隨時可以行笄禮了。如果許嫁時已經行過笄禮，則無需再行，如果沒有行過，則必須行笄禮，才能夠被夫婿家以「親迎」之禮接走。未行笄禮的姑娘，不能嫁人。如果一個姑娘長期待字閨中（其實也就說明了她還未行笄禮，還在等待「命字」），那麼最遲到了廿歲，不論有沒有許嫁，都要行笄禮以正式確認其成年。也就是說，一個女孩子就算嫁不出去，也不能一輩子處於未成年狀態，必須以笄禮這種成年儀式加以確認。

鄭玄注云：「觀其恩，成其性，而以冠、笄禮使男女成年」，笄禮的儀節，文獻缺少記載，成書於唐代的《通典》上只有寥寥數語：「周制，女子許嫁，笄而醴之，字之。許嫁，已受納徵禮也。笄女禮猶冠男也，使主婦、女賓執其禮。祖廟未毀，教於公宮三月；祖廟已毀，則教於宗室。祖廟，女高祖為君者之廟，以有緦麻之親，就尊者之宮教之也。教以婦德、婦言、婦容、婦工。宗室，大宗子之家。《公羊傳》：『婦人許嫁，笄而字之，死則以成人之喪之』，謂不為殤也」、「許嫁笄，當使主婦對女賓執其禮，其儀如冠男也。又許嫁者用醴禮之，不許嫁者，當用酒醮之，敬其早得禮」、「燕則鬈首。既笄之後去之也，猶若女鬈也」，到了宋朝，一些學者為了推行儒家文化，構擬設計了女子的笄禮。司馬光的《書儀》記載了專門的儀式，朱子的《家禮》與其大體上不同。

在古代的統治結構下，女子缺乏獨立的社會地位，也不從政，雖有命婦，但命婦的封號從夫之官爵，其女子已嫁，笄禮無從談起。所以唯有公主有獨特的笄禮。公主的笄禮，文獻語焉不詳，唯《宋史》載有專儀，明朝笄禮不見記載。

二、精神教養意義—《禮記・冠儀》云：「成人之者，將責成人禮焉也。責成人禮焉者，將責為人子、為人弟、為人臣、為人少者之禮行焉」，此即期望接受冠禮之人，能瞭解到自己已不再是孩子，必須要為自己的言語行為負責，要扮演好自己之家庭角色，不忝父母，不辱自身。

三、冠服—古代未成年之童子都穿彩衣，廿四孝中的「萊子斑衣」，就是故意穿上童子的彩衣，在年邁的雙親面前裝小孩子表演淘氣，以博得老人家開心的故事。但一到廿歲，舉行冠禮之後，就必須脫去彩衣，換著成人的衣冠，以表示從此之後已不再是孩子，成人的尊嚴架勢也自然就會端了起來。言行舉動，容貌體態，自能懂得如何循規中矩的合乎自己的身分，所以《禮記・冠義》篇說：「故冠而后服備，服備而后容體正，顏色齊，辭令順」，既已穿著了成人的衣冠，具備了成人的身分，當然會懂得如何切合身分，自尊自愛了。同時在別人的眼光裏，也應給予成人的禮待和尊重，不會像對未成年的孩童那樣地可以隨便了。既然別人如此的尊重自己，則自己也該謹慎收斂，表現出適合成人身分的氣度來，這就是服裝齊備對人格養成、烘托身分，具體的影響和成效。但年滿廿歲，在宗廟中由父親主持，請德高望重之賓客執行冠禮。典禮之上，就必須脫去舊時彩衣，換穿成人衣冠。古代成人的服裝是衣裳加冠冕，配合成套，且先著衣裳再戴冠。在過程中，受著先後更換三次不同的傳統漢服和髮飾，三次加笄或加冠，古代主要的儀式稱「三加」，即賓客為冠者穿戴三次冠服。每種加冠弁服各有期許及意義，象徵著成長的過程，代表著不同含義，一次比一次重要。根據《禮儀・士冠禮》

先後三次加冠弁服：

1. 初次加緇（黑色）布冠，身穿玄（黑色）端、緇帶爵（赤黑色）。第一次拜，表示感激父母養育之恩。
2. 再次加皮弁，身穿素（白色）績、緇帶素。第二次拜，表示對師長和長輩的尊敬。
3. 三次加爵（赤黑色）弁，身穿纁（淺綠色）裳、純（黑色）衣、緇帶韎（赤黃色）韐。第三次拜，就不會像古時的忠君思想，而相應的是向黃帝或孔子像及國旗行禮，表示自己弘揚華夏文化精忠報國的決心。

第三節　中國古代傳統成年禮詮釋

一、先民姓氏文化中的表「字」風俗，這也是冠禮中很重要的儀式之一。姓、名、字、號，是漢民族文化中完整的姓名結構。先民中許多歷史名人都有神采飛揚的「字」與「號」。近年來一些專家學者呼籲，恢復國人取字的風俗，並從歷史、社會、文化等各個層面論述了其積極價值。我們建議，舉行冠禮的家庭，不妨嘗試給孩子取一個意韻雋永、有勵志作用且有格調高雅的「字」，至少它會給孩子們的一生帶來更加豐富的人生體驗，是有益無害的。

取「字」（成年禮的第一步）—《說文》云：「名，自命也」，名應該是用來自稱的。面對別人而自稱己名，主要在真實無誤的介紹自己，所以在任何正式的場合裡都應該自我報「名」；尤其在尊長的面前更必須自稱其「名」，所謂「君前臣名，父前子名」，就是這個意思。因此自我稱名，自然含有謹慎誠敬的意義。反過來說，如果對別人也這樣直呼其名，那就表示不夠謹慎誠敬，或表示不須如此謹敬的意思了。

《禮記・曲禮》說「男子二十冠而字」。取「字」是項非常特殊且重要的儀節，相沿至今，很多人在「名」以外往往都會有一個自己的「字」。《禮記・冠義》篇說：「已冠而字之，成人之道也」，道是途徑、方法。意為給他取字，就是使他成為成年人的一種方法。說的沒錯，但解釋嫌太籠統，需要作進一步的說明。

《儀禮・士冠禮》說：「冠而字之，敬其名也」，《儀禮・郊牲》篇也有相同的說法。又《曲禮》鄭注云：「成人矣，敬其名」，以名和字相對比較，名是出生時父母所給，當然是比「字」重要得多。除此之外，「名」還有自稱與稱人的使用價值上之不同。

二、既然習慣上的使用價值對人直稱其名，有不禮貌、不客氣的意思，於是就需要在本名以外，有個足以表示禮貌尊敬的代稱，讓別人對自己在需要稱謂時方便使用。故在男子成年之時，考慮到日後在社交上與別人交往的機會非常多，只有一個「名」給別人不方便，於是在舉行冠禮後，一定要取個「字」以代替本名，具體的取法，研究傳統姓名文化的人士指出，表「字」重在激勵人生及重在鞭策與鼓勵自我。取字者，在傳統冠禮的設計中，多被賦予了德高望重的主賓，我們建議，冠者父母親若有意給孩子取字，不妨先行和正賓商議，傾聽其意見後加以確定，然後在正式舉典時由主賓親自授予冠者。足見古人對社群關係，早已有睿智深密的設計，而禮儀精神的倡導，更可從此細密稱謂差異中窺見其用心。

其次當自己成年加冠後，與別人接觸時，都會以「字」相稱，以表禮敬之意；在感受上和童年時直呼己名，自然是迥然不同。當然自己也明白別人以「字」相稱，是把我當成年人看待。既然別人對我如此禮敬，自然就必須檢點約束，不能再像過往那樣的不懂事，必須端起成年人應有的儀態風度，待人處世必須做到合乎成年人水準的要求了。因此古代成年士者，由於所接觸的人都以「字」相稱，處處都能感受成年人該接受的禮敬和尊重，於是自能自重自愛，這便是「已冠而字，成人之道也」之真正意義了。

三、見識場面（成年禮的第二步）—《孟子・盡心下》云：「動容周旋中禮」、「說大夫則藐之」；《論語・鄉黨》亦云：「三加侃侃如也」、「誾誾如也」，語意就如晉見皇上後再拜見臣子，不但不會畏縮害怕，反能因此而培養雍容不迫的氣度，這就是所謂的增廣閱歷，見識場面。再者人的成長過程，是相當漫長而崎嶇的，所以要「活到老，學到老」，家庭教養所提供的人格培塑、生活技能，及待人處世的態度與原則等，應該只屬於基礎的程度。具備了這樣的程度，對於一般生活狀況，大概可以自己應付，但也只限於能夠應付而已；以後的歲月裡，那就要靠實際的體驗累積，一分一寸的養成自我的成熟與練達。

最圓滿的成熟，也未必是有限的數年或數十年就可以獲得的，甚至可以說並非每一個人一定可以達到的。再說人內在因素可能與先天的氣稟有關，能夠加以改變的程度不大，相對的外在的閱歷則應具備較大的影響，而且是比較可以用人為的方式來增加或彌補的。

年輕人真正的成長是當他遇到困境或逆境時，經過自己的思考判斷和選擇，再經過成敗得失後的修補或改正，然後才能獲得真正的經驗，這才是真正成長。一次又一次經驗的累積，才能使人逐漸的接近成熟。古人能考慮到孩子的成長，設計安排一些增進閱歷，見識場面的機會，見過世面的人也都能與人應對自如，於事處變不亂，這些成功條件的具備，實在都應歸功於父老長輩的關愛和栽培；更要歸功於家中的養成教育。

四、長輩的話，點到為止（成年禮的第三步）—古代舉行加冠禮後，還須出門拜見鄉大夫、鄉先生等禮節的安排。《儀禮・士冠禮》有記載：「乃易服，服玄冠玄端爵，奠摯見於君，遂以摯見於鄉大夫、鄉先生」，君就是國君，鄉大夫是地方官，鄉先生就是鄉紳。去拜見這些大人先生，可以說是當初制禮者的一項寓有深意的設計。目的是希望藉此能讓年輕人獲得見識場面，增進閱歷的機會教育；同時那些尊長們在這位剛成年的士者來拜見時，欣見下一代的成長茁壯，總會有幾句教訓勸勉的話。這些話對年輕人來說，應該都是非常珍貴的收穫。

五、冠禮中的「服備」—古代成年冠禮中有一項是「服備」，這是一種少年人藉由穿上整齊禮服的儀式，提醒自己已經成年，一切舉止都必須端正不亂。先秦古代非常注重服飾和身份是否相稱，什麼身份可以穿什麼樣式的衣冠，當時這些限制或習慣，一直延續到明、清，還都相當嚴格的保持著。士農工商不論是何種行業，看衣著就可以分別得出來。至民國以後，西風東漸，強調自由人權，打破階級觀念，舊有的衣著形式以表徵身分的作用，自然逐漸消除，而代之以西服為大眾統一的標準禮服，平時則隨便穿穿，而且表現活潑精神的理由下，對於固有傳統文化意識的淡化和消失，似乎也就可以不必加以厚責了。

過去古人成年的服裝，是衣裳加冠冕配合成套的，而且都是先著衣裳，最後才把冠戴在頭上的，所以《禮記・問喪》說：「冠，至尊也」。用以表示成人的典禮中，加冠是服裝完備的節目，因此一向都稱之為「冠禮」。其實當時進行的是全套成人衣冠的穿戴，並非只是加冠而已。不過衣服裝飾具有烘托身份的作用，所謂佛要金裝，人要衣裝，應該是不會錯的。譬如置身於盛大的宴會或國際會議的現場，少打一條領帶，都會感到不好意思。衣飾整齊之後，尊嚴架勢自然就會端正起來了。平時穿條牛仔褲，夜市逛街，到處都可以坐下就吃，沒有座位，站著吃也沒有關係；但如果穿上筆挺的整套西裝，皮鞋亮亮的，路邊攤上的東西再好吃，恐怕也坐不下去了。並沒有誰不讓你坐，而是自己會感到身分和場合不大相稱，這層身份實際上就靠衣著給襯托起來的。

六、典禮中的特別來賓—古代成年禮會邀請一些賓客到家中觀禮，如孩子平日好友、親友或父母的同僚等。邀他們來觀禮一則場面顯得很熱鬧，再者表示家長非常重視這件事。在許多來賓中一定會安排一位特別來賓擔任特殊角色，執行重要的加冠任務。這位長者一定是年輕人心目中最崇拜、最欽佩的人物，如此不論對孩子或家長而言，都是一份榮耀。所以為了表示慎重起見，即使已決定理想人選，仍要經過占筮手續；家長已作的決定還不夠，三天前就要問祖先神明，求得神明祖先同意。雖然只是一個形式，但給予當事人的感受，卻是含有繼承家族使命的歷史意義。

人選既已確定，家長立即親自去「戒賓」，正式表達邀請的誠意。典禮的前一天，又親自去「宿賓」，請求明天一定要來，這些過程在孩子的心目中，自會留下深刻的印象，自能體會父母親對自己的企盼與要求，是如何的深切了。典禮的當天，聽說這位特別來賓已經來了，主人立刻親自出迎於大門之外，這份禮遇、尊重，和對其他賓客有所不同。典禮的高潮就是加冠儀式，便由這位特別來賓主持其事。孩子依次穿著三種適用於不同場合的衣服，在堂上由特別來賓給他戴上三種不同的冠弁，表示從此之後，這孩子不再是童子，而是一位成年人了。典禮莊嚴隆重自不用說，而給予這位最年輕的成年人以傳統教育深刻的意識，必定會是畢生難忘的。

古代成年禮，以唐氏親王冠禮程序為例：

1. 主人（冠者之父或兄）擇一吉日在宗廟舉行冠禮。
2. 前三日，擇一位行加冠禮之特別來賓。
3. 前二日，主人親赴賓客家邀請。
4. 前一日，布置冠禮場地。
5. 當日，先行「三加」禮。首先加緇布冠，祝曰：「令月吉日，始加元服。棄爾幼志，順爾成德，壽考惟祺，以介景福」，由特別來賓為之加冠。接著脫緇布冠，再加進賢冠（庶人則用黑介幘），祝曰：「令月令辰，乃申爾服，敬爾威儀，淑慎爾德，眉壽萬年，永受斯福」。由特別來賓加冠，最後脫進賢冠，再加冕（六品以下爵弁，庶人則用黑介幘），祝曰：「以歲之正，以月之令，咸加爾服，兄弟俱在，永成厥德，黃耇無疆，受天之慶」。

註：三加禮儀式，由家長、地方士紳，以及地方上有功名的人為青年戴上緇布冠，白色皮弁，細麻赤黑爵弁三種冠，故也稱為冠禮。希望青年從此離開父母的庇蔭正式踏入社會，有獨立奮鬥的特權，有獵人般的勇士

精神，有權參加祭祀。而今因循古禮，並以現代精神，將三加禮之三種冠改為兩種顏色的巾，以及小禮物。白色的巾代表純潔、天真，期待青年脫離童稚。黃色為佛家顏色，希望青年以慈悲為懷的心情出發，奉獻社稷。由父母及師長為青年掛巾，是要讓青年認知從今肩擔重任，要有服務社會的精神。小禮物則是主持人給青年們的祝福，祝福青年未來之路走的平順。

6.賓向冠者敬酒，即行「醴禮」。祝曰：「甘醴惟厚，嘉薦令芳，拜受祭之，以定爾祥，承天之休，壽考不忘」。

7.冠者前往見母，向母親行禮，致脯為禮。

8.賓字冠者。在冠禮上由特別來賓為冠者取字，以象徵彼已成人。

9.冠者拜見諸親。

10.冠者拜見諸尊長。依《儀禮》，冠者須帶贄（禮物）見尊長，如鄉大夫、國君等。

11.主人餽贈在場眾賓客禮物。《儀禮》明載主人敬酒以酬謝賓客，並贈予禮物。

12.主人送賓客。

13.明日見廟，祭拜列祖宗。

註一：緇布冠主要表示由兒童轉變為成人；進賢冠和冕表示成人將入仕為官。其意亦有三，一表示冠者由兒童轉變為成人；二是祝福其事業有成；三是祝福其長壽健康。

註二：《儀禮》十七篇的第一篇就是《士冠禮》，足見那個時代對於冠禮是非常重視。那個時代無論天子、諸侯、鄉大夫都有冠禮。身份既有高低，冠禮的內容應該有所不同，所以《禮記．玉藻》篇裡提到天子之冠，《大戴禮記．公冠》篇記載有諸侯的冠事。可惜這些資料，如今只剩下零星片段而已，比較完整的也只有《士冠禮》這一篇了。

七、**加冠時的祝辭**——古成年禮有三加禮儀式，由家長、地方鄉紳，以及地方上有功名的人為青年戴上緇布冠、白色皮弁、細麻赤黑爵弁三種冠，故稱為冠禮。希望青年從此離開父母的庇蔭正式踏入社會；有獨立奮鬥的特權；有獵人般的勇士精神；有權參加祭祀。而今因循古禮並以現代精神，將三加禮之三種冠改為兩種顏色的巾，以及小禮物。白色的巾代表純潔、天真，期待青年脫離童稚。黃色為佛家顏色，希望青年以慈悲為懷的心情出發，奉獻社稷。由父母及師長為青年掛巾，是要讓青年認知從今肩擔重任，要有服務社會的精神，在過程中，受者先後更換三次不同的傳統漢服和髮飾，三次加笄或加冠，古代稱「三加」，三加冠的儀式都由一位年高德劭的來賓親自主持，象徵著成長的過程，代表著不同含義，自應有一番典雅的祝辭一次比一次重要。

始加祝辭棄爾幼志，順爾成德。既已成年，首先在形象及心理上，就必須把童年和成人截然劃分為兩個階段。所有過去童年時代的采衣都要換著成年人的「深衣」，這是形象上的改變。更重要的是心理上的適應，必須收拾起「童心」，一切都要遵照成人的觀念和標準行事，因為從今以後，所有的言語、行為都需由自己負責，無所依賴。過去家庭教育的成果，所培塑定型的人格與品德，希望能夠真的順利地帶著他走向未來。

再加的祝辭裡說「敬爾威儀，淑慎爾德」。張爾岐《儀禮》鄭注句讀，以為前句是「正其外也」，後句是「謹其內也」，又說「內外夾持，順成德者當如是」。這是對年輕人最誠懇的勸勉，最真摯的企盼，外表端莊嚴正，威儀十足，是成人應有的形象；善良溫和，謹慎小心，是成人應有的修養；父母長輩，誰不希望自己的孩子是這樣的呢？

並在備有酒菜的筵席上還有一番醮辭（祈禱的賀詞），也都是由貴賓表達，其內容不外乎勸勉與祝福。在《儀禮・士冠禮》中有類似規格的記載，共有以下三段：

1. 始加祝曰：吉日令辰，始加元服（帽），棄爾幼志，順爾成德，壽考惟祺，以介景福。
2. 再加曰：吉日令辰，乃申爾服，敬爾威儀，淑慎爾德，眉壽萬年，永受胡福。
3. 三加曰：以歲之正，以月之令，咸加爾服，兄弟具在，以成厥德，黃耇無疆，永受天慶。

「壽考惟祺」、「眉壽萬年」、「黃耇（ㄍㄡˇ）無疆」，都是健康、長壽的祝福語。「景福」、「胡福」、「受天之慶」，則是祈求給予孩子最大最多的幸運吉祥。簡單幾句話卻流露親長對子弟最親切的熱愛與關心。在後代史籍中有關加冠的記事，以及許多正式禮書所載的冠禮儀式中，這些文字都曾再三的出現過，就像標準規格似的，一直被保存到明、清之際，不過，現代人恐怕真的是很難得看到了。但這畢竟是我們祖先智慧的遺產，言詞之間所表達的深意，仍然值得家庭教育瀕臨破產的現代人重作思考。

祝告辭（依儀禮士冠禮中之醮辭擬作）：「令月吉日，咸加爾服，棄爾幼志，順爾成德。敬爾威儀，淑慎毋慝，壽考惟祺，介爾景福」，文字翻譯成白話為：

這是一個美好而吉祥的日子，為你們加上了整潔的成年服裝；希望你們從此收拾起貪玩的童心，表現出成年人應有的品格涵養。今後必須注意自己的儀表容態，要小心謹慎，好好做人，不可犯錯；珍惜自己的生命一直到老，為未來的人生開創最大的幸福…等。

第四節　中國傳統成年禮

中國傳統成年禮，男子廿歲行冠禮，女子十五歲行笄禮，在台灣民間則以十六歲為成年，稱「作十六歲」。中國傳統以廿歲為成年。傳統的成年禮稱為「冠禮或士冠禮」。冠說文解字解為：「弁冕之總名也」，冠字有三從，從「冖」，即以布帛蒙覆；徐鍇：「取其在首，故從元。古亦謂冠為元服」；從「寸」，而「寸」字有兩意：《漢書・律曆志》云：「度量衡皆起於黃鐘之律，一黍為分，十分為寸，十寸為一尺。又寸者，忖也，有法度可忖也。凡法度字皆從寸」，所以說「冠有法制，故從寸」，首上之服，即首服，總稱「冠」。這是廣義之「冠」。「冠」還有狹義，指首服中等級較高的一類，是古時貴族的首服。其中，又可細分為「冠、冕、弁」等類型。依據禮記所記載：「男子二十為弱冠，冠字，成年之道」，《禮記・雜記》篇又載：「女子未許嫁者二十則笄」，《周禮》所載：「女子已許嫁者笄而禮之，稱之」，此即男女均以廿歲為成年，女子若未滿廿歲而已嫁者，亦視之為成年。

所謂冠禮，這是古華夏民族家禮的一種。是古代中國漢族男性的成年禮。冠禮表示男女青年至一定年齡，性已經成熟可以婚嫁，並從此作為氏族的一個成年人，可參加各項活動。由氏族長輩依據傳統為青年人舉行一定的儀式，才能獲得承認。貴族男子滿廿歲時舉辦冠禮，即加冠，之後可以娶妻。加冠指男性被族群承認，表示其已成人。女子則是在滿十五歲舉辦笄禮，及笄之後可以嫁人。如果是王宮皇室，這個年紀可以再提前，春秋戰國時就有十二歲加冠的例子。《士冠禮》的記載以及鄭玄注，可知士的家庭裡，一個男孩子長到廿歲的時候，必須為他舉行非常隆重的加冠禮，表示從此以後，他不再是個「童子」，而是一個成年人了。所以冠禮也可以稱之為成年禮。

註：鄭玄注─鄭玄（西元一二七─二〇〇年）字康成。嘗遍注之群經，才知他為一代大儒，今《禮記》為鄭玄所注，鄭玄的注，文簡易明，可以說是索解《禮記》的一把鑰匙。在鄭玄之前，馬融、盧植都曾為《禮記》作注。

我國現行民法，即依據我國固有習慣而規定「滿廿歲為成年」，所謂成人之禮，並不是說經過這些儀式後，就像變戲法似的，一個童子一下子就可以變為成年人。人的成長固然有一段過程，而初步的成熟則更須要教育的培養和生活的歷練，不可能是點石成金，一蹴而就的。所以如果把冠禮看作是一種表示成人的形式，不如說是家庭教育的畢業典禮　來得更為恰當。在這一天之前，家中的父老長輩們自是不斷的教導他，從穿衣納履、行坐姿態、言語動作、儀表風度、生活意識、行為道德，以及一般做人處事的基本原則等，都會以身作則、耳提面命的讓孩子在實際上等於是家庭教育完成後的畢業典禮。

這時候的孩子，身心都應已具備了成人條件，尤其在行為道德方面，更應有充分的準備。《禮記・冠義》篇說：「凡人之所以為人者，禮義也」，所謂禮義也，絕非意味的只是虛浮的抽象概念而已，而是可以落實到對人有分寸和對事有是非的具體行為上。如果一個人經過長期家庭教育的調教，能夠懂得認定自我的身份，把握對待他人親疏遠進應有的分寸，而且對事懂得堅定自己立場，明辨善惡是非，應該可以認為這份家庭教育已經完成，應該可為他舉行成人的大典了。

期望一個不懂事的孩童，逐漸懂得把握分寸，明辨是非，的確不是一件容易的事，沒有長期的調教培養是辦不到。調教孩童，應該從那裡著手，《禮記・冠義》篇有明確的指示：「禮義之始，在於正容體，齊顏色，順辭令」，教導孩子讓他能懂得禮義，首先就在於這三件事。第一是要求容貌體態的端正。記得小時候常聽老人家教我們：「立如松，坐如鐘，臥如弓」，或者說「站要有個站相，坐要有個坐相」，意思都是一樣。如果蹺個二郎腿，再輕輕抖搖幾下，或者是斜倚著站立，歪扭著走路，一定會挨罵的，站要挺直，坐要穩重，這是行為端正最起碼的要求，如果這些都做不到，哪能再談其他的約束檢點呢？其次是指臉上的顏色表情必須齊一。齊一有兩層意義，一是指表情不容許有太多的變化，一是指誠於中，形於外的表裡如一。一則要求外表的端莊穩重，不可流於過份的情緒化；一則要求誠懇樸實，不可流於詭譎奸詐。這些都是「言必先信，行必中正」，標準典型的基礎教養。第三則是指言語辭令方面，必須要求和順。所謂「惡言不出於口，忿言不反於身」，《禮記・祭義》，這是最淺顯的道理，所以做父母的總是管教孩子，不許說髒話，不許罵人。再則同樣是一句話，可以說得溫和委婉，也可說得硬梆梆的，但效果反應則完全不同。還有敦厚樸實的表現方式，必然會給予人良好的印象，伶牙利齒，甚至尖刻銳利的言辭，難免會傷人。所謂言為心聲，期望孩子的心性純樸厚道，自會先從言辭的委婉和順上作基礎教養的要求。一個孩子的成長，家裡的父老長輩，隨時注意其容體、顏色、辭令等方面的規正，奠定生活行為正確觀念的良好基礎，隨著年齡的逐漸長大，再適時地教導以許多做人處事原則，加上實際生活的歷練和體驗，到滿廿歲的這一天，相信他已經確實具備了成人的條件，今後獨立自主的生活，也已具備了充分的準備和適應的能力。為過去十幾年家庭教育的完成，為一個新的成人的誕生，一生只有這一場冠禮的舉行，確實是非常有意義的。同時，經歷過這樣隆重的典禮後，給當事人的印象非常深刻，必然會瞭解從今以後，我不再是個孩子了，任何言語行為都必須自己負責，在面對現實生活時，已無所依賴或逃避，自然激發起自我獨立意識和責任感，挺起胸膛，堂堂正正地邁向未來人生。

冠禮的舉行一直延續到宋代，元朝的宮廷中沒有這一套，民間的漢人家庭依然保存著古禮。明朝還是非常的盛行，如《明史》、《明會典》、《明集禮》等史料，都有朝野遵行冠禮的記載。清人入關後，宮廷內冠禮不行，見於《皇朝通典》。民間則仍依行《文公家禮》者，有參照士冠禮而行者，還有附帶放在婚禮之中併行者，已經相當的零亂而不受重視。

到清末民初，西風東漸，冠禮全亡。中國的成年禮有數千年歷史，但近半個世紀則很少舉行。如今我們時常為廿多歲的年輕人不懂事而感慨，或者為青少年犯罪率的增高而訝異，其實該感歎、該責備的應該是我們這些做父母、做長輩的人，沒有盡到教養子弟的責任，終使家庭教育瀕臨破產，造成時下年輕人不明是非，不知分寸的行為差失。仔細想想，成人之禮的存廢，應該是重要因素之一。

第五節 台俗成年禮之內容或科儀

台灣成人儀式的精髓，在於使青年開始懂得「成人之義」，所謂「棄爾幼志，順爾成德」，提示他今後將要擔負起對長輩、師長、朋友，乃至社會、國家與民族的責任，提示他已正式跨入社會，獲得全新的人生角色。大致內容如下：

一、台灣漢人社會為十八歲子女所辦成年禮

儀式大多在機關、學校舉行。早期民間舉行成年禮（十六歲）的動機緣於衛生環境差，要將子女養育成

人並不容易，所以衍生出到村廟或鄰近大廟（如媽祖廟），求神明收養的習俗，稱為「作契子」，七娘媽（臨水夫人陳靖姑）據說是庇佑成長之神，臨水宮內兩旁所供奉的三十六婆姐，都具有各種護佑嬰童的慈悲表情，如要做神明的契子，先要到廟中請廟祝、法師填寫出生年、月、日、時的疏文，然後稟告焚化表已完成作契。到了十六歲時，必須回到廟裡祭拜，以表示謝意。

三過七娘媽亭─七娘媽是民間傳說中的兒童保護神，農曆七月七日是民間習俗中的七夕，也是七娘媽的生日，這一天每一個有孩子的家庭都會準備麻油雞酒、油飯及豐盛的菜餚，來答謝七娘媽一年來對孩童的照顧。

過去台灣民間還存有鑽七娘媽亭的儀式，俗稱「過七娘媽亭」，由家中的長輩高舉著七娘媽亭命子女從亭下鑽過，來回三次，較鄭重其事的家長更會帶著子女到廟裡，從桌下鑽過，繞行三圈，表示孩子已長大成人，將出人頭地，繞行時規定女生採順時鐘方向繞，男生則採逆時鐘方向繞。

註一：台俗「作十六」與傳統中國古禮之別在於：

1.台俗作十六歲，專以十六歲為成年，是較特殊的成年標準。

2.台俗作十六歲以「揞絭」為主要儀式。

3.揞絭崇祀對象不一，表現民間多神信仰。

4.揞絭相當於人神立契，頗異於中原冠笄古禮。

5.揞絭男女通行，有別於中原男女分舉的冠笄古禮。

註二：註生娘娘陳靖姑─又稱「臨水夫人」，是福建蒲田縣臨水人。是民間認為的生產之神，兼為小孩的守護神，她的部下有子、丑、寅、卯等十二地支，分別為十二個婆姐，小孩子的生命是註生娘娘所賜，由婆姐抱來給母親，相傳嬰兒誕生之後，直到十六歲，也有人稱之為「出姐母宮」，意指離開姐母的保護。民間就把七夕定為「註生娘娘」及「七娘媽」的誕辰。她之所以被人奉祀為生育之神，是因為相傳她曾救了很多的產婦。據說宋代蒲城有個叫徐清叟的人，他的媳婦懷胎十七個月，還沒有生產，有一天一個婦人自稱姓陳，專醫產婦，專程來拜訪他，吩咐他準備一間房間，房內的地板挖一個洞，把孕婦移到樓上，並且命令僕人拿著棍子在樓下看守，不久孕婦就生下一條大蛇，僕人看見立刻就把牠打死，孕婦才得以平安。徐清叟很高興要送珠寶表示感謝，但是陳姓婦人卻不接受，只要求一條手帕就離開了。多年以後，徐清叟調任福州，在一座陳夫人廟裡面，發現了這條手帕，於是他就奏請朝廷，封贈神號。據說福州的註生娘娘廟，有配祀三十六婆姐，也就是璘王所賜的三十六個宮女。

二、「揹絭」的用意

《台灣省通誌稿》曾記：「台俗崇信神佛，以為子女成長有賴於註生娘娘、七娘媽、媽祖、觀音、床母之保佑，故奉之為呵護神。周晬由父母抱赴廟宇求神明保佑，以一紅絲繩掛一符牌，當神前懸兒頸上，以示受神之庇護者，是為「揹絭」。以後每年循例敬神，並以新頸繩換舊頸繩，稱曰「換絭」。迨年十六，認其已達成年，仍依名護神誕辰，父母再攜兒赴廟謝神，去頸絭，稱曰「脫絭」。由此習俗中可知，台灣作十六歲習俗源自於民間信仰。即當子女在襁褓時，台灣民眾會攜兒至神明面前，求「絭」以為孩兒之護身信物，並藉由每年「換絭」與神明達成新的契約作用以保佑孩童，直到孩童至十六歲，以「脫絭」謝神的儀式，確認孩童已長大成人。

傳統台南作十六歲的科儀，是於七月初七準備麻油雞酒、麵線、四果、五牲、六色菜碗、七碗甜芋、紅龜粿、二根帶尾甘蔗、金紙、經衣、七娘媽亭等祭品於門口祭拜，祭畢踐供桌、七娘媽亭，七娘媽亭是由竹架紙紮糊成的樓台，高約五尺有三層，各層分別貼有福祿壽全、蓬來宮、百子亭或七娘媽亭等字，男左女右各鑽三圈，後將七娘媽亭焚化獻給七娘媽，表示孩子已長大成人，若為男孩者做紅龜，女孩做雙連龜分贈街坊鄰居，外婆且須致贈新衣、金飾、禮品慶賀，此一習俗相沿成俗，流傳於大台南地區，及台灣沿海口岸。

台南市有一座開隆宮，主祀七星娘娘，係由山東省牟平縣分香而來，為全台歷史最久，亦唯一舉辦「作十六歲」最具特色的七娘媽廟。是台灣唯一主祀七娘媽的廟宇，又稱七娘媽廟，建於清雍正十年（西元一七三二年），台南市政府重修舉行過成年禮活動，年滿十六歲的少男、少女繞鑽「七娘媽亭」的祭禮儀式，很富濃厚的鄉土色彩，少男、少女們鑽過供桌後，表示可出人頭地，已經長大成人了。台灣民間習俗中，對於未滿十六歲的孩子，要受註生娘娘或七娘媽的保佑，脖子上掛著神明保佑的符牌。長到十六歲時，就已成年，而中止揹絭，叫做「脫絭」。一般人認為已達成年之後就不再受保佑了，因此到寺廟去謝神，先燒金紙膜拜，然後在神面前取下絭來。以前的人把男孩子十六歲稱為成年了，也要慶祝一番，謂之為「作十六歲」，要準備牲醴、燒香、向保佑的神明行三拜九叩之禮，以示謝神恩，同時外婆家也要送禮物來恭喜其成年，因此「作十六歲」即是行「成年禮」，十六歲以後，男女已長大才可以決定自己婚事。其信仰源於「星辰崇拜」，原指有織女星的乞巧會，後結合了「作十六歲」的習俗，於三十餘年前，為讓信眾有禮可循，乃製訂一套「成年禮祭祀程序」，程序是這樣：

1.供拜祭品舖張。

2.上香感謝玉皇大帝賜命之恩。

3.正殿拜七娘媽眾神庇祐神恩及父母養育之恩。

4.拜畢穿過「大媽」六角桌及七娘媽亭三次。

三、台南七夕成年禮的起源、儀式與用意

成年禮為青春期入會儀式，因為這是在青春期所舉行的一種儀式。在很多社會中，只有通過成年禮之後的人才會被認定為成年人，因此成年禮在一個人的生命週期中，是一個相當關鍵的儀式。敘述如下：

1.**起源**—南市「作十六」的習俗，原本是為人父母者為年紀剛屆滿十六歲的子女（虛歲）所舉行的重要成年儀式。這種儀式蓋源於台南市「五條港」的碼頭工人家族。所謂「五條港」，即指台南安平區舊有新港、媽祖港、關帝港、佛頭港和五宮港，在明、清時期是台灣南部與大陸內地商品交易的重要吞吐口，由於當時沒有現代化的機械設備，於是碼頭工人在裝卸貨物上便扮演舉足輕重的地位。這些碼頭工人的來源是父死子繼，或父子相承，兒女十六歲以前屬於童工，只能支領「半薪」；十六歲以後便算「成人」，則可升補成正式的碼頭工人，領取「全薪」。職事之故，家中有子女年屆十六，便被視為一件大事，因為家中又多了一個賺取全薪的生力軍。日就月將，代代相傳，終於形成台南市一地特有的民俗，以及具有傳統的儀式。

另根據民間信仰，嬰兒降生到十六歲之間，均受到七娘媽（七星娘娘）的照顧和庇護，以前台灣醫藥不發達，幼兒營養不良，防疫力不夠時常遭受疾病纏身，幼兒的死亡率頗高，居民咸信七娘媽對於幼童特別關懷照顧，因此小孩身體虛弱或有病纏身時，即在七娘媽神前祈願，有時將幼童稱號給七娘媽做義子義女，藉為神助，以佑護孩童平安長大，而以古錢或銀造的銀鎖正面刻有八卦，反面刻有開隆宮天女七星娘娘的字句，串紅線為絭，懸於幼童頸上，俗稱「掛絭」，每年七娘媽誕辰（農曆七月初七）時，即到該廟來祭祀，直到長大至十六歲那年的七月初七，再到該廟作十六歲，並於祭後將掛在頭上的神符拿掉，此稱「脫絭」。

2.**儀式**—陰曆七月初七當天，家中年屆十六歲的兒女的父母必須帶著他們，在竹製香籃內裝放姐母衣、鮮

花、四果、牲醴、菜粿、胭脂、水粉，以及一座由彩紙紮成，裝飾繁複、色彩鮮艷，有如亭閣造型，樓高三層的「七娘媽亭」，前程前來七娘媽廟拜七娘媽。焚香祭拜完畢，由父母或親戚手持「七娘媽亭」，讓子女由亭下鑽過，環繞三圈，才可停止。此儀式由少男行之，名為「出鳥母宮」；由少女來做，則稱「出婆媽」，通過這個儀式即表示他們通過了許多考驗，順利過關，可以長大成人了。緊接著有的父母還要子女行「鑽桌腳」之禮，令子女匍匐而行，從七娘媽的供桌下鑽過三圈。藉以表示自此而後，一帆風順，可以出人頭地，成家立業，卓然有成了。

另一說是在滿十六歲那年的七夕，屆齡子女由外祖父在家主持成年禮，帶領著十六歲的成年人祭拜祖先，還要準備一座「七娘媽亭」，大人在神明前祭拜祝禱過後，由成年人鑽過「七娘媽亭」三次，再焚燒「七娘媽亭」，然後成年人尚需由下匍匐鑽行三圈，如此之後，便可表示已是成年人了。外家的親戚，如外祖父母、阿姨、舅舅等人，都在場觀禮，禮成通常會送禮給成年人，以示祝賀之意，有的則會至七娘媽廟行禮如儀，有如上述。有的在焚燒金紙後，會拿鉛錢向四面八方與成年子女身上飄灑上去，表示滿心歡喜，到處與人廣結善緣。因「鉛」和「緣」在台南閩南話是一語雙關，彼此諧音之故。

必須注意的是台南市成年禮的舉行，主事者一定是由自己的雙親或由台南市本地的外祖父家為自己的子女或外孫或外孫女來主持。無論男女都是在十六歲舉行，而且是家中的長男或長女才會有如此隆重的儀式；其他像次男、參男或肆子⋯則較遜色；唯祭祖與外祖家送禮，仍是與長子一樣，絕不可免，亦不可少。

3. **用意**—台南市十六歲做大人的習俗，表面上是與子女領「全薪」有關；實際上，也反映出子女長大成人，可以獨當一面，完成自我，主宰人生有著密不可分的關係。到了後來，台南府城的「作十六歲」習俗，被公認成一種成年禮，一方面與現實生活結合，一方面又與當地信仰相銜接；同時具有告誡年輕男女，今後的一切必須自我負責的警示與自覺的意義在。既然一個成年人可離開七娘媽的呵護，自然也就可以不必再處處依賴父母的呵護了，自然可以自由自在，展翅遠翔，發展自我實現的實力，開拓人生美好的空間。雖說它是一個信仰習俗，但對「十六歲」成年人本身以及周遭看熱鬧的人來說，又何嘗不是一個生命禮俗的文化活動，及其對生涯規劃的開始。

後來更設計狀元亭讓作成年禮的少年穿狀元服踜桌腳，希望鴻運當頭，考試高中。至民國八十九年更設魁星神座，供民眾參拜。另外台南還有一間與生育、成長有關的臨水夫人廟，創建於清乾隆元年，亦是歷史優久，為另一個作十六歲儀典的主要廟宇，除主祀臨水夫人陳靖姑外，另配祀花公花婆，及隨同的三十六宮婆姐（鳥母）、鋤童、箕童等，皆為守護胎兒之神。每年農曆七月初七設教母亭，亦舉辦作十六歲活動。

近幾年，安平開台天后宮亦開始擴大辦理作十六歲活動，其信仰源由安平拜契的習俗，成年時需至契神廟宇拜拜還願，尤其需到媽祖廟燒香，因此天后宮每年農曆七月初七在廟前搭設鳥母宮，依照傳統科儀舉辦成年禮活動，這幾年聲勢浩大，直追開隆宮。

第二章　特有成年禮之各國族群

第一節　特殊成年禮國家

在韓國和日本，每個年輕人都會穿著鮮明美麗的民族服飾，舉行莊重的成年禮，但很少人知道和服與韓服，都是源於我們中國華夏民族的漢服。日本的和服在日本還被叫作「吳服」、「唐衣」，就是因為它是在中國三國時從吳國，即蘇州、浙江一帶傳去日本的，而日本貴族服裝則是受唐朝影響最深。日、韓的隆重傳統成年禮讓人深深感動，熟悉歷史的人都知道，日、韓的成年禮也是源自中國。然而在漢服運動之前，那些美麗而莊重的成年禮，在中國本土卻早已無跡可尋了。

漢服不是一個終點，而是一個起點。所以在復興漢服的同時，復興禮儀也就成為不可缺少的一部分。漢服運動是先以衣冠重建漢民族的記憶、尊重和自信，進而以衣冠彰顯華夏禮儀，再由禮儀孕育傳統節日、禮義廉恥、仁義道德、氣節風骨、敬天法祖，進而復興華夏文化，以至於整個現代華夏文明復興。因此漢服背後其實負載了一個深重廣遠，復興現代華夏文明社會的使命和期望，是一個非官方民間自發的華夏社會文明復興運動。故有人評說：「中國絕少有那個文化領域，能像漢服群體這樣，執著於站在華夏傳統整體復興的角度而立論」，有關日、韓成年禮略述如下：

一、日本舉辦之成年禮

每逢一月中旬，日本各地都會為該年即將年滿廿歲的青年男女舉辦成年禮。成年禮已行之有年，大多是在地方上的活動中心或大禮堂舉行，而這些「準大人」們則會穿著正式服裝赴會，以示慎重。女生清一色都會身穿傳統和服，男生是西裝筆挺或一樣穿上男用的和服，所以在成年禮儀式的會場上，除了可以見到久違的老朋友、老同學之外，也不免成為大家比這、比那，爭奇鬥豔的地方，暗自較量誰的打扮最稱頭。至於成年禮的過程大致是，由地方的首長發表演講，內容都是強調過了廿歲之後，就不再是小孩子了，得銘記自己須對自己的行為負責。可是近年來，有些參與活動的青年們會故意在會場搗蛋，如丟椅子、砸會場，或在會場上飲酒喧鬧來打斷演講，這種現象似乎已經由報導而在日本各地傳開來，其他人也有樣學樣，現在幾乎每年都有這樣的情形發生。令人不解的是，這些新成人們一方面大多盛裝前來出席成年禮儀式，另一方面卻又故意做出類似搗蛋這種孩子氣的行為，實在很諷刺。

面對這些惹事的「大小孩」，過去總認為要給年輕人一個自新的機會而從輕發落，但事態逐年來有溢長的趨勢，所以主辦單位也開始採取較強硬的姿態。例如靜岡縣伊東市的成年禮儀式上有六位正要踏入大人門檻的傢伙酒醉鬧場，還跑到台上妨礙市長致詞，最後這六名青年遭到逮捕，被迫隔天親自去區公所向所有的工作人員致歉，由於那時市長剛好不在，負責管束的教育委員會還擬定下次要他們當面向市長道歉，甚至必要的話還計畫提出告訴，徹底要求這些人為自己的行為負責。

不過並不是所有的成年禮都是一片混亂，像阪神大地震的災區神戶市所舉辦的成年禮會場上，還特地為地震的罹難者默禱，讓來不及長大的生命也能得到祝福。專科生池田真由子小姐代表「新成人」們發表致詞時表示：「地震當時我還是小學生，但是得到許多人的幫助，已經找回了勇氣」。另外歧阜縣坂祝町的成年禮則自西元一九八一年以來，連年舉辦讓準大人們乘坐直昇機俯瞰故鄉的活動，希望藉此培養年輕人對故里的關心。其中最特別就是千葉縣浦安市了，因為這裡的成年禮是在迪士尼樂園舉行的，有別於其他地方成年禮的肅穆氣氛，迪士尼樂園裡的成年禮儀式以歡樂為訴求，還會有米老鼠等角色出來載歌載舞和大家一起慶祝，所以這個區域的準大人們出席成年禮的比例較高。尤其剛好東京迪士尼樂園於（西元二〇〇四年）開幕廿週年，所以日籍的米老鼠當時也滿廿歲了，就有一位受訪的女性表示：「能和陪自己長大的米老鼠一起慶祝成年覺得很幸運」。

日本的成人節源於古代的成年禮儀，而日本古代的成人儀禮是受中國「冠禮」的影響，日本仿我國舊禮制，始行加冠制度在天皇十一年（西元一六八三年）。按中國古代陰陽學說，冠日都選甲子、丙寅吉日，特別以正月為大吉。

日本西元一九四八年政府規定每年一月十五日為成人節，這是日本國民的一大節日，屆時全國放假，這一天，凡滿廿歲的男女青年都要盛穿節日盛裝，到公會堂或區民會館等處參加各級政府為他們舉辦的成人儀式和慶祝活動。成人儀式首先由町長或村長致詞，勉勵青年們努力學習、工作，擔負起未來的責任。然後青年們高聲宣誓，決心改掉稚氣，以嚴肅的態度步入成人的行列。接著舉行豐富多采的慶祝活動。一些男青年還結隊進行冬泳，以示勇敢的迎接未來生活的挑戰。

日本成年禮有立志、擇友、讀書等三個要素。以現代而言，應可解釋為：立志—明確的生涯規劃。擇友—

選擇良師益友，遠離誘惑、犯罪，及提升人格品德。讀書—可吸收新知，擴張思考方向，建立正確的價值觀。但無論如何，日本成年禮的用意在於警惕年滿廿歲的青年男女今後就是大人了，要對自己的言行有責任感，所以不管形式如何，參加典禮的意義絕對不僅只是去玩玩、亮相而已。

成年禮的由來、意義及古今儀式有以下：

1.由來

日本自古即有稱為「元服」、「加冠」、「烏帽子著」的成年禮，其儀式雖因時代、階級、性別有所不同，但卻歷經千餘年傳承至今不曾間斷，二次大戰後，日本政府訂定每年一月十五日為成人式（節）國定假日。

2.意義

日本古代以十一歲至十七歲之間；現今則以滿廿歲之青年男女為對象，舉行成年禮。其精神內涵，不論古今，都是希望透過此儀式期勉青年男女體悟到自己已長大成人，今後必須以獨立自主，負責任的態度，迎接人生另一階段的來臨。

二、韓國舉辦之成年禮

韓國儒風盛行，實行漢唐禮制，與日本同樣是一個受中華漢唐文化影響的國度。韓國古代男子在十五至廿歲行冠禮，這代表他已經成年。其儀式共分為四個部分，告辭式如下：

維歲次干支，某月干支朔，某日干支，孝玄孫某，敢昭告子，顯高祖考某官府君，顯高祖妣某封，某貫式，某之子某，年漸長成，將於某月某日，加冠於其首，僅以酒果，用伸虔謹告。

1.初加：穿禮服，白色上衣、黑色衣袖，配腰帶，戴帽子，穿鞋。祝辭式為：「……吉月令辰，始加元服（帽），棄爾幼志，順爾成德，壽考惟祺，以介景福。」

2.再加：穿著青色道袍，草笠，腰帶，鞋子。祝辭式為：「……吉月令辰，乃申爾服，謹爾威儀，淑慎爾德，眉壽永年，享受遐福。」

3.三加：穿著青袍，紗帽，腰帶，靴。祝辭式為：「……以歲之正，以月之令，咸加爾。服，兄弟具在，以成厥德，黃耉無疆，受天之慶。」

4.醮：冠者南向取酒，北向祝辭。祝辭式為：「……旨酒既清，嘉薦令芳，拜受祭之，以定爾祥，承天之休，壽考不忘。」

5.賓字冠者：來賓給冠者題一個字。祝辭式為：「……禮儀既備，令月吉日，昭告爾字爰字孔嘉，髦士攸宜之于嘏永受保之，字曰某甫。」

三、日本古代與現代儀式差異：

1.古代儀式—大致以改變服飾、髮型、認義父、改名字及接受身心訓練，加入青年組織，神社參拜，宴請親友及女性將牙齒染黑等一連串的儀式進行。其中改變髮型是由當地有名望的長者，將接受儀式青年的垂髮在頭頂結成髻或剪去額前瀏海後再給予加冠。受冠的青年亦認加冠者為義父，取名字中的一字成為自己的新名字。義父的存在猶如受冠青年日後社會地位、人際關係的一層保障。至於接受身心訓練方式繁多，因時因地有所不同，有登靈山接受最嚴格挑戰，亦有上半身被推出懸崖絕壁外後，目眩中誓言恪守禮法道義者；甚至坐在尖銳的乾柴上，一邊接受鞭撻，一邊堅忍的聆聽長者的訓戒。女性則有被隔離至一小屋學習裁縫、料理、禮法者。這些儀式的用意是期望青年在歷經身心的痛苦後，以重獲新生的心情步入人生的另一個里程。

2.現代儀式—由公所發文邀集廿歲青年男女至公所禮堂接受勉勵及祝賀，會後贈予一份小禮物，以為慶賀。參加男性要著西裝、打領帶，女性則穿父母贈予正式的禮服稱振袖（長水袖和服）盛裝與會。穿上此和服是日本少女的夢想，也代表她們人生另一階段的開始。

四、**德國**—德國人所謂「成年」，其實是與我國傳統上對成年的看法大不相同的，因為若依照德國的歷史傳統，「成年」最重要的意義乃在於個人宗教信仰的確立。德國成人儀式是德國由來已久的一個古早節日，在宗教和習俗裡，年滿十四歲就算是成人了，便要舉行成年禮。德國的成年禮不僅有些宗教含義，而且還賦予了新的意義。每年的四五月份，全國滿十四歲的少男少女穿戴一新，由家長、親友陪同集合在當地的文化之家。在充滿節日的氣氛中，地方政府負責人或社會名流首先致詞，講解成人之後對社會所擔負的義務和享受的權利，勉勵他們遵守社會公德，報效國家。然後師長、親友和低年級的小朋友向他們表示祝賀，並贈送禮物和鮮花。中午全家聚餐以示慶祝。晚上為他們舉辦舞會，時間還可破例延長至夜裡十點鐘。為了迎接人生中這一重要階段的開始，有關部門一般要對八年級的這些孩子事先做一些準備工作，例如讓他們會見各界人士和老工人，組織他們遊覽山川，參觀名勝古跡及參加音樂會等。德國人的成年禮在宗教上一般可分區為：天主教的「聖餐禮」（Kommunion）和「堅信禮」（Firmung），以及基督教的「堅信禮」（Konfirmation）三大類。

1.天主教聖餐禮：

此禮的字源來自拉丁文，意思是一個由心思、意念均無二致的人們所共同組成的團體。按天主教神學對新約聖歌林多前書的解釋，這項儀式最重要的意涵乃在於信徒將藉由在敬拜中共享耶穌基督的身體與堡寶血（註：以麵包與葡萄酒作為象徵物），而得以擁有權力和義務，來同教會中的其他信徒們進行十字架式的上、下、左、右的相互連結與溝通。因此來自信仰天主教家庭的德國兒童們，凡在接受了父母充分的教導，或參與過教會所舉辦的聖餐儀式課程訓練後，從七歲起，便可開始參加「聖餐禮」。至於首次領受聖餐的時間，則按慣例是在復活節過後的第一個星期日，也就是一般德國天主教徒所謂的「白色星期日」。

2.天主教堅信禮：

此禮創始於中古世紀的早期，沿傳至今。其字源也是來自拉丁文，意指加強與堅固。簡言之，我們可把此儀式視為天主教傳統的第二次聖餐禮。它的意義主要在於受洗者表示，從此願確立，並堅定其信仰；同時教會亦接納受洗者為教會大家庭的一份子，自此享有一切教會成員的權力與義務。凡是參加儀式的青少年們均一律身著黑色服裝，在教父的引領下，進入教堂至主教面前下跪，由主教在受禮者額前抹油畫十字為記，並按首福證，完成堅信禮儀式。

3.基督教堅信禮：

就字面上來看，此禮與前述的天主教堅信禮類似，皆有堅信、加強之意。不過這個儀式卻是由德國宗教改革運動者於十六世紀所創設。在每年固定的星期日禮拜儀式上，以禱告與按首福證的方式，為凡曾受過嬰兒洗禮，並接受過教會堅信禮教育課程之十二至十四歲的青少年施行。此禮的意義同樣的也在於表示受洗者願確立，並堅定其信仰，但不同的是在基督教的規定中，此儀式卻只需要由牧師來施行即可，而無須像天主教的堅信禮一般，一定要由主教來施行。故若就此角度看來，此儀式似乎確實有那麼一點點，要和傳統天主教類似。此外值得一提的是，除了宗教的傳統外，德國民間還有另一種成年禮的存在。在歷史上，這種儀式原為十九世紀時由非基督教和天主教的信仰團體為青年人所舉行的成年慶祝儀式。但自第二次大戰結束，德國分裂後，前東德政府即沿用此儀式，並將其納入官方正式教育制度的一環。為取得參與此一儀典的資格，凡年滿十四歲的青年男女學生須於八年級開始，利用課外時間學習馬列思想，並集體前往國家紀念館進行革命的洗禮。之後才可參加典禮，以表其成年，並宣誓其對社會主義與國家的忠誠。不過自兩德統一後，隨著昔日意識形態分歧、對立的消失，此成年禮當然也已回歸其原有的精神與意義。

五、秘魯—少男在成人儀式上須通過的唯一「考試」，是從約八米高的懸崖上跳下，因而膽怯者就永遠不能成為「大人」。儘管每次儀式上都有一些少男在跳崖時被摔得鼻青臉腫，但這種古老的「跳崖禮」，至今仍在秘魯盛行著。

六、剛果—少男在成人儀式上由族長用銼刀將門牙銼成尖刀狀（猶如斑馬和貓的牙齒一樣），據說這種「鏗牙禮」，意味著少男已長成「男子漢」，可以與任何野獸搏鬥。

七、非洲西部多哥—有四十多個部族，世代居住在北部山區的卡布列族是第二大部族，每年七月下旬，卡布列人都要為部族裡年滿十八歲的男女青年舉行成人儀式：男的舉行摔跤節，女的舉行成熟節。

長達一周的摔跤比賽集中在拉馬卡臘舉行，每個年滿十八歲的小伙子要連續三年參加比賽，才算真正成為男人。比賽時，人們身著豔麗的民族服裝，敲著響板，吹著哨子，吶喊助威。姑娘們邊舞邊唱，使場上的小伙子更加精神抖擻。比賽結束，不論輸贏，他們都被認為是經過了考驗，部族則正式承認他們已長大成人了。

卡布列族待嫁姑娘參與的成熟節也很熱鬧，但卻有著幾分神秘，因為不允許部族男子和部族以外人士觀看。在成熟節上，凡是閨閣待嫁的姑娘都要到山下參加坐「聖潔石」的儀式。姑娘們臉上用當地的黃泥顏料化妝，全身一絲不掛，面帶神聖，在家族中的成年婦女陪同下載歌載舞，從山上來到「聖潔石」前。經過檢驗，不僅標誌姑娘已經成熟，可以出嫁，更表明待嫁的姑娘賢淑貞潔，四方君子大可放心求之。據說如果已非處女的姑娘坐了「聖潔石」，在一生中將會遭到厄運。而多哥的另一個部族巴薩族的女子在月經初潮後要在肚皮上深深地劃上一刀，以此標誌她闖過了人生這一關進入成年。

八、坦尚尼亞—在坦尚尼亞，同有些非洲國家一樣，青年人在步入成人時要舉行一種儀式，即割禮，這是一種古老的陋習，隨著經濟與精神文明的發展，這種陋習雖已逐步減少，但在一些偏遠地區至今仍然流行。有些部族，如查加族、戈戈族等則男女均實行割禮。所謂割禮就是對男女人體生殖器官施行某種手術，並為此而舉行的禮儀。對於為什麼要實行割禮，有著種種傳說，各部族也不盡一致，只有在割禮後，青年人才被公認已步入成年，才有嫁娶和繁衍後代的資格和能力。

九、墨西哥—墨西哥濱海地區，有個部落的成人儀式更為奇特，少男們須每人攜帶一塊沉重的大石頭游過一條海峽。

十、加拿大—加拿大洛基地區的印第安少男，在成人儀式上人人都須生吞一條活蜥蜴，望而生畏者，即被取消「成年」資格。

十一、扎伊爾的女子到了一定的年齡，就要被帶到森林裏，關在一間男子不得入內的「聖屋」裏戒齋三天，並由婦女開導，讓她對即將開始的成年生活做好準備。

十二、愛斯基摩族的少女，以馴一頭鹿獨自跨越冰原來向族人宣告：「我已不再是小孩，我要獨立闖蕩冰原了」。

第二節　特殊族群成年禮

每一個民族都有類似的成年禮活動，例如台灣的原住民中，泰雅族的青少年必須參加獵取人頭的行動後，才有資格紋面，然後才算是成年，這也算是泰雅族的成年禮。其它的民族也有所謂紋身、染齒、將門牙敲掉、跑相逐（即賽跑）等。賽跑源自於台灣平埔族「走鏢」一詞，又作「鬥走」。兩個人（或以上）定一起點和終點，從起點跑至終點，以較高下，通過此習俗才算是成年。在回教或以色列的禮俗中，也有青少年要過渡到成年時，要舉行割禮（割掉包皮）的儀式才算成年。另外在台灣其它原住民族群，還有要進入少年所，經過一年的訓練後，才算成年。所以不同族群都有其不同的成年禮，以下敘述特殊族群的成年禮：

一、彝族

成年禮是四川涼山彝族少女走向成熟的標誌。彝族少女進入成熟時期，都要舉行一項既秘密又熱鬧的「沙拉洛」儀式，意即換童裙，成年禮所換的裙子是成年的標誌。涼山彝族婦女把換童裙和出嫁視為女性一生非同小可的兩件大事，從不等閒視之。換童裙的年齡一般因人而異，彝族少女的成人年齡大多在十五歲到十七歲之間，而且都是單歲換裙，換裙的儀式非常隆重。涼山彝族的換裙儀式有許多禁忌，特別是舉行換裙儀式時，不許任何男子在場。具體時間由其母親掌握，具體日子必須請老年人推算吉日佳期，一般由母親或長輩婦女主持，並只請女親戚、女友人或老年婦女參加。姑娘換童裙儀式有三個層面內容：

1.改變髮式—以前梳單辮垂於腦後，換裙以後頭髮頂際中分兩股，在耳後梳成雙辮，再戴上頭帕，額前用少許水打濕抹光，整齊發亮，以示少女的秀麗端莊。

2.裙式改變—換裙前的童女穿淺色，一般為紅、白兩色二截童裙，裙邊鑲有一粗一細的兩條黑布邊。舉行換裙儀式後換上紅、藍、黑對比強烈的三接或四接的長筒百褶裙。

3.耳飾穿戴—換裙前的童女以耳線為飾，換裙後將舊耳線取下，換上銀光閃閃的耳墜。換裙儀式結束後，家裏就像過節一樣喜氣洋洋。富裕戶要殺豬宰羊，大宴賓客；窮戶至少也要殺隻雞，釀製一桶甘醇的泡水酒來招待親鄰。換童裙之後，就意味著女孩已進入成年少女時代，也意味著可以自由自在的談戀愛、找情人，參加社會活動，也可以逛街、趕集、唱歌、跳舞。

類似這種女子換裙子，男子穿褲子的成人儀式，在一些少數民族中也流行著，如佤族的滾泥巴田，傣族的紋身、墨齒，也是成年禮的獨特表現形式。佤族男孩一生中有三個生日要滾泥巴田，第一次是五歲，第二次十歲，第三次十五歲。佤族諺語說，從母親那裡學到善良，從父親那裡學到勤勞，從祖父那裡學到耐性。所謂的三次滾泥巴田，就是根據這三句話安排的。前兩次由父母帶領，到了十五歲這一次孩子已長大成人，滾泥巴田的事要由它自己完成，這也是一種考驗。

二、基諾族

雲南省的基諾族把成年禮，看做是人生中一次巨大的轉折。一個男子只有在舉行完成年禮之後，才可以成為村社的正式成員，才可以參加未婚青年的成人組織「波勒」，才可以改裝易服，穿上繡有象徵月亮、花卉的衣服，挎上繡有月亮標誌和幾何花紋的「筒帕」（背包）和姑娘們進行交往。基諾族的成年禮至今仍然保持著十分古老的傳統方式，成人儀式充滿了神秘色彩。首先在舉行成年禮時受禮者面前的桌子上要放上用蕉葉包好的小肉包，肉包裡面的肉是剽牛祭祖時的祭品，接受成年禮的人獲得這種祭品，如同得到了祖先的承認、批准和保護。

其次要對接受成年禮的人施行種種考驗，具體的做法是：青年男女組織的成員在受禮者毫無準備的情況下，對其施行突然襲擊。他們將受禮者捕獲，並押往群情鼎沸的會場，製造一種恐怖氣氛，以表示受禮者和童年時代的告別。

其三是對受禮者施行教育，通常由族中的長老帶領大家唱本民族的《創世記》或歌唱傳統的生活習慣和應當遵守的法紀，或歌唱本民族的生產過程和經驗。以此教育青年們懂得如何戀愛和遵守傳統的社會道德。

三、鄒族

鄒族的戰祭又稱凱旋祭，是屬於全部落性的祭典，現由達邦和特富野兩部落輪流舉行。成年禮限十八歲成年男性，特殊儀式為杖打屁股。在軍神敵首祭終後，青年集於會所前廣場，排列於入口，然後走進會所，在門口有長老手持木杖，由老人輩持杖擊打臀部，作象徵性的體罰後，並大聲訓道：「現在你已成年，不要貪玩，要勇敢、要勤勞，不得怠惰」，成年者受誡後走下會所，由武士長（首領）或長老率領列氏祖族家繞一周後到頭目家門口，由頭目手持大酒杯，逐次飲酒後歸家，更換青年應穿戴的冠服，最後青年衣飾進入會所參加舞蹈，因舞蹈是一個逐漸形成的集會名詞，其精神在於使少年認定知從此成為成年人，並成為會所的一員，夜宿會所直到結婚。

四、傣族

傣族的紋身是一種古老的成年禮，也是對成年男子一種血的考驗，至今在傣族地區一個紋過身的男子常被姑娘們視為英雄，而沒有紋身的男子常常被姑娘們視為怯懦和不勇敢，沒有紋身的男人自然得不到姑娘們的喜愛。用植物的汁液染黑牙齒，則是滇西一帶，傣族男子成人的標誌。成人儀式不僅標誌著一個人生理發育的成熟，同時也表明他有權承擔社會賦予他權利和義務，在婚姻習俗中，成年禮則標誌著青年男女戀愛生活的開始。

五、瑤族

成年禮在廣西瑤族自治區普遍流行著。這種成年禮在瑤族族家稱之為戒度。只有經過戒度的男孩，才有成年人的權力，有資格談戀愛、結婚，能博得公眾的信任和尊重。因此每當男孩長到十五、六歲，都要依俗舉行這種帶有民間宗教色彩的儀式。

過去戒度要接受諸如上刀山、過火煉、睡陰床、跳雲台和煉紅犁頭等近十種危險的考驗。如今戒度儀式簡化了。戒度時以跳雲台為重要內容。雲台是用四根四米多長的木柱擺成正方形，一邊紮以橫木作梯。受戒者在師公的帶領下登上雲台，等師公念完戒詞，受戒者發誓不殺人放火、不偷盜搶掠、不姦女拐婦、不虐待父母、不陷害好人等，誓畢擲火進一個裝了水的碗裏，火立即熄滅。這裡暗示受戒者如有不軌，其命運便如此火。然後受戒者團身抱膝，從雲臺上勇敢地翻至雲台下那張鋪有稻草的藤網，剛落下，下邊的人就拉起藤網一起用力旋轉。此時四周歡呼聲四起，贊揚孩子的勇敢無畏，祝賀又一個瑤山漢子走入了社會。瑤族的成年禮儀式，尚存在的還有睡陰床、過火煉等。舉行這些儀式，先要選擇好日子，七至九天不等。舉行儀式時，大部分時間在家進行，也有選擇盤王節這天在公眾場合舉行。

戒度時要跳捉龜舞，俗稱戒度舞，相傳烏龜在洪荒之年曾撮合伏羲兄妹成親，以繁衍人類，故瑤族青年在舉行成年禮時就要跳捉龜舞，以訓誡後人不要再聽烏龜的話近親結婚，舞蹈生動活潑，充滿生活情趣。舞者手執雙鑔，有連聲碎擊、翻鑔、洗鑔、抹鑔、擺鑔等，並隨鑔聲起舞，動作有盤腿、吸腿跳、弓步、蹲轉等步伐，表現了找龜、捉龜、看龜、掛龜等過程，整套模擬捉龜的動作，使人看到了瑤族人民的詼諧幽默。捉龜隊伍的隊形變化多樣，時而交叉，時而走龜花，時而龍擺尾，舞者個個精神飽滿，情趣盎然。

戒度的最後儀式是接受眾人的祝賀，受戒者也為自己能長大感到由衷的喜悅。瑤族的戒度儀式世代相傳，不僅使新一代走向成熟，還包含著前輩對後輩的親切關懷與殷切期望。

六、摩挲族

摩梭古稱「摩沙」，是寧蒗境內的土著民族之一，其族原屬於我國古代遊牧民族「犛牛羌」。特殊的社會地理環境，使永寧摩梭人一直保留著獨特而神奇的風俗禮儀。四川瀘沽湖畔摩梭人傳奇式的家庭婚姻形態，成為東方這塊古老的土地上最具神秘和吸引力的母系文化奇觀，形成一個撲朔迷離幽遠的夢境。普米族和摩梭人的孩子長到十三歲，便要舉行成年禮。成年禮儀式一律在每年的大年初一凌晨舉行。舉行成年禮時，男孩站在男柱下，女孩站在女柱下，一隻腳踩著豬膘肉，另一隻腳踩著糧袋，象徵終身吃不盡。女孩由阿媽為其穿上漂亮的裙子，金邊衣，紮上紅腰帶，並且為她盤纏髮辮，佩上彩色項鍊、耳環、手鐲等飾物。男孩由舅舅為其穿上新男裝，佩上腰刀。舉行過成年禮，算是大人了，便可參加各種社交活動，十五歲以後就可以結交阿夏「親密朋友和伴侶」的意思了。

摩梭人至今還保留著母系氏族的婚姻形態。流行於摩梭人中的阿夏婚姻形式有兩種，即阿夏異婚和阿夏同居婚。「阿夏婚」以情為主，自由結合，離散隨意。男人不娶，女人不嫁，如果任何一方不願再保持阿夏關係，女方閉門不納，男子不再登門，關係即可解除。阿夏婚所生子女由女方撫養，子女與父母親不會在一個家庭，他們的財產生活無必然聯繫。摩梭母系大家庭成員間和睦親切，禮讓為先，對老弱病殘者給予特殊的優待和尊重。在摩梭人當中，人間的真情得到了高度的昇華。摩梭人崇拜大自然，信奉神靈，相信天地萬物、日月水火、風雨雷電，引經據典由神靈主宰，所以長期以來逐漸成了形式各異的祭祀方式。摩梭人並認為未成年的男女還沒有靈魂，所以不能參加社交活動。未成年人死後，因為他沒有靈魂，不能變成祖魂，因而葬禮不用火葬，用土掩埋。顯然摩梭人的成丁禮儀式，是為給靈魂的儀式。成丁禮儀時用一羊毛繩或犛牛皮繩，栓繫到全家人的靈魂棲息的一樁稱曰「斯托」的栗木棍上，以表示行儀者的靈魂參加到全家人的集體靈魂裡，行儀者從此也就擁有靈魂。

七、台俗漢人與原住民成年禮異同

1.同樣是體能大考驗，原住民與大自然共生，其發展出來的成年禮與本身的打獵能力有關。

2.台俗古代漢人是以碼頭的薪水為依據，意味滿十六歲體力足夠，可搬重的貨物，而且身心已成熟，可以娶親生子了。而原住民是在於男生對農耕、狩獵或撈魚等技能都必須純熟。昔日習俗，於出草時更需取得人頭；又如女生對於紡織、農耕及家事等技能都必須成熟。

3.同樣換新裝，而代表「新」的開始，台俗漢人外婆會給予新衣服、新鞋子。原住民一樣有新衣服，如戴羽冠頭冠、腰圍。

4.不同的是有些原住民外加「痛苦忍耐度」來代表成年，如拔牙、抽打身體、黥面。

5.不同的還有些原住民有青年團，由長老主持團體競賽，看誰除了能成年外，甚至有些較嚴格的如獵人頭、祭軍神、捕魚競賽，或用毒草抽打全身。

6.台俗漢人成人年齡標準為十六歲，而原住民成年的標準不計算年齡，只根據身體發育成熟程度來決定，其標準為男子有狩獵能力，女子有月經。

八、原住民成年各族分析

原住民成年禮早期不加計年齡，只根據身體發育成熟程度來決定，其標準為男子有狩獵能力；女子有月經。男子成人條件為對農耕、狩獵、漁撈等技能純熟；女子則為對紡織、縫紉、農事、家事等熟悉即可。但之後各族演變出特有差別，概述如下：

1. 雅美族—並沒有舉行任何正式的成年儀式。主要是以體格發育來判定成年與否（無年齡限制，通常男子到十八、九歲；女子到十六、七歲，便都稱為成年），少男只擔任簡易的工作，青年以後，男子即參加父兄的船組學習乘上大船，到海上捕魚（有捕魚競賽），擔任吃重與集體性的工作；女子則開始學習家事、紡織。

2. 泰雅族—成年禮年齡為廿歲。狩獵、刺青、黥面為其主要特徵。男子若出草得到人頭或獵到鹿、羌、山豬，就具有刺青、紋身的資格。刺青、紋身除增進美觀外，亦代表已是成年男子，而男子要成年參加戰爭後才准紋面；女子則須擅於紡紗、織布，才可在臉部刺青，也有女孩子月經來潮，就被認為長大成人，而在額頭上刺青、紋面後，才有資格結婚，婚後在面頰兩邊刺青。

泰雅族人的紋面是「生命」的表徵，男子紋面必須在戰場，打獵時有英勇的表現才能紋面，女子則需有姣好的面貌及織布的本領，才有資格紋面或女人出嫁後代表貞節，忠於丈夫的表示。男性一向刺額紋與頤紋。女性則刺額紋與頰紋。又族中獵頭多次成功的男子及織布技術超群的女子，有特權在胸、手、足、額刺特定花紋，為榮耀的表徵。

以前泰雅族非常禁忌婚前及婚外的性行為，認為任何人的姦情都會激怒祖靈，而禍及部落所有的成員，尤其青年男女若有不道德的行為，在紋面時必受到祖靈的懲戒，常導致紋面後傷口發炎難以癒合，或是刺青的花紋模糊、顏色暗淡不清。所以刺青前紋面師都會詢問受施者是否有越軌之行為，如果有則先向祖靈認罪方可施術，當然費用也要加倍，刺青後整個臉馬上就腫起來，連嘴巴都張不開，吃東西也難以下嚥，療養期間整天待在家裡，不能出去吹風。如果有人到家裡求親，都會被家長回絕，父母親表示，必須等到療養好之後再說。若該女子紋面色澤深，花紋清楚，則顯示該女子的貞操賢淑，出嫁時可向男方多索禮聘或嫁好老公。

註：泰雅族男女大約在五~十五歲左右必須完成紋面禮俗。男子必須狩獵多次成功後，才可以在額頭及下巴刺青，女子則須學會織布才得刺臉紋，所以完成紋面者方可論婚嫁，當然未曾紋面者，就很難找到理想的配偶了。每個少男少女在紋面前必須遵循祖先的遺

訓，不做姦淫及其他傷風敗俗之事，這樣才能得到祖靈的眷顧，男子須狩獵多次成功才能紋面，那是祖先傳下來習俗。女子先學會織布的技術才能紋面，主要的是傳承婦女紡織的責任。

3.卑南族—年齡階級劃分得很清楚，其教育訓練制度也非常嚴密。服飾多加一圍腰。青少年加入的儀禮有徵集祭穀、出獵、殺猴祭、禳祓、舞蹈，及祭日會議、鳥占、除穢、祈豐收、換新裙、驅除惡靈、海岸競走等。男子一生有三次成年禮，成年禮較嚴格。第一次是成少年禮，舉行殺猴祭，並進入少年會所。第二次是成青年禮，主要舉行大狩獵祭。第三次為出草禮，以圍豬活動為主。先由司祭、頭目及長老協商祭祀日期，通告部落開始齋戒。當日早上遴選一位青年前往部落外作鳥占、聽鳥聲，若吉祥，即整裝出發，到了河邊，取茅草兩根交叉結於茅門，部隊依次穿過茅門，有淨化的作用，到了獵場搭蓋獵寮一間，並在寮前做一祭壇，祭祀獵神，祈求豐收。當晚長老在獵寮休息，準青年列隊繞著獵寮巡寮，並拋射竹刺以除惡魔。打獵數日後，豐收回社，飲酒慶祝，少年成為青年。

註：卑南族的猴祭：

①目的—卑南族於少年會所集訓最重要的訓練活動，主要藉著刺猴的活動，訓練卑南少年們膽識、服從與應對、進退等人格。經過一次猴祭，少年不只長大一歲，在會所中會晉升一級，因此猴祭被視為少年的成年禮。

②由來—溯源最早的猴祭是不用猴子的，而是獵人頭，後因清朝政府頒布禁獵人頭的規定，而改用猴子。在刺猴之前，猴子須先養一個多月，等人與猴子有了感情以後再加以射殺，目的是要讓少年們習慣割捨心愛的東西，如此才能適時地準備拋棄家人，為部落奮戰的決心。至日本時期，因日本政府覺得用真猴過於血腥，族人乃改用草編的猴。

③祭猴內容—由於社會型態與生活方式的轉移，仍繼續舉辦猴祭的部落，都縮減了祭儀的時間，舉辦日期也濃縮集中在每年十二月底。

④成員—以十三～十八歲男孩為主體，即少年會所中的成員。

⑤程序—少年們要自己做好弓箭和矛，並在上面刻劃美麗的花紋，祭猴當天，先推選父母俱在的少年，到喪家開門除喪，為他們除去穢氣。之後再把會所內用草紮的猴抬到附近山丘的祭場，由少年們用自己製作的弓箭和矛刺殺草猴。最後，將猴屍丟棄在部落外，表示部落在這一年中，所有不好的東西，都隨著草猴丟棄，也一同被驅除出境。晚上則在會所升起營火，少年們一同唱歌跳

舞，直到成年人狩獵回來銜接下去後才停止。

4. 排灣族—成年禮無年齡分級，但也算嚴格。當男子十六、七歲時，由父親帶往出獵，第一次出獵，出發前要殺一頭豬祭祀鬼神，釀一罐酒，在房內床的牆柱上掛滿茅草，以驅除惡魔，並避邪。該青年禁居屋內、要齋戒，甚至不飲食三天。至第三日，由父親帶他出獵，至山林中，先用豬骨、豬皮為祭品，祈求保佑豐獲。若獵得山豬或鹿為佳，如無所獲，則採樹枝而歸，做為象徵物，歸來後請巫師來家做穰祓祭，從此表示這男孩已有生產能力，也就是成年。另外男孩也可以參加部落五年祭中的刺球賽和大頭目邀集的青年舞會，而被承認為成年人，以上兩儀節之精神主要在使青年得到部落的承認，亦可視為成年禮的一部分，但現今已無上述成年禮了。

5. 賽夏族—成年禮為十六歲，與祭軍神一併舉行。祭軍神的青年，都要飲祭敵首之酒，因此取得成年資格。但現在也已無此儀禮。

6. 布農族—成年禮為十六歲，男女都有將上顎門牙拔掉，以訓練耐力第一步的習俗，通常在新年過後第三天舉行。要升入青年級的人在會所集合，一邊唱敵首歌，一邊持酒瓢向敵首撒酒做祭。這一天全社女子禁止到屋外。儀式結束後，頭目會告知青年應負的責任及規則。之後，青年們便開始執行警衛部落的工作。

7. 魯凱族—成年禮為十八歲。儀式是先禁食五天，再選擇一天舉行試膽會，成功者才能成為正式一員。到了青年期還必須跨越一個儀式，才能成為成年人，也就是入級者需在會所內由長老用毒草抽打全身，寓意為藉此打去以往所有的不良品行和不潔的身體，並接受長老的教誨。這些青年的家中都須釀酒，並為青年準備全套嶄新服飾，齊集會所前，為進級者慶賀。

8. 阿美族—阿美族目前總人口數最多，約十七萬多人，一般自稱為「邦吒」（Pangcah）。成年禮亦較為嚴格，限十八歲成年男性參加，服飾為頭冠、新衣飾帶。成年禮通常與豐年祭一併舉行，因豐年祭為其重要的宗教節日，目的顯然是讓新世代與既入級之成年人間互為整合。在舉行正式成年禮的前半個月為預備期，先前要將參加成年禮之青少年，秘密組織起來進行訓練跑步、摔角、跳舞、禮儀。等到舉行成年禮時他們都已訓練有素。到了宣布舉行成年禮當天，準成年人們共備酒一大罐，個人準備一隻雞，到負責編組頭目家集合，由上級長老和率領祭祀戰神，念祝詞為準成年人祝福後，殺雞舉行宴會。隔晨天未明，由長老率領向海岸出發，比賽競走，然後以先到的領頭到海邊，兩腳浸在海水中以取得生命的力量。還會在海濱搭起帳篷住宿兩晚，參加海岸的補魚競賽，並在海灘攜手跳舞後各自歸社，其姊妹或女友出迎，贈以新衣飾、帶羽冠，飲宴歌舞，歡欣慶賀，直到第一次雞鳴為止。宴會時部落首領訓話意謂：「汝等已成年，須對部落服役，如修路、造橋、出戰、防守等，且要守紀律、盡責任，服從上級的指教」，從此正式任何命級長，然後繼續跳舞，直到天明為止。

綜合以上分析，要對台灣原住民的成年習俗，為作進一步了解，可分為：

①年齡階段：各族的成年年齡接近於十六～廿歲。

②男子會所：原來年齡組織的各族都有，但今以曹族、阿美、卑南、魯凱四族仍被保存著。

③青年訓練：有在家個別訓練，也有在會所集中訓練的，以阿美、卑南、排灣等三族最為嚴格。

④成年禮儀：凡年齡階級制的七族中都行，但只限於成年男子參加，以阿美、卑南、曹等三族，較為隆重。

⑤成年標準：過去不加計算年齡，只根據身體發育成熟的程度來決定，其標準為男子有狩獵能力，女子有月經。

⑥成年條件：各族大致相同，男子對農耕、狩獵、漁撈等技能純熟，女子對紡織、縫紉、農事、家事等熟悉。

⑦成年服飾：各族還都保持固有的古風，以阿美族的「頭冠」，卑南族的「圍腰」最為重要。

⑧其他：在身體服飾方面，為穿耳、缺齒、黥面、紋身等較具特色。

九、「e世代」、「六、七年級」、「草莓族」⋯等是對現在今社會新新人類的最新稱謂，成年的道德責任層面漸漸削弱，「獨立、創新、勇於嘗試」，恐怕才是他們對成年的最新認知。許多人認為新世代的成年人是抗壓性極低的草莓族，因以前的人任勞任怨，腳踏實地，才有今日的一番成就，時下年輕人卻別有自己獨到見解，總能不經此番寒徹骨，亦得梅花撲鼻香，這或許是他們成熟感的最佳展示。

儀式只是一個開端，更重要的是藉著這個生命儀式的舉行，賦予已「成年」的年輕人意識到自己的角色，即是「成熟感」及「自律意識」觀念的認清，一個人從出生、成年到結婚，隨著經歷不同階段，所承擔的社會責任及自我期許也會隨著改變，雖然社會變遷快速，但成年後所需面對的責任卻不能被改變，這或許才是成年禮最基本的精神。對成年的讚美與祝福語詞詳如**附錄二**。

第三節　成年禮儀進行儀式

成年禮儀式的青年男女，每位都穿著白襯衫，女性結領巾，男性則打領帶，儀態莊重端正。而成年禮的儀式，係從行禮者就位開始，再經點燭燃香、祭祖、讀祝告文、飲成年禮酒、贈送賀禮，最後由成年禮男女向長輩行感恩禮，儀式便完成。進行儀式如下：

〈國民禮儀規範〉成年禮儀程序：

1. 某年、月、日、某姓（或團體）青年子弟成年禮，典禮開始。
2. 奏樂。
3. 禮生引導行成年禮者就位（男左女右分立）。
4. 主持人就位。
5. 上賓就位。
6. 點燭、燃香。
7. 上香、祭拜（向黃帝或孔子遺像及國旗行三鞠躬禮）。
8. 讀祝文。
9. 飲成年禮酒（行禮者領酒後一起啜酒）。飲酒則是古代冠禮「賓醴冠者」之遺風，藉以表示身份變化之象徵。
10. 上賓致詞訓勉（先為行禮端整服裝後致詞）。
11. 贈送賀禮。
12. 行感恩禮（向家長、上賓等一鞠躬）。
13. 奏樂。
14. 禮成。

第四節　成年禮儀最終的教養意義

我們華夏的成年禮也稱「成丁禮」，男的是冠禮，女的是笄禮（笄是一種髮簪），它是一種古老習俗的傳承，在人的一生中具有重要的意義。一個青年男女只有通過成年禮儀，才能取得一定的社會地位和權利，才能被社會成員認同，同時也應當履行一定的義務。

成年禮的意義是在為已成年的青年男女所舉行的儀式，提醒他們，能通過這一個莊重儀式後的人，才能更獨立自主享有成年人權利與義務，從此正式被認定為可跨入社會的成年人，但可能僅極少數人有受過這種禮節的洗禮與薰陶。成年禮是一種過渡儀式，不管是對孩子或整個社會而言，都是相當有意義，並且算重要的一個關卡。同時，長輩也可趁此機會，向下一代青年男女宣告，從此真正認識和牢記作為一個成年人，必須建立起對國家和社會的責任，以後所作所為，都要為自己的行為舉止負責。因此成年禮在一個人的生命週期中，可說是一個關鍵的啟蒙點。成年在台灣稱為「**轉大人**」，在人的正常成長階段都會歷經。雖此簡單三個字，但已充分的一語道破大人對於兒女成長殷切與期盼。

◇成年禮相關術語註解

1. 成年禮—表示一個人已經成年而舉行的禮儀儀式。
2. 冠笄—為男冠女笄（ㄐㄧ）之成年人儀式。
3. 加冠、加笄—加冠，古代男子廿歲行冠禮，表示成年。後來以加冠指廿歲的男子。笄，①古時女子把頭髮捲起盤在頭上，再用簪子橫穿，使頭髮不容易亂。這根簪子就叫笄。②古時女子十五歲算成年，要把頭髮梳成大人的樣子，叫「及笄之年」或「笄年」。
4. 成丁、成年—成丁，男子滿廿歲。成年，指人發育到已經成熟的年齡。
5. 脫絭—拿掉掛於脖子上的護身符。
6. 跤桌腳—鑽進桌底下，祈求神明保佑平安。
7. 戒賓—席面夫儀簽寫燕敬。
8. 七娘媽—（在泉州、台灣及華南沿海地區有此習俗）眾所周知的織女，在本省的宗教崇拜中，被尊為「七星娘娘」。而祂和其他六位姊妹（即七仙女）會保佑人間未滿十六歲的小孩，順利長大成人，是兒童的守護神，民間對護佑孩童的七仙女都以「七星媽」尊稱之。每年農曆七月初七「七星媽生」時，在這天的黃昏，家中有小孩的，都要在門口祭拜七娘媽，祈求子女平安長大。

首先燒香請下神案上的香爐，再準備供品，供品有：軟粿（中部又稱不情願粿）：用糯米搓成，類似湯圓，在中心用手指壓一個凹洞（因牛郎織女一年才相會一次，難免會難過，有情的信眾便將象徵「一家團圓」的湯圓壓個凹洞來盛裝他們的眼淚）、雞酒、油飯、牲醴、水果、香花（圓仔花、雞冠花、茉莉花、鳳仙花等），意寓：一為多子，一為濃香。取子多，香火濃的意思。另清水一盆，新毛巾一條（讓七娘媽洗手洗臉）、凸粉胭脂（化粧品）、紅砂線及金紙、壽金、刈金、燭等。

9. 華夏—中國現稱中華，海外中國人自稱「華人」，「華」代表什麼？中國自古就有「禮義之邦」的稱謂，「華夏」一詞在《左傳》疏註：「中國有禮義之大，故稱夏；有服章之美，謂之華」。這個「華夏」的「夏」字，就是指我們漢民族「禮義之邦」的「禮義三百，威儀三千」的傳統禮儀。

10. 衣冠—是我們漢民族禮法制度的社會文明根基，但滿清三十七年血腥殘暴「剃髮易服」可悲的政策，迫使漢民族服裝從此消亡。更可悲的是，隨著漢服的消失，華夏社會文明根基之一的禮法制度也隨之解體。

轉大人	人中豪傑	才高八斗	才華揚溢	才貌雙全
天之驕子	天生好手	天馬行空	少年老成	少年得志
出人頭地	出將入相	出類拔萃	生生不息	生龍活虎
生命悸動	玉樹臨風	多才多藝	自立自強	自強不息
光宗耀祖	光風霽月	年富力強	年輕力壯	年輕有為
名揚四海	名滿天下	名聞遐邇	百戰百勝	百戰沙場
百鍊成鋼	技冠群倫	青出於藍	青年才俊	青春年少
青春年華	知書達禮	後生可畏	後生晚輩	後起之秀
英明睿智	英姿煥發	英俊威武	英俊挺拔	英雄豪傑
英俊豪邁	英俊瀟灑	英雄人物	英雄少年	英雄氣概
英雄無畏	神采飛揚	勇往直前	勇於任事	勇於承擔
勇於負責	勇武善戰	勇冠三軍	勇者無懼	勇猛威武
勇猛頑強	勇猛強壯	勇猛強悍	勇猛精進	勇敢善戰
風茂年華	威風凜凜	威震天下	飛黃騰達	飛簷走壁
高人一等	高大英挺	高風亮節	高瞻遠矚	容光煥發
追風少年	展翅高飛	剛烈沉着	剛強正直	剛強勇武
剛猛頑強	猛虎出柙	從容不迫	從容有常	超群出眾
淬礪奮發	雄心壯志	雄壯威武	雄霸一方	雄霸天下
揚名立萬	揚眉吐氣	陽光男孩	朝氣蓬勃	揮灑青春
意氣風發	誠懇守信	精明能幹	精明強幹	精神抖擻
精神飽滿	蓋世英雄	獨立自主	獨佔鰲頭	獨具慧眼
獨當一面	獨領風騷	熱血青年	奮發圖強	膽大藝高
一家繁榮 名譽富貴	人人敬慕 大志竟成	才能事業 大事大非	才能智慧 美德慈祥	天地人和 財祿豐滿
天地瑞氣 天賜之福	天賦幸遇 才智兼備	成功發達 能成大事	成功榮達 壽祿豐厚	自助天助 無事不成
吉祥福慶 豐厚名利	利如湧泉 貫徹大志	物莫如新 友莫如故	思想正當 一生不敗	家門繁榮 福祿俱全
財源廣進 興家積蓄	排除萬難 大業大功	排除萬難 必獲成功	規模巨測 穎悟非凡	順風揚帆 智謀遠大
雄威暢達 福壽雙全	智達明敏 諸事如意	意志堅固 不屈不撓	慎重從事 終獲大業	勤儉建業 白手成家
萬物化育 繁榮之象	慈祥有德 溫順高雅	壽祿豐厚 富貴榮華	榮譽達利 一門興隆	樂善不倦 從善如流
德量宏厚 博得名利	獨立權威 聰明超群	學智兼備 成就非凡	奮鬥力強 志氣高亢	鐵石意志 進取旺盛

第三部　婚喜禮儀篇

婚禮者，婚姻往來之禮也。合二姓之好，嚴百世之防，上以承宗祀，下以繼後世，故君子重之。古者，娶妻之禮，以昏為妻，取陽往陰來之義，故曰「婚」。古「婚」字無女字。姻者與「婣」同，婦人因其夫也，女因媒而親，父母因女而親，故曰「姻」。《禮．註疏》云：婿曰「婚」，女曰「姻」。婿於昏時來迎，女則因之而去，故名。班固《白虎通》云：「嫁者，家也（表示女子從此有了家）。鄭玄箋云：「婚姻之道，嫁娶之禮」。娶者，取也（娶表示男方把女子取到自己家裡來），所以嫁娶為婚姻的兩面，對女方而言為嫁，對男方而言為娶，故設嫁娶之禮。所以重人倫繼後嗣也。

結婚乃成家之禮，係人生大事，漳埔人的祖先是晉、唐時期的中原移民，包括婚嫁在內的風俗習慣，基本上仍然沿襲中原文化，但經過千年的傳承演變，又有著一定的地方特色。我國民風保守的年代，受到儒家思想的影響，因為「**男女授受不親**」的限制，婚姻大事全憑父母之命、媒妁之言牽線，因此產生許多經相親後，媒人、親友、賓客與新人有關（含警惕、祝福、安慰）的四句聯或結合了很多與結婚有關的俗諺語。如：媒人之言未盡可靠，稱「**媒人喙，糊累累**」。作媒促成良緣有福報，稱「**做一擺媒人，卡好食三年青菜**」。媒人擇偶條件要視對方社經背景是否相當，稱「**龍交龍，鳳交鳳，隱龜交棟憨**」，否則就會「**娶到好某卡好三個天公祖，娶到歹某一世人艱苦**」。

《周禮．大宗伯》也說：「**以昏、冠之禮，親成男女**」。及中國傳統社會習俗中「**男大當婚，女大當嫁**」的思維及「**嫁雞隨雞**」、「**嫁狗隨狗**」、「**女大不中留**」的宿命論下結婚。「婚姻」不僅是個人生理或精神的需求，其更大的使命是要興旺家族，傳續血脈。所謂人生美好的四大事之一「洞房花燭夜」是件可喜之事。所以長大結了婚，新進了婦女，增添家族人口，分擔了家務，成了家族的大事。因此婚喜在中華民族要被視為重要的禮俗，一向被認為是夫婦之道、人倫之始，祖宗血脈的延續，男婚女嫁是個人的終身大事，也是上承祖先香火、下續子孫瓜瓞的關鍵。

男子結婚稱「小登科禮」，女子結婚稱「及笄禮」。從男女到夫婦，其間需經過一道合法的婚姻禮俗，然後始被大眾認可。古人認為黃昏是吉時，所以會在黃昏行娶妻之禮。因而得其名「昏禮」，而「婚禮」的婚是後來加上去的，而《禮記》注疏說：「婿曰婚，妻曰姻」，婚於昏時來迎，女則因之而去，故名「婚姻」。《禮記昏義》也以為婚禮是「禮之本」，具有

「昏禮者，將合兩姓之好，上以事宗廟，而下以繼後世也，是故君子重之」。又云：「敬慎重而後親之，禮之大體，而所以成男女之別，而立夫婦之義也」，可見昏禮的重要性。古代昏禮，男婚女嫁，都憑媒妁之言。迎親前夕，乾宅行醮子禮，坤宅行醮女禮。所以昏禮又稱「成家之禮」，意即新婦入門為「成婦之禮」，歸寧後則為新郎「成婿之禮」。為報本思源，昏禮男女雙方皆應「祭祖」，以維中華文化道統。

當媒人說項、對看，經雙方同意，進一步就要「**合八字**」，台灣民眾認為「八字」會影響婚姻的幸福與否，所以要看彼此的八字是相符或相沖，於是傳出「**男命無假，女命無真**」俗諺。由於女性八字事關幸福甚鉅，若命中剋夫或帶「**剪刀柄鐵掃帚**」，一定嫁不出去，所以會取假八字給對方，但男方則無須作假。在「送定」送聘禮戴戒指時觀察手相，而有「**斷掌查埔作相公，斷掌查某守空房**」、「**嫁到讀書尪，床頭睏，床頭香**」等，因婚嫁乃人生大事，男女雙方常為了面子、排場，大肆張羅準備厚禮、聘金、嫁妝，造成男女方「**賒豬賒羊，無賒新娘**」，女方則「**嫁查某子，卡慘著賊偷**」的現象。

婚姻是人生大事，每個人要特別慎重處理，畢竟這是人生的重要轉捩點，家人才會舉行盛大的儀式，接受親友的祝福與肯定。婚姻在生命的繁衍上肩負著重要使命，且被賦予了擴展與發展了維繫社會與國家之重任。故婚禮不但是個人的終身大事，也是兩個家庭結合及種族延續的大事。希望以下內容可以使讀者對中國傳統的結婚習俗有更深一層的認識。

第一章　婚禮與婚俗

第一節　概論

婚姻係男女依照社會風俗或法律的規定所建立之夫婦關係，也可以說是一種普遍的社會制度。婚禮便是夫婦關係成立的必要儀式，這是人生過程中重要的生命禮儀之一。婚禮是人生儀禮中的一大禮，歷來都受到個人、家庭和社會的高度重視。人們之所以重視一個重要的功利目的是因要與婚姻聯繫在一起。人類自身要發展，社會要進步，都少不了人類的延續，從這一點來看，婚姻禮儀受到人類、社會的重視，就一點也不奇怪了。

在台灣舊時社會婚姻不僅是個人的人生大事，卻也是家族裡的大喜事，因為娶媳生子是家族添加人手，也表示能興旺氏族香火，世代傳遞。傳統婚俗講究儀節禮數，凡事必須依同姓不婚、門當戶對，正常婚俗，亦即所謂「**明媒正娶**」，合乎六禮的步驟進行，並且十分注重吉利、慎始，以臻圓滿的結合。

註一：遠古的「婚姻」—古代婚姻以掠奪婚為主，因為搶婚都是在黑夜進行，所以婚姻最早稱為「昏因」。所謂婚禮即「昏時成親」的意思。

註二：所謂「明媒正娶」—是經過公開、合法、正式手續，而結合的婚姻。明媒正娶的媒，當然也有至親的人臨時擔任的。但往往指的就是專業媒人，這種從業者多為中老年婦女。

中國古代傳統所稱的「六禮」之俗，即婚喜的禮儀，包括納采、問名、納吉、納徵、請期、親迎等六項禮儀。提議結為親家，男方到女方商議可否結為夫妻，就是納采。如得到女方的同意，將欲娶女的名字透過媒人問回女方的家長姓名，本身的出生日期，即為問名，所謂婚仔單（八寸長、一寸寬之紅紙），上書明女子之八字（出生年月日時），例如：「坤造乙丑年〇月〇日午時生」等，擇吉日交媒人送交男方主婚人。問名之後，歸卜於宗廟，求於祖先，若占卜得吉，則回告女方，此為納吉。納吉以後，即送女方聘禮，即為納徵。決定了結婚日期，至女方家徵求同意，即為請期。結婚之日，新郎承其父命，親往女家迎娶，父在車外迎接，即為親迎。

註：媒人與媒妁之言—媒人顧名思義為媒介之人，在男女兩家互相不明對方狀況時進行溝通，其原則自為樂見其成。媒妁之言，古時受風氣的影響，婚姻全視媒人奔走撮合，當事人大都無法表達其個人意願，而由父母全權處理。而目前男女多自由戀愛，互訂終身，都

不用議婚，台灣俗話說：「揀啊揀，揀到一個賣龍眼」，指女孩選丈夫，選來選去，挑得很仔細，最後卻挑到一個賣龍眼的，比喻婚姻是天所註定的緣份，憑自己怎麼挑，怎麼選，不一定是最好的。另媒人之言不可信，稱「媒人喙，糊累累」。與媒人有關的俗諺還有：「三人共五目，日後無長短跤話」、「媒人保入房，無保一世人」，意味媒人的推卸責任。凡是替人仲介的都喜歡引用，一方面是開玩笑，一方面預先找下台階。

所謂同姓，表示家族血脈相近，從夏、商、周開始就嚴格執行「同姓不婚」的原則，而本省人當然也嚴格遵守這個倫理的原則，在台灣除了「同姓不婚」之外，還有一些其他的忌諱，例如「蕭、葉」、「許、柯」、「周、蘇、連」、「陳、姚、胡」、「徐、余、涂」等，因緣於同一祖先，所以不可通婚。《左傳》云：「男女同姓，其生不蕃」。班固《白虎通》云：「不娶同姓，娶同姓者一國同血脈，遂至無子孫」。《國語》云：「同姓不婚，懼不殖也」、「娶妻避其同姓，畏災亂也」。到了西周時期，社會制度也由母系演變為父系，漸漸確立了以婚姻聯合異姓的宗法制度，其特色即是「異姓通婚」。而現在社會人類的血統關係，經過了數千年來融合及混雜的結果，「姓氏」已不再是同一血緣的標誌了，沒必要也沒有多大的意義了。人們要關心的應該不是同姓不同姓，而是血緣近不近的問題，如堂、表兄妹就不適合結婚。

另民間流傳婚姻中屬虎對屬狗不合；屬蛇對屬蛇不合；屬馬對屬馬不合…等生肖不合，雙方均有顧忌。也有先請算命仙對男女雙方的生辰八字進行卜測，看雙方命相是否相剋。這些當然是迷信言行，時下的青年男女及開明的長輩都已不再相信及計較這些了。

古禮結婚有所謂的六禮，民間傳統婚嫁大禮中的六禮程序是：

1.納采（議婚、提親、說親）。2.問名（討年生、問八字）。3.納吉（小定、過定）。4.納徵（大定、行聘、完聘）。5.請期（送日頭、送日子、乞日）。6.親迎（迎親）。這種古禮到了南宋，六禮併為三禮，依序是納采、納徵、親迎。到清朝又簡化為二禮，只有納徵與親迎。近年來社會結構改變，一切講究「新、速、時、簡」，將婚禮簡化為訂婚、結婚兩個步驟，以合乎現代需要。但婚姻乃正家之始，古往今來，人們都把婚姻締結當做一件大事。準新人對婚禮習俗如能先有認識；婚禮準備事前有周詳的計畫安排，相信必能輕鬆的面對婚禮，順利愉快的完成終身大事。

婚禮部分由於近來都市化及社會變遷，家庭形態轉變，人口減少，年輕人個人主義觀念興起的影響，許多新人不再受限於固定的形式，產生多樣化的各式另類婚禮。然而父母雙方家長親友，及對於傳統的要求及影響仍不容忽視。而婚配為人生重要的過程，往往家庭的織合成功、失敗關鍵也在於此，所以每個人應特別慎重的來處理人生這一項終身大事，畢竟這是人的重大轉捩點，因此都會舉行盛大的儀式，接受親朋好友的祝福與肯定。

洞房花燭，男婚女嫁，無疑是人生值得慶賀的事。台灣早期婚俗傳統上皆憑媒妁（古稱冰人）之言，父母之命的聘禮習俗。而今所稱新式婚姻，則以自由戀愛方式取代過去媒妁之言、父母之命的婚姻方式。而今在婚姻的目地上也轉向愛情，此乃時代潮流所趨，更有舉行公證結婚方式，簡單而隆重，但本篇將會詳述婚嫁完整過程。

註：擇偶考慮因素（台灣俗語）——（古）第一門風；第二祖公。（今）第一身體健康；第二學問普通；第三門戶相當；第四待人春風。意即古人較重視家世與富足；而現代人只要身心健全、學識一般、門當戶對、待人和氣就可以了。

第二節　訂婚（訂盟）的禮俗

訂盟之禮名曰「文定」，今人稱訂婚，亦云「小聘」，昔稱「納吉」及「納徵」。此為男方表達求婚意念後；經雙方家長同意的行為。男女雙方從此準備攜手共組家庭的一個起點，在法律上雖不為形式條件，但傳統之禮俗、儀節還是非常受到重視，就現代社會而言，仍須藉此表示對一樁婚姻的敬慎。因此，此儀式行為要有雙方家長、訂婚人、介紹人（媒人）及親友等，於選定良辰吉日在女方家中舉行，藉以聘禮、祭祖、交換飾物、囍宴宴請親友，來締造訂盟存在的有利條件。其實訂婚細節在訂婚前就由媒人溝通連繫過，傳統訂婚行聘禮品應於訂婚當天雙方準備妥當；無論採用「大聘禮」、「小聘禮」或以「米香」做禮餅，除了用禮餅為行聘的主要禮品外，還採用其他禮品來配合以示隆重。各項物件以偶數為宜。現代訂婚、結婚禮男、女方應備物品詳如**附錄三～一及三～二**。略述如下：

一、男方：

1. 女訂婚人衣服，包括新娘外出穿的衣料一件、金、手飾一套（包括項鍊、手鐲、戒指、耳環等）、皮鞋、襪子、皮包等。亦可折合現金。

2. 聘金：在訂婚的過程中，聘禮是重頭戲。它不僅代表男方報答女方家長的心意，也代表男方的面子；每件聘禮更包含了討吉利，增進圓滿的象徵意義。聘禮通常分為簡單的六件禮與講究的十二件禮，皆置於「木盛」上（又稱木盛盤），以盛為單位送至女方。一般的六件禮為。部分地區有分大聘（為顯示男方面子，一般女方會退回，但也有例外）、小聘（為給女方添購禮物與嫁妝）。大聘通常用以顯示男方的體面；小聘為一般行聘、收聘用。但現今經濟結構改變，也有不收聘金。

3. 禮品：傳統的訂婚禮品行聘於訂婚當天，傳統的台灣禮俗「行聘禮品」，無論採取大聘禮、小聘禮，或以米香（取台灣諺語有吃米香，嫁好「尢」之意）做禮餅，還有禮盒、冬瓜糖（條）、檳榔（早期極為重要，今日則已少用，表全年平安如意）、福眼（即龍眼乾，女方不能收，只能拿兩顆給新娘吃，要她看住新郎，使其婚後不再看其他女孩）、冰糖（糖霜）及其他各式糖果、餅乾等禮品來配合為十二樣，以示隆重。女方要求的禮餅有大餅（即肉餅）、鳳梨、綠豆、白豆沙、豆沙核桃、棗泥禮餅等。禮餅又稱盒仔餅。其實禮盒、禮餅數已事先透過媒人與女方議妥，若地處遙遠亦可折現由女方訂。

4. 金、香、炮、燭各兩份（做為敬神祈福，祈求雙方平安幸福）。將蓮招芋、五穀子、生鐵、炭（象徵子孫繁衍）等包成包。

5. 酒水禮（豬腿一半、酒一瓶、雞一隻作為敬女家祖先），亦可折算現金給付。客家人多加有牲儀、酒水、阿公桌、阿婆菜、肚痛肉、糯米糖（給女方做湯圓用）、祖婆雞及罐頭等，（一般不收聘金，有些以時價折算現金，由女方自辦）。

6. 酒席禮（視女家款待男家所備辦的酒席約值多少錢，而以現款置於禮袋內給付）。出席男方人、車要湊成偶數（含司機）。囍宴雖由女方請客，但「謝宴禮」及古風所謂訂婚六禮（席儀、媒人起碼禮在外）為廚（總舖）禮、端（菜）禮、盥洗禮、攜新娘（引）禮、簪（美容）禮、捧茶（招迎）禮，於今客家仍保有此習俗，都由男方出資。

7. 台灣南部的禮俗多半是等到結婚歸寧後才會宴請女方親友，男方則直接離開，而北部則是習慣訂婚當天由女方訂文定囍宴，在囍宴進行到一半，男方不可吃到最後一道菜，需提前悄悄離開，習俗裡是為了避免「吃到底」，有欺負女方的含意。在離開前須在桌上留下一個紅包，稱為壓桌錢或謝宴禮，以補貼女方酒席費用。

8.媒人禮若干。（比女家稍多）

二、女方：

1.男訂婚人的衣服、襯衫、西裝（料）、休閒服、領帶、鞋子、襪子、皮帶、皮包、袖扣夾、香水、皮手套、手提箱、手錶、太陽眼鏡、刮鬍刀及金飾、戒指（信物）等，約十二樣，亦可折合現金。

2.若不收聘金，應將聘金交由介紹人（媒人）歸還男方。

3.經戴戒指儀式後，將送來之喜餅與金、香、炮、燭等乙份祭拜祖先；收取所需部分，餘偶數（六盒或十二盒）退給男方。

4.於自家住宅或餐廳辦訂婚囍宴（不鳴炮），並視狀況饋贈送親友、來賓及相關人員紅包或喜餅。

5.預備甜茶、水果、甜湯圓及點心。

6.媒人禮若干。

第三節　訂婚儀式

訂婚的禮儀我國古代男女間的婚姻關係，常以婚約的訂定為開始，此即所謂訂婚。現在訂婚在法律上並無保障結婚，不必經過訂婚，故一般就不辦訂婚手續了，但在不少地區還是將訂婚作為結婚的重要程序，不過訂婚的禮儀已日趨簡約，通常是備幾桌酒筵或茶點。訂婚除雙方當事人及法定代理人外，還發送訂婚喜柬或口頭邀請，請雙方介紹人、證明人以及比較知己的親友共同會餐，有的即席交換信物即可。但也有正式的訂婚禮儀。

一、男家告祖祝文（訂盟），男家主婚者黎明陳設酒果以告祖祠內容：

維　中華民國〇〇年歲次〇年〇月〇日干支良辰，今有元孫〇〇敢昭告於〇氏歷代始太高祖考妣之神位前曰〇〇之第〇子〇〇，年已長成，未有伉儷，已議聘〇〇縣〇〇鄉〇村〇號〇〇〇之第〇女〇〇，今日訂盟，（無任欣慰，謹以酒果，用伸虔告）謹告

二、女家訂婚告祖祝文，將男方送來之金、炮、燭、餅、果陳設，敬奉祖祠內容：

維　中華民國〇年歲次〇年〇月〇日干支良辰，今

有元孫○○敢昭告於○氏歷代始太高祖考妣之神位前曰○○之第○女○○，年漸長成，許嫁○○縣○○鄉○○村○號○○○之子。今日訂盟（文定），無任欣慰。謹以酒果（男方送來禮品），用伸虔告。謹告

三、儀式（無法律效用，亦可省略）

雙方親友環繞廳堂四周，坐著觀禮。

1. 訂婚典禮開始—奏樂（不用樂者略）。
2. 來賓親友就位。
3. 主婚人、證明人、介紹人就位。
4. 男女訂婚人就位。
5. 證明人宣讀訂婚證書（可省略）。
6. 訂婚人、證明人、介紹人、主婚人用印（可省略）。
7. 訂婚人交換飾（信）物（男先幫女戴戒指於中指、戴項鍊等，男左女右）。
8. 訂婚人相互行三鞠躬禮。
9. 證明人、介紹人及親友致祝詞（宜簡單莊重）。
10. 主婚人致謝詞（宜簡要）。
11. 訂婚人向證明人、介紹人、主婚人行一鞠躬禮。
12. 訂婚人向來賓及親屬行一鞠躬禮。
13. 禮成—奏樂（不用樂者略）。雙方親友祝福並合影留念。

四、婚戒的意義：埃及人最早使用戒指，在古埃及象形文字中小圓圈表示「永恆」，中國宋朝已有珍珠戒指，意味著「家庭團圓」。在過去男女將戒指當作定情物戴在左手的無名指上，因為那個位置正好有血管直搗心臟，用以比喻用心的真情。又有傳說古希臘人認為心是感情的源頭，而最後會從左手的無名指流出，用戒指將喜歡的人左手的無名指套住，代表希望自己喜歡的人能夠情感專一，只愛他一個人。

五、奉茶：亦稱（呷茶）或受茶，舊時指「女子受聘」之謂。女新人由介紹人或長輩引導，端茶出廳一一個別介紹，敬奉男方親屬，新人收茶杯時，被奉茶者要將紅包放在茶背內，俗稱「壓茶甌」或「唱茶甌」；客家話則稱「扛茶磧茶盤」。

註一：有關奉茶—茶在民間婚俗中歷來是純潔、堅定、多子多福的象徵。明朝許次紓在《茶流考本》中說：「茶不移本，植必生子」。古人結婚以茶為禮，取其「不移志」之意。古人認為茶樹只能以種子萌芽成株，而不能移植，故歷代都將茶作為「至性不移」的象徵。因茶性最潔，可示愛情「冰清玉

潔」、「茶不移本」，可示愛情「堅貞不移」。茶樹多籽，可象徵子孫「綿延繁盛」。茶樹又四季常青，以茶行聘，寓意愛情「堅貞不移」，又寓意愛情「永世常青」。祝福新人「相敬如賓」、「白頭偕老」，故世代流傳民間男女訂婚，要以茶為禮，茶禮成為了男女之間確立婚姻關係的重要形式。「茶」成了男子向女子求婚的聘禮，稱「下茶」、「定茶」。而女方受聘的茶禮，則稱「受茶」。「吃茶」即成為合法婚姻。如女子再受聘他人，會被世人斥為「吃兩家茶」，為世俗所不齒。

六、訂婚的禁忌例如有：訂婚當天，不管天氣有多熱，所有參加訂婚的人，都不可以搧扇子，不然會有拆散的意思。訂婚之文定囍宴完畢後，雙方都不可以說再見，不然會有再婚的意思。

註二：訂婚禮後，訂婚人宜祭拜祖先及拜見尊親。女方需準備十二項送給新郎禮物外，還要準備芋頭、木炭、長命草、五穀種、豆種給男方帶回。

七、訂婚祝語詞：

1. 來、來、來，大家來看新娘。
2. 小姐生水古錐面，好好親戚來鬥陣。
3. 少爺生做煙投，今日訂婚好彩頭。
4. 新娘坐高高，生子會中狀元。
5. 新郎新娘掛手指，大家都歡喜。
6. 新娘笑吱吱，想要坐金墩。
7. 新郎笑哈哈，想要快做阿爸。新娘笑瞇瞇，想要快做媽媽。
8. 擔家（婆婆）給新娘項鍊，圓圓圓合家團圓。
9. 新郎給新娘掛項鍊，正正正，入門就得人疼。新郎新娘手牽手，幸福到永久。
10. 咱們大家來慶祝新郎新娘吉日良時訂婚，代代傳給好子孫。

八、訂婚、奉茶儀式簡單流程為：赴女方下聘（男方通常在上午11時前抵女方家）→交換信物→祭祖→奉茶→訂婚宴。

九、訂婚證書格式：（亦可省略）

○○○男生於民國○年○月○日係○○省市 ○○縣人
○○○女生於民國○年○月○日係○○省市 ○○縣人
茲以雙方同意，並經報告家長，謹於民國○○年○月○日在○○訂婚

此 證

訂婚人 ○○○ ○○○ 蓋章
主婚人 ○○○ ○○○ 蓋章
介紹人 ○○○ ○○○ 蓋章

中華民國 年 月 日

第四節　訂婚柬帖與訂婚宴

所謂柬帖就是婚喪喜慶，交際應酬所用的簡短文書。柬帖原來是書信的一種，古時無紙，以竹帛作為書寫工具，將文字刻在竹片上，叫做「柬」，寫在絹帛上則叫「帖」。柬帖的用途很廣，一般通用的大約可分為婚嫁、慶賀、喪葬、普通應酬等四類。坊間常可見到現成格式，只要充分選購所需應用印刷即可。柬帖的內容包括有時間、地點、目的、發帖人姓名等。訂婚柬帖格式如後：

一、訂婚柬帖格式

僅由女方寄發邀請親友，格式為：

> 謹詹於民國○○年○月○日星期○○午○時在○○地為舉行文訂之喜
>
> 恭請　台駕光臨
>
> ○○○鞠躬（或敬邀）

二、囍宴主桌座位安排（圓桌）：

1. 男女訂婚人背對舞台左右正中間。男方（偏右），女方（偏左）。
2. 女方父母（女主婚人）分別坐於女兒旁。
3. 男方父母（男主婚人）分別坐於兒子旁。
4. 介紹人及雙方直系尊親接續分坐兩邊。
5. 面對舞台正中間兩座位（新人正面）無關是否為主位，一般人均可坐。

第二章　結婚

第一節　新式結婚

近年來台灣都採新式結婚形態。凡婚嫁之事，自始至終，只有一天完成，概無六禮，亦無花轎。新郎、新娘及男女方之主婚人，屆時到場，行結婚禮儀式。中設一案，請一有聲（名）望者來作證婚人，左立男家主婚人，右立女家主婚人，案邊左右介紹人，此五人面向外；而新郎左立，新娘右立，皆面向內，男女賓客分列兩旁。惟應於先幾日，寄發用紅箋印刷精美的請帖，上面書：「**某先生夫人全家福**」。第二面書：「**囍**」，各別通告親友，請親朋戚友當日蒞臨觀禮。

第二節　結婚禁忌

結婚的儀式以目前來說，我們已經很難見到舊式結婚儀式，如果有也僅在大陸地區的一些窮鄉僻壤或特別傳統的家庭裡才可看見。但有些必要的階段、過程與風貌，尚有部分禁忌被保留著。

結婚過程中有不少傳統禁忌，如台灣習俗裡因為「**五月誤差**」這個忌諱，所以如果在五月結婚，會使兩家不睦或婚事失約。「**六月不會出尾**」，六月成婚，感情不會甜蜜圓滿，又稱「**六月娶半無某**」。「**七月娶鬼某**」，相傳在這個月結婚，會因為鬼氣太重而無法長久。「**九月狗頭重，死某亦死尪**」，本省最忌諱「九」，而且九亦音同於「狗」，所以在九月結婚也不吉祥。雖然時代在改變，年輕的一代已慢慢的感覺不是那麼重要了，您是否在意結婚禁忌，其實可說是見人見智，每一個地區、方式又各有不同，可依實際主人家喜好決定，大家不妨參考看看，不用過份迷信。茲將結婚有些禁忌再略述如后：

1.忌於鬼月完婚，即農曆七月。

2.忌於農曆六月完婚，有半月妻的意思。（習俗上，六月是整年的一半，所以六月新娘等於半個新娘，以長輩們的觀念來說是不好的新娘；另一說，有前沒後，夫婦容易離異）

3.新娘子結婚當天所穿的衣服、禮服忌有口袋，以免帶走娘家財運；衣服也忌用兩塊布接縫，以免會重婚。

4.在迎娶途中，如遇另一隊迎娶車隊叫「喜沖喜」，會抵消彼此的福份，所以必需互放鞭炮，或由雙方媒人交換花朵（簪花），以化解之。

5.忌小孩在旁觀看，因為怕小孩哭而沖淡喜氣，因為在禮堂哭會不吉利。也忌寡婦及服喪的人在場，怕觸霉頭帶來不祥的霉氣。

6.禮堂忌用鮮花，因為鮮花容易凋謝。只有蓮招花及石榴花不忌。（蓮招花：紅色花瓣開自葉心，其狀可喻閨女出嫁，以誠待夫，石榴花：意多子多孫）

7.新娘進男家門時，忌腳踏門檻，應要跨過去。

8.婚嫁之日，忌肖虎之人觀禮，因為虎帶凶煞會傷人，為免因此導致夫婦不和睦、不孕或招致不祥。

9.新娘子小心，不要踏到新郎鞋，會有羞夫之意。

10.洞房花燭之夜，新娘不得進廚房取水，要有女童代她取水，新娘要以紅包致謝意

11.新婚四個月內，忌在外過夜（所以歸寧宴畢，新郎新娘速即相偕齊返男家）。及忌參加任何的婚喪喜慶，以免相犯沖。

12.結婚當天新娘出門時，不能相送，姑嫂均要回避，不能相送，因為「姑」跟「孤」同音，而「嫂」跟掃帚星的「掃」同音，都不吉利。

第三節 請期禮俗

請期即為送日課之意，又稱送日頭，亦稱報日（俗稱乞日），即為男方選定良辰吉日要迎娶的日子。決定結婚之日託介紹人（媒人）以書面正式通知女方行為（亦有用口頭直接表示）。

通常在婚前半個月或一個月前提出即可，早提出俾便於女方有所準備，紅包內裝書面資料記要概為：「謹詹於農曆○月○日開剪，○月○日開容，○月○日進房大吉…等」。男方送日課表順道送上日頭餅與米糖，亦可以紅包代替，「金、香、炮、燭」與「蓮招芋、五穀子、生鐵、炭」包在一起，由媒人送到女方家。客家習俗，媒人帶日課表覆驗時，要帶紅包一，禮品（檳榔、冬瓜糖、茶葉、燭、炮等）及豬腿（一頭豬的一半），俗稱媒人菜。離去時女方回贈媒人二件禮物（衣料用品）。事成男女雙方都要包紅包謝媒人。

第四節 新房

婚前男方要布置一間新房，俗稱洞房。若新人以後工作在外，老家也要布置一間新房供返鄉團聚居住。新人房的布置，除了根據新人的特質與品味裝潢外，房間

的傢俱、寢具及各種擺飾的安放通常會根據「風水及風俗」之說來決定。其目的在於讓夫妻相處和睦，家運順遂，所以在設計及裝潢方面不得不用心留意。但是否在意這些新房布置禁忌，其實也可說是見人見智，每個地區方式各有不同，可依據主人家的喜好來決定。

新房最重要的是安床。安新床很重要，人有三分之一時間要睡覺休息，而且享受樂趣與傳宗接代的場所，所以要謹慎安排與規劃，不可草草了事，安床時要把床放正位，不要與桌子、衣櫃或任何物件的尖角相對。結婚前一日或另擇良辰吉祥日邀請一位福祿雙全的長輩舉行安床，安床日起，新婚夜前，準新郎忌一個人獨睡新床，每晚新郎要與一位生肖屬龍或蛇的男孩同眠，最好在床上翻滾至結婚前夕，媒人在旁念吉祥語：「**翻落舖，生查舖，翻過來，生秀才，翻過去，生進士**」，俗稱翻舖（台語音）。若未請到適合的人來翻舖，則新郎自己脫鞋在床上走跳一圈象徵一下也可以，據說可以早生貴子；本省人也有句俗話：「**睏空舖，不死尪，亦死某**」，所以在新婚的前一夜，新床必須要有人睡才可以。並且點燈一夜，象徵婚姻光明利祿一輩子。

新房內及布置亦有一定的禁忌，以下為現今婚嫁新房內的禁忌供作參考，信不信仍是見人見智：

1. 新房的傢俱、寢具等均需全新，結婚前，應擇吉日安床，婚後一個月內新房不可無人。
2. 如有遠行，可在床上置兩套夫婦的衣服，避「空房」的壞兆頭。
3. 新婚四個月內，新娘房的鏡子忌照別人，忌借他人使用。因為新娘的喜氣比較重，鏡子照人會讓自己的福份流失，有分心或婚外情等不吉祥事會發生之說法。（嫁妝的衣櫃或梳妝台等有鏡子的地方，均需用紅紙蒙住，滿四個月後才可拆下）。
4. 新房位置不宜在騎樓之上，因為騎樓多人往來，易生亂氣，可能影響夫婦感情。
5. 新床下忌堆放雜物。
6. 新房不宜居神位上方，易招壞事。
7. 新床不宜與牆有隙，應緊靠牆角或實物邊。
8. 新房房門與新床成斜角位置，勿讓房門正對床頭。
9. 床頭「宜靜不宜動」，忌放冷氣機、電風扇等電器用品。
10. 古玩等老舊擺飾，不宜置於新房。
11. 避免在陽台栽種爬籐植物，有感情容易橫生枝節之意。

12. 新房的人不能直接沖床。（沖床頭、沖床尾，會引起夫妻爭吵，或使一方身體產生不適的情形，而且不易懷孕）。
13. 新房的床要避開廁所的門。
14. 床單顏色要喜氣，不要選灰黑色或深藍色。（有產生不孕或生病現象之說）。
15. 新房門不要面對公婆門，更不能直見床鋪，可用珠屏或屏風遮檔。（有導致婆媳不睦之說）。
16. 新房床頂天花板，忌燈直射床，或尖形燈壓床，易產生流產、眼疾及頭痛。
17. 新婚臥房最好慎防鄰屋尖角直沖，可用窗簾或綠色盆栽阻擋以沖煞。
18. 新婚當天任何別人都不可坐在新床上，直到晚上就寢；新娘當天更不可碰到床邊。
19. 結婚當天新娘未到就寢前不能躺在新床上，否則會有一年到頭都病倒在床上的可能。

第五節 完聘

完聘意為迎娶當日或前一日，備禮品由媒人陪同送到女方家供祭祖。物品有哺儀（答謝父母恩）、轎儀（新娘上轎禮）及禮品等。客家習俗仍保有燃儀、書儀、祀儀、袂儀、阿婆菜、廚儀等六儀，現前二儀有以紅包取代。

禮物大致有：

一、「香、金、炮、燭」各兩份及「蓮招芋、五穀子、生鐵、炭」包在於一起。

二、豬、羊、雞、鴨、麵線、皮蛋、魷魚、罐頭、酒、禮餅、喜糖、冬瓜糖（條）、檳榔、冰糖（糖霜）等。

三、客家人另送阿婆菜（雞、豬肉、魷魚）給女方內外祖母，海陸籍客家人則另送酒壺、雞給女方舅父或外婆家長輩，收禮後回贈紅包給新娘，將盛酒原瓶換入淘米水，表「不空瓶」退回。

四、賞參與人員及司機紅包。車輛派遣視禮品、嫁奩多寡而定。記得男方送禮品，與至女方載嫁奩車輛出發及到達時都要鳴炮。

註：喜糖的由來—喜糖顧名思義就是辦喜事時所用的糖。中國人素來將金榜題名時，洞房花燭夜，久旱逢甘霖，他鄉遇故知，列為大喜事。其中更以洞房花燭夜為大喜，也只有在這一大喜中，我們會用糖來告知他人與同事，因糖是甜的，象徵著結婚小倆口是甜蜜

的，所以說喜糖的作用，就是向別人告知我們已成家這個喜訊的同時，也邀請別人分享我們的甜蜜。

第六節　嫁奩之歷史背景意義

嫁奩（ㄌㄧㄢˊ）即嫁妝，是女子出嫁時，女子或娘家的人在婚禮上，給女子從娘家帶到丈夫家去的錢財、衣被、傢俱及其他用品，也作嫁妝、嫁資、奩具。其和新娘的婆家給的聘禮相對，是由新娘的娘家給予男方的回禮，因此聘禮和嫁妝理論上應該同時存在，並在數量上相平衡。嫁妝是古老習俗，其存在時間大大早於可考記錄。

最初，嫁妝的目的是娘家為了新成立的家庭更容易發展而提供諸如種子錢之類的資助金，用於幫助男方更好養活和保護自己的家庭，更長遠的目的是，如果男方不幸去世，可以為女方和後代留下部分財產以度日。因此男方對他妻子帶來的嫁妝有一定的使用權利。此外女方也可以在嫁妝以外多帶一些錢財做為自己的私房錢，甚至在最早《漢摩拉比法典》可考的記錄中，嫁妝已經被描述為早已存在的習俗，這個習俗的規則包括妻子在其丈夫死後可以獲得原嫁妝的一部分做為她的遺產，這筆遺產只能夠被她己出的後代繼承，而其夫和其它女性所生的孩子則無權繼承，以及娘家在女子出嫁時已提供了嫁妝，則該女子在之後無權要求再分父母遺產。如果妻子去世是膝下無子，其夫必須歸還嫁妝，同時也可以收回部分聘禮。

嫁妝的另外一個重要的作用是防止嫁入的女子免受男方家庭的輕視和差別待遇，可以被認為嫁妝是用來鼓勵丈夫善待其妻。另漢朝時有以春宮畫給新娘做嫁妝，新婚之夜掛於帳中，新婚夫妻按圖索驥，以指導其婚後的性生活，被稱為「女兒圖」、「枕邊書」或「嫁妝畫」。張衡在《子夜歌》中曾有這樣的描寫：「陳圖列枕帳，素女為我師」。

宋朝嫁妝風氣濃厚，《宋刑統》規定：「姑姊妹在室者，減男聘財之半」，即比照男子聘財一半的額度作為嫁資。范仲淹創辦義莊，制訂出三十貫錢（舊時錢一千叫一貫）為嫁女兒時使用，兒子娶婦則為廿貫錢。司馬光說：「今世俗之貪卑者，將娶婦先問資裝之厚薄，將嫁女先問聘財之多少」，蔡襄任福州（福建）州官時，曾表示「娶婦何，謂欲以傳嗣，豈為財也」。嫁粧送到新郎家時，「己而校奩橐，朝索其一，暮索其二。夫虐其妻，求之不已。若不滿意，至有割男女之愛，輒相背棄。習俗日久，不以為怖」。

清朝的嫁妝風氣不減，據道光《安平縣誌》稱：「貧者減他物，而床帳必具」，同治《洪洞縣誌》的記載：「近俗竟有假妝奩為餌，以爭財禮者。既有用銅錫充數，以騙親者；更有以好看為名，令男家借取首飾、幣帛，及賺物到手，或盡裁減，或竟當（賣）者，致使日後殘恨其婦，詬詈其婿，究以兩姓之好，遂成仇雠」，曾國藩的曾孫女曾寶蓀回憶其母以「平妻」身份嫁曾廣鈞，曾寶蓀祖母郭太夫人要新娘「交出所有聘禮」。

民國初年的嫁妝風氣仍盛，據民國《鳳山縣誌》載：「女家備辦上述各物，除將男家所給聘金用盡外，上中家每嫁一女，先時須貼用一、二百元，現時約貼數萬元」，民國《鄉寧縣誌》載：「百餘年來，漸重財禮。光緒中，男家行聘，無過五十千者；至光緒末，增至二百千；今則三、四百千不足異矣」，民國《上林縣誌》記載：「咸、同以前，男家送聘金制約二十四千文者謂之中禮，三十二千文者謂之上禮，迨光緒中葉後，有送至小洋六十、八十、百元不等者；女家倍奩所費稱是，或且倍之，冀爭體面」。

在台灣視嫁妝為一種約定成俗的風俗習慣，在舊社會中的台灣男女兩方都為經過相親而成為夫妻，婚姻都為長輩所主導，一旦禮成，雙方長輩討論時就會提到聘金、嫁妝等相關事宜，而眾多的陪嫁物品將會表列書寫於紅色的紙張或絹綢布料上，稱為粧奩總單或粧奩目錄。粧奩內容可概分為柴料（即木製傢具），如箱、櫥櫃、椅子、鏡台等、布類（如各式衣服、蚊帳、枕頭、棉被等）、金飾（如戒指、頭簪、手鐲、項鍊等）等三大種類。此外還包括現銀、土地與租穀。富有人家嫁女的粧奩，除了日常用品之外，還有隨嫁的女婢、老嫗等服侍新娘的傭人。王禎和小說《嫁妝一牛車》就是講這一類故事，又宣稱「在室女一盒餅，二嫁底老娘一牛車」，通常於送完聘禮品後車輛，返程就可載嫁奩返抵。台灣早期（三、四十年代）物品不外乎衣服、鞋子、櫃子、桌子、椅子、電器用品、交通工具、化粧用品、飾品等物（為討吉利，每物件都要貼上紅紙條或紅囍字）。但因近年來社會的開放，男女因自由戀愛而結婚的比例已漸提高，現聘金與嫁妝的風俗也已慢慢淡薄。只是會按照古禮「象徵性」的給予聘金以及嫁妝。現今都以折合現金或存款為宜，俟日後須要再行添購。

第七節 化妝、禮服與攝影

一、女子出嫁開臉源於紅樓夢挽臉（挽面）。亦即用紗線將臉上細毛挽除，象徵以後不再是個小姑獨處的黃毛鴨頭，之後在出房（嫁）前最好不要再見閒雜人。現代則全交由化粧師來處理，再找來一好命婦插春仔花，口唸：「**雙春插入去，新娘嫁過去，添丁大富貴**」。插第二朵口頌：「**雙春插雙對新娘嫁出去，雙雙對對萬年富貴**」，春仔花扶正說：「**雙春插得正，新娘嫁過去，才會得人疼**」等吉祥語。

二、新娘紅、白禮服—在《身披白色婚紗》一書中，把婚禮習俗的由來追溯古羅馬時代。美國人的婚禮形式主要成型於十九世紀中期。書上卡羅爾‧華萊士說：婚禮大致構成實際上就是宗教儀式加上之後的來賓聚會。我們所沿襲的標準傳統，是美國富裕的上層社會在西元一八五〇年前後開始興起的婚禮習俗，然後漸漸地走入尋常百姓家。早期美國新娘通常是穿她們最漂亮的禮服結婚，這個禮服顏色式樣可謂五花八門，有方格圖案或者黑色的。紅禮服（象徵喜氣洋洋）應在新娘囍宴、敬酒時穿着。白禮服（象徵純潔高尚）應在新娘辭祖、迎娶、拜堂、舉行結婚儀式時穿着。

十九世紀末，新娘們都開始穿白色婚紗結婚。卡羅爾‧華萊士說，傳統上白色代表著聖潔和純真，但英國維多利亞女王當年穿白色婚紗結婚也就成為人們紛紛仿傚穿白婚紗的對象，另一重要原因為她的形象廣為傳播。人們看她穿白色婚紗，因此群起仿傚。隨著媒體影響力的增長，上層社會的婚紗禮服，以及新娘身穿白色婚紗圖片傳播得越來越廣，結果人人都開始穿白色婚紗。

三、鮮花—迎娶男方應備喜花一束，新郎與新娘花各一朵及男、女方迎娶親友胸花均要佩帶（男左女右）。另婚禮上雙方主婚人、介紹人、證婚人、司儀、儐相、貴賓、招待、會計等，都要佩喜花（紅色）及名條別於胸前。

第八節 餞別與姊妹桌

新娘婚前數日餞別，由至親（伯、叔、舅、姑、姨及姊夫等）款待，謂餞別。這個習俗因人而異，新娘在結婚出嫁前，要與父母、兄弟姊妹共席，表示離別，新娘需面帶愁容，大家都要說吉祥話，謂呷姊妹桌，（都在新娘辭祖前匆忙行之，現已流於形式）。做法有：

一、桌上一般有魚、飯、雞翅、肉等六～十二道菜。

二、其方式為：湊成人數入座，新娘腳墊椅子（象徵婚後幸福美滿），長輩用筷子夾數樣菜給新娘吃，並說些吉祥話，參加者每人都給新娘紅包就算完成。

三、擇一年長或福氣者予以祝福，吉祥話有：

1.新娘官仔高椅坐，低椅靠腳，大兄小弟快做阿爸。

2.燒酒飲乎乾，新郎快做阿爸。

3.吃雞，才會起家。吃魷魚，才會好育飼（好養之意）。

4.吃魚丸，全家團圓。

5.吃香菇，頭胎生查埔（男孩）。

6.五穀吃乎春，賺錢年年春。

又可內容為：吃魚尾叉，較快做大家（婆婆）。吃白飯，才會孝順。吃雞栥（翅膀上段），好賺吃（易謀生）。吃豆，給妳活到老老老。吃鹿，全壽福祿。吃豬，子孫走大道。吃菜，夫妻恩愛，子孫昌盛七子婿。吃肉丸，萬萬圓。吃福圓，生子生孫中狀元。吃甜豆，夫妻吃到老老老。吃紅柿，好尾結。吃芋，新郎好頭路，新婦快大肚。吃紅棗，年年好。吃冬瓜，大發花。這都可列為吉祥話。

第九節　迎娶禮序

近代親迎規矩有很多，在台灣（尤其是中南部）特有的環境下經過幾百年的演變，已孕育出自己的特色。就是在婚禮進行前，會透過對於「拜天公」之禮敬神明的宗教信仰活動，來表現出對婚禮敬慎鄭重的虔誠之心，即十分具有它的特色。也就是在迎娶當日凌晨請來道士祭祀天公，俗稱拜天公。習俗主源於早期台灣衛生條件差，生兒育女至長大成人都有風險存在，父母親也藉此隆重儀式表示對子女的階段性任務已經完成了。有關古禮之迎娶程序如下：

是日新郎沐浴盛服，父率告祖先，四拜，讀祝文，父母分左右立，子向上跪，父舉酒杯向外一揖，三灌於地，執空杯再一揖，翻身向內，易杯斟酒，醮子，子揖，接酒在手，子揖，父同揖，子跪，父命曰：「往迎爾相，承我宗祀，勉率以敬，若則有常」，子受酒答曰：「諾，惟恐不堪，豈敢有違」，飲畢，四拜，起，父取篩蓋其首，乘輿親迎。

婿至門，女家接燈，梳頭，先繫訶子，後戴髻盛服，父母率告祖先，四拜，讀祝文，父舉酒禮與男子同，父命之曰：「謹慎小心，早晚聽舅姑丈夫言語」，母命曰：「必敬必戒，無違夫子」，女跪飲，曰：

「諾」，興，四拜，父以紫帕蒙其首，取篩蓋之，出，紫姑母引女登車。

雁禮：婿出簷，主人出迎，三揖至堂，請婿過東作揖，侍者執雁一對授婿，婿置於地，俯伏，興，二拜，平身，婿曰「某受命於父，茲以嘉禮敬聽成命」，主人答曰「某願從命」，婿又行二拜禮，請婿坐席，待女出廳，婿揖，新人行，女降西階，主人不送，婿出，女從婿拱手舉簾，遂各登輿，男先女後，至家，婿出立門外，拱揖出輿，升堂交拜，而後歸房。今人之迎娶禮序大概有以下細節：

一、出發及出發前祭祖：

1. 迎親禮車行列途中，坐前座者負責帶路及沿途燃放鞭炮以示慶賀，前導車於接近女方家門附近，即應燃炮告知即將抵達消息，待女方燃炮表示歡迎後緩駛進入。
2. 新郎於檢視物品、車輛、人員無誤後進房著裝，並將胸花及名條別於左右胸前。
3. 接嫁人員將喜花（紅色）及名條別於胸前（男左女右）。男方主婚人或長輩陪同新郎燃香祭祖，告知即將出門迎親，並保佑平安順利。

二、拜別：

新人並立（男右女左），由新娘母舅點香燭拜祖，新娘應叩拜父母道別，並由父親蓋上頭紗，而新郎僅鞠躬行禮即可。

三、迎娶男、女方應備辦的禮品：

1. 男方—酒水、排香、祖紙、蠟燭（為敬女家祖宗用）。豬腿（一頭豬的一半），亦可折合現金。冬瓜糖（條）、茶葉、紅蛋。
2. 女方—紅扇與紅包。陪嫁人員（新娘的兄弟、親友隨新娘到男家作客）。伴娘人數為二或六名的雙數。

註：迎娶十二禮有①招待②盥洗③廚房④托盤⑤開容⑥開剪⑦尚頭⑧引新娘⑨祀神⑩祀祖⑪點燭（叔伯）⑫點燭（母舅）。（另送酒水、阿婆菜、肚痛肉、祭祖五牲）

四、出門：新娘應由福高德劭的好命婆（長輩）扶出廳堂，並持八卦米篩或黑傘護著先上禮車，新郎再由另一車門上車（男左女右），新娘若有身孕則改遮黑傘，以免流產，因為新娘在結婚當天的地位比誰都大，但不可與天爭大。

五、禮車出發：

1.出發前新郎應召集各車司機，詳細告知時間、流程、行經路線、集結地、連絡電話，告知儘可能不超車、不插隊，以保持車隊完整。

2.迎親車隊與接嫁人員連同新郎皆取偶數（含司機駕駛六、十、十二人），亦即連同新郎及接嫁人員的總數應為十或十二人的雙數，人數齊全後，新郎分發紅包給接嫁人員後出發。陪嫁（伴娘）二或六名的雙數。每人佩一朵胸花（男左女右）。

3.出發前整編車隊，可事先繪路線圖分送各司機或準備無線電對講機便於連絡，第一部車為前導車，新娘禮車通常在第二部，媒人坐前座；新郎及花童坐後座。新郎應持捧花上車，準備就緒後擇吉時，新郎、媒人及接嫁人員攜帶禮品乘坐禮車，前導車於家門前燃放鞭炮後車隊依序出發，同往女家迎娶（有人甚至由奇門遁甲的三吉方向出發）。

4.依古禮前導車應於行列途中之路口、橋樑，或遇上其他迎娶車隊燃炮以驅凶避邪，今配合環保可以省略。娶回途中一路燃放鞭炮，所謂開路炮，以示隆重慶賀。有些地方習俗出發與回程，會走不同方向或不同路線，亦即不願走回頭路。

5.禮車至女方家時，會有一男童持茶盤等候新郎，新郎下車後，應賞男孩紅包答禮，再進入女方家。此時新娘之閨中密友要攔住新郎，不准其見到新娘，女方可提出條件要新郎答應，通過後才得進入。

6.抵女家門前女家的人先向男家挑禮品者接下禮品，並給紅包。男家來客於客廳坐定後，隨即敬女家祖宗，媒人將由男家帶來禮品悉數交予女家，女家則以點心湯圓及雞蛋茶招待男家來客（湯圓不可吃完，只可將茶喝完）。新娘上禮車後，行潑水之禮，禮車後綁蓋竹篩、拖竹簑（禮車上連根帶葉的青竹或甘蔗，意為初嫁，不是再嫁，夫妻全家人都有福氣、健康的吉兆）。

7.禮車起行時應燃放鞭炮，兄弟姐妹及陪嫁人員則護送同行。禮車抵達男家時；新娘由一小男童手捧柑桔果盤邀請下車，再擇一具備全家福（福、壽、丁俱全）的婦人扶持，進入廳堂拜祖宗，然後送入洞房。上述各項會在以下迎娶細節再詳述說明。

六、迎娶新娘細節如下：

1.古禮迎娶時很多禮俗與「桃花女鬥周公」故事有關。如在迎娶新娘車頂青竹連根帶葉，意表「有頭有尾」，竹端繫一片豬肉（以防白虎神）、甘蔗代表婚姻「幸福甜蜜」之意及紅包一個。車後檔風玻璃上要放置有朱墨畫的八卦竹篩，象徵昌榮順利。至男方迎娶人員將竹篩放在新床上，青竹及甘蔗取下，懸於大門框上，掛於青竹上的豬肉交給男方處理，紅包由卸下的取走。

註一：青竹掃連根帶葉代表「透竹青」，表示翁姑夫婦子孫多有福氣健在的吉兆。青竹有節，表示新娘有「節」。亦可表新娘為「初嫁」。

註二：甘蔗兩根，連根帶葉的甘蔗表示「有頭有尾」、「生生不息」之意（歸寧回禮，現為結婚日帶回）。

2.喜車二、六部（視女方陪嫁人數而定），每部車均坐偶數人。每車檔風玻璃貼紅囍字，以防避邪。現今社會變遷大都已取消，演變重點在喜車取偶數台，新娘禮車前懸掛有現成討喜綵盤，外加兩條大紅帶及車彩。各車門把繫上塑膠綵帶，以資識別。

3.為配合進房的良辰吉時，若新娘家路途遙遠，可選擇在就近的旅館來進行迎娶。

4.抵達新娘家門，女方也要立即鳴炮表示歡迎，指定一位男親友為新郎開門請下車進門，新郎要給紅包（亦有些地方習俗新郎是自理的），新郎將「喜花（一束鮮花）」放神案上。陪娶來賓由家屬引導至廳堂奉茶。

5.新娘用過姊妹桌後，由媒人及長輩扶持出廳堂。族長、父母或母舅點燭、點香，新郎與新娘（男左女右）併立祖先牌位前，在長輩祝福下辭祖（每人要六炷香行上香禮），離開時不可說再見。古時新娘離家前總忍不住哭泣，傳統稱新娘哭得越傷心越好，有哭發哭發，表嫁後會越幸福；不哭就不發的意思。但由於顧及臉上的美妝，長輩則會事先告誡新娘必須強忍淚水，省卻補妝的困擾，現代人都已不會哭了。

6.女方主婚人手持一碗清水潑出，意為覆水難收；嫁出去的女兒不要再回來了；或生子卡也水之意，婚後不再離婚或改嫁。另可由父母或兄弟用嘴含酒噴向車後，或用臉盆（碗）裝清水（或白米）撒在車後，代表女兒已是潑出去的水，以後的一切再也不予過問，新娘不要有回頭（或後悔）的念頭，或有被休要回家。並祝女兒事事有成、有吃有穿，婚姻美滿。

註：覆水難收—是語言符號的表達，也傳達了文化制度的象徵意義。

7. 敬扇是新娘上禮車之前，由女方家一名小男孩，將置於圓茶盤上的扇子交給新娘，新娘則回贈紅包答禮稱之。新郎將喜花雙手親送新娘，並相互行三鞠躬禮，向父母辭行並接受祝福。新郎牽新娘上禮車，再從另一車門上車（男左女右）；禮車啟動後女方要鳴炮（示吉避邪）。

8. 車出發緩駛時，新娘從車窗外丟出繫紅包的摺扇（扇尾繫一紅包及手帕）給弟妹撿拾，俗稱放性地（放下性子），意謂去舊（姓）存新（姓），亦表留（善）給娘家弟妹；扇子又以紅紙圈封，又有感情不散。另一種說法是意味著新娘不將壞性子帶到婆家去，扇子由新娘的兄弟拾回，擲扇後必須哭幾聲，新娘同時也不可回頭看。

9. 禮車抵男方家門，即鳴長炮歡迎，新郎先下車，新娘由禮車走出時；事先指定一小男孩端盤（見面禮有橘子、糖果等以示吉祥甜蜜）引新娘出轎（車），再由男方一位有福氣之長輩手拿八卦米篩或羅盤；如果懷孕要用黑傘撐（相傳會煞到胎兒，因此才用雨傘遮）頂於新娘頭上，並扶新娘進大廳，進門時媒人或好命婦先進，邊撒鉛粉邊念：「**人未到，緣先到，入大廳，得人緣**」或「**緣粉澎澎湧，錢銀滿厝間**」。

10. 茶盤上放兩柑橘（用紅紙圈起），恭請新娘下車，俗稱拜轎，新娘要給紅包（稱開門禮）。新娘撫摸蜜柑，並將蜜柑位置對調，然後放一個紅包在柑桔下，表示婚後甜如蜜的涵意，這兩個橘子要放到晚上由新娘親自剝皮，意謂招來「長壽」。

11. 迎回後新人要合祭祖先。拜堂結束後，新郎雙手將新娘頭紗往上掀開，新郎新娘相互交拜一鞠躬。若未行奉茶禮則新郎新娘直接進入洞房。男方主婚人端坐於廳堂前，新郎新娘併立面向男方主婚人一鞠躬，新娘雙手捧茶杯一一向男方主婚人敬茶並稱呼，男方主婚人喝完茶後，各給新郎新娘紅包（古代新娘出轎後，便直接進洞房，三天後才出廳拜祖先）。

註一：伴郎與伴娘的起緣—其實大部分人都不清楚為什麼會有伴郎與伴娘。有此習俗原來是由古羅馬傳統發展出來的。據說古羅馬可以辦大型婚禮的通常都是高貴人家，為了防止壞人有機可乘，對新人不利，這些家庭會請一班殺手或保鏢裝扮成與新郎新娘一樣，混淆視聽，令匪徒無機下手。

註二：當女孩再嫁（再婚）只能用黑傘遮頭。若是黃花大閨女出嫁，一定要用八卦米篩遮頭，所以用傘和用米篩，也是有很大區別的。

七、結婚特殊禮俗：

1.帶水土─由女方家帶一瓶開水（倒入男方家之熱水瓶中）。及由女方帶一些土（倒入盆景中），如此新娘子比較不會水土不服。

2.踢金盆─新娘子上花轎前，自己先踢一下夜壺，如此比較不會內急。

3.準備兩把扇子─一把丟出車外（意味將壞習慣丟棄），另一把帶在身上（意味將好習慣保留）。

4.媒婆走在新郎、新娘的前面，新娘子入門時念道：「**人到緣就到，緣到眾人疼透透**」。

5.金盆比新娘子早入洞房，媒婆唸道：「**金盆緊拿入房，生子卡也中狀元**」。

6.結緣─將二或六個緣錢，放在新娘房之門楣上，男女雙方互相交換放置。

7.新郎新娘進洞房時，媒婆唸道：「**新郎新娘進洞房，夜夜相對，萬年富貴**」。

8.永結同心：新郎新娘在洞房內坐同條褲子，媒婆用紅絲線將兩把椅子的腳綁在一起。

9.掀頭紗：由最有福分的長者，將新娘子的頭紗掀開念道：「**頭紗掀開開，金銀一大堆**」。

第十節 拜堂及進洞房

入門後拜堂，拜堂又稱「拜天地」，習俗上由族長或母舅主持；口念新娘拜祖、拜堂四句聯（內容詳如**附錄三~七**），向列祖列宗祭拜（每人要六炷香，男左女右），再向父母行拜見禮，最後夫妻相拜進房。跨進大廳門檻不可踩到門檻，因為門檻代表一家的門面，踏門檻是一件大不敬的事。大廳門檻前置火盆（烘爐、內燃木炭），要跨一燒炭火爐及瓦片。其意為跨火爐，置生炭表示會生，且能去除不祥。

這種習俗據說是取其「生湠」之意，因為台語音「生炭」與生殖、繁衍之意的「生湠」同音。因此新娘入門前過火爐的象徵意義，主要是表示新娘嫁過門，能夠為男方生兒繁衍子嗣的意思。還有一種比較粗俗的說法是所謂新婚夫婦，正是新烘爐新茶壺，因此要入門前跨「火爐」，好讓火暖一下女生下體，亦可說是洞房花燭之夜前奏序曲的暖身性暗示。

踩破瓦喻「**過去時光如瓦之碎**」，俗稱過火與破煞，亦表瓦破人不破等意義，此習俗乃是怕新娘身上帶有不好的穢氣，進男方家裡，借用過火的儀式，幫新娘做淨化身體的工作。亦有加放檀香、茉草黃（親香儀），進門須過親香盤，以避邪。

新郎新娘各持紅綢之一端，由新郎牽紅送入洞房，房內先預擺併排置放兩張椅子，上鋪一件新郎的黑長褲，褲子下放銅板或紙幣，新郎新娘入洞房後並肩而坐，象徵夫妻倆同坐「財庫」，有財有庫，財源廣進，亦表夫妻一體同穿一條褲，兩人同甘也共苦，婚後夫妻同心協力，榮辱與共。此時男方請女方陪嫁人員吃湯圓；伴娘進入新娘房，新郎分發紅包給伴娘。伴娘及陪嫁人員可進新房與新人合照，休息片刻後可安排家族合照及全體合影留念。若有閒暇亦可安排至戶外拍外景。送嫁人回家時要各送一份送嫁禮。新娘兄弟其中一人有探房，古亦稱餪（ㄋㄨㄢˇ）女任務，要提新娘燈（舅子燈）兩盞進洞房，置於床上，並唸：「**舅子進燈，新人出丁**」，俗稱「**舅子進燈**」，要給新舅子這份紅包最厚，到此禮即成了。

註一：探房古亦稱餪女，何也？—宋王景文公納子婦，婦家三日饋食物餪女。後人效之，是以有探房之禮。

註二：迎娶流程：赴女方家↓新娘吃姊妹桌↓新人辭別女方祖先↓辭拜女方父母↓上禮車、下禮車↓進廳（過火）↓拜祖、拜高堂、交拜↓進洞房↓進燈。

註三：新娘入洞房，紅巾蒙頭的習俗—

古代婚禮新娘有用紅巾蒙頭送入洞房的習俗。據說姜子牙奉元始天尊之命大封諸神時，封紂王為「喜神」，專管人間婚姻嫁娶之事。而民間懼怕紂王生前淫威，娶新娘時又不能沒有喜神，就想到一個破解的方法，即以紅巾將新娘頭蒙上，使喜神看不到新娘，加以喜神懼怕紅色，蓋因武王伐紂時全軍平馬打著紅旗攻進殷都，打敗了紂王，紂王腦袋被懸竿示眾，頂端立一大紅旗。紂王生前受過紅旗軍鞭打，又死於武王紅旗軍之手，頭又被掛於紅旗竿上，人們認為「紅布」可以克制喜神，作為喜神的紂王見到新娘蒙上紅巾，自然會懼怕而逃，不敢近前，就可把新娘平平安安的娶回家，送入洞房。古代新娘除紅巾蒙頭外，上轎前還要燃燒柏葉及芸香，繞轎三回，蓋因柏葉、芸香皆為避邪之物，鬼魅聞到香氣，自會逃避。另以米篩護住新娘頭再下轎，因米篩含有天羅地網的意思，如此邪魅就無法入侵了。

第十一節　結婚柬帖

中國大陸及台灣的婚宴通常是「五時恭候，六時入席」或「五時恭候，七時入席」，而香港的婚宴通常是「五時恭候，八時入席」。柬帖最遲十天前就要寄出或送達（可附回函），結婚柬帖格式：

例一：以雙方父母名義發柬

謹詹於民國○年○月○日星期○為 ○○男○○ ○○女○○ 舉行結婚典禮敬備喜筵　恭請

光臨

○○○
○○○　鞠躬

恕邀　席設：○餐廳（地址　電話）
　　　時間：○時入席

例二：以男方父母名義發柬

> 謹詹於民國○年○月○日星期○為長男○○與○○○先生令媛○○小姐舉行結婚典禮敬備喜筵
> 恭請
> 光臨
> ○○○
> ○○○ 鞠躬
> 恕邀
> 席設：自宅地址
> 時間：○午○時觀禮○午○時入席

註一：所謂「喜筵」—古人席地而坐，遇飲食非席即筵。筵（ㄧㄢˊ），竹席也。喜筵為喜慶之事而擺設的筵席。

註二：請柬上不必印「闔（ㄏㄜˊ）第光臨」，宜於信封面上寫○○○先生夫人或○○○先生全福即可。

俗云：「**天頂天公，地下母舅公**」，可見台灣社會母舅地位是很崇高的。所以身為外甥的新郎倌要娶妻完成終身大事時，必須以外甥名義恭邀母舅坐大位；須特別以「十二版帖」的紅紙書寫邀約，格式如后：

1. 邀請函封面

> 大 德望 壼範 施府 來山 秀英 尊母 舅施大人閣下 妗陳夫人粧次

2. 內文

端　肅

謹詹於民國○年○月○日星期○上午○時為愚甥與

張府芳青小姐舉行結婚典禮敬備喜筵筵設：尊爵餐廳　潔觴奉迓　恭請

尊母（舅／妗）大人大駕

伏冀聯袂

光臨祇盼

鴻誨曷勝

榮幸之至

右啟

大（德望／壼範）施府（來山／秀英）尊母（舅施大人閣下／妗陳夫人粧次）

愚甥　葉耀文　頓首拜

第十二節　結婚典禮

一、結婚乃成家之禮，係人生大事，應有公開儀式及二人以上（民法規定）為證，不可不莊重，故新人要著禮服，且結婚證書（一式兩份）上要有雙方姓名、出生年月日、籍貫及結婚時間、地點，證書上新人、證婚人、介紹人、主婚人要蓋章始生效。證書格式為：

葉耀文男出生於民國○年○月○日係○○省○○縣人
張芳菁女出生於民國○年○月○日係○○省○○縣人
茲以雙方同意結婚，並經報告家長謹於民國○年○月○日上午○時在○○結婚
此證

結婚人蓋章
主婚人 葉耀文 張芳青 蓋章
介紹人 ○○○ ○○○ 蓋章
證明人 ○○○ ○○○ 蓋章

中　華　民　國　年　月　日

二、婚禮儀式：（現代人多省略，直接於囍宴上安排介紹儀式即可）

1.奏樂（可省略）。
2.男賓入席。
3.女賓入席。
4.主婚人入席。
5.介紹人入席。
6.證婚人入席。
7.男女儐相引新郎新娘入席。
8.奏樂（可省略）。
9.新郎新娘行結婚禮（東西直向立雙鞠躬）（復位）。
10.新郎新娘交換飾物。
11.證婚人宣讀證書。
12.新郎新娘用印（男先女後）。
13.證婚人用印。
14.介紹人用印。
15.主婚人用印（男先女後）。
16.證婚人致詞。
17.來賓致詞。
18.介紹人致詞。
19.主婚人致謝詞。
20.新郎新娘謝介紹人（鞠躬）介紹人退。
21.新郎新娘謝來賓（鞠躬）男女退。
22.奏樂（可省略）。
23.禮成。

三、證婚人致詞內容參考

入席後出席婚禮主人與主客會致詞；結婚儀式上通常還會有戲弄新人的環節，源自古代鬧洞房風俗。然後新郎新娘會喝合巹（ㄐㄧㄣˇ）（俗稱喝交杯酒，日語：床盃）酒，並向賓客敬酒。各角色證婚致詞內容、問候語及祝福語如后：（主持人、來賓、主婚人、介紹人致詞範例詳如**附錄三~八**）

1.證婚人致詞

講稿一（父母證婚）

各位來賓，女士們、先生們：今天是我女兒○○和女婿○○舉行結婚典禮的喜慶日子，首先，我對各位嘉賓的光臨，表示熱烈的歡迎和真誠的感謝，同時，對兩人的愛情能走向成熟，邁入婚姻表示祝福。婚姻是愛情的昇華，是彼此雙方對生活、生命的一種確認。愛情一旦成熟，必然的等待，就是走進婚姻的殿堂，建立幸福的家庭。此時此刻，我們在這裡聚會，共同見證和祝福這對年輕人的甜蜜愛情和美滿婚姻。婚姻也是一種契約和一種責任，它不僅僅需要溫馨、浪漫，而且更需要謙讓、理解和經營。作為父母看到你們今天的成長、成熟和成功，我們感到由衷的高興，並真誠的希望，你們今後能夠互敬、互愛、互諒、互助，一生一世，一心一意，忠貞不渝地愛護對方，在人生的道路上永遠心心相印，比翼雙飛。最後，我再一次感謝在座的每一位親朋好友們，祝福大家家庭幸福美滿，財源廣進，事業發達！謝謝大家！

講稿二（父母證婚）

親朋好友以及貴賓們：首先祝您們健康快樂，萬事如意！今天，良辰佳節，福星高照，是○○和○○舉行婚典喜慶之日。因為你們的光臨給婚典增加了無限的光彩和歡樂，並帶來了吉祥和圓滿。我們感到萬分的高興和感到熱烈的歡迎。今天，我激情滿懷，我們感知兒子○○和○○喜結良緣，以雙方父母的希望之花，結出的希望之果，我們深情的希望她倆和諧美滿，在此我們一同祝福這對新人幸福美滿，同時也要祝福在座的各位來賓，家庭幸福美滿！謝謝各位！

講稿三（親友證婚）

各位朋友、各位來賓、女士們、先生們大家好：○先生貴子成婚，眾嘉賓登堂祝賀，喜今日新婚初就，望他年五世其昌。兩位新人，情投意合，自由聯婚，結為百年之好；雙方翁親，順承兒女之意，拜為秦晉之誼。我等今日證婚於此，誠望一對新人，在今後歲月裡，攜手並肩，同舟共濟，在家孝敬雙親，在外尊敬師長，友愛同事，大展鯤鵬之志，開創錦繡前程，花好月圓，龍鳳呈祥，恩恩愛愛，天長地久！最後再次的祝他們在嶄新的一年，能以美麗的愛情之花，結出豐碩的甜蜜之果。最後用他們非凡的，聰明的才智，繪出新世紀最新最美的畫卷，謝謝大家！

講稿四（來賓證婚）

各位嘉賓：今天吉日良辰，是○○和○○締結百年之好的日子，在這大喜的日子裡，我祝福新郎新娘新婚愉快，蜜月美好。夫妻互敬互愛，和睦相處，互相照顧，工作努力，學習進步，白頭偕老，美滿幸福！並祝各位嘉賓萬事如意！永遠快樂！

講稿五（內容有點同上則講稿四來賓證婚稿）

各位嘉賓：今天吉日良辰，是○○和○○合婚締結百年歡樂的日子，在這大喜的日子裡，我祝福新郎新娘新婚愉快，蜜月美好。夫妻互敬互愛，和睦相處，白頭偕老，美滿！幸福！並祝各位嘉賓健康！快樂！

講稿六（父母證婚）

各位親朋好友們大家好！今天是○○和○○的大喜日子，在這喜慶的日子裡，首先我代表我和內人感謝大家能夠撥空來參加他們的婚禮。我發自內心的感謝大家，希望他們用智愛與謀勇來營造他們幸福美滿的家庭，用他們智慧的汗水來營造他們美麗的前程，用他們創造的碩果來回報他們在不同時期給他們養育、教育、指導、關愛與幫助的親朋好友，希望幸福和成功永遠伴隨著他們。最後也祝福在座所有賓朋好友們，闔家幸福平安，生活和諧，萬事順利，謝謝大家！

講稿七（家屬長輩證婚）

各位親朋好友們大家好！今天是○○和○○的大喜日子，我代表我的家人（家屬）對各位的到來表示衷心的感謝和歡迎。在此希望倆位新人在今後的生活道路上，互相關心，互相理解，互相幫助，互相珍惜，同時再次感謝在座的各位來賓，親朋好友，能夠在百忙之中抽空來參加他們的婚禮，在這裡我向大家致以深深的謝意，謝謝大家！

講稿八（女方父母證婚）

尊敬的各位長輩，各位親友，大家好！今天是我的愛女○○和女婿○○舉行結婚典禮的大喜日子，首先我代表我和我的家人對各位親朋好友的光臨表示熱烈的歡迎，同時也要特別向為今天的婚禮操辦付出辛勞的婆家父母及親友表示衷心的感謝。結婚對於一對新人來說是人生一個重要的轉折，是走向新生活的開始，在這喜慶的日子，我們作為○○的父母也要向女兒和女婿表示熱烈的祝賀，祝你們永結同心，白頭到老！希望○○和○○結婚以後，要做到相互尊重和理解，勤儉持家，孝敬雙方父母，努力工作，以你們實際行動來回報雙方父母和親友對你們的關懷和愛護。最後，再次感謝各位親友的祝福，希望大家在今天能吃好喝好，共同分享這美好而快樂的時刻！

2.比較重要的介紹人、來賓、主婚人致詞內容請詳參考附錄三～八

3.致詞者常用問候語

①新郎新娘、男女雙方主婚人、各位貴賓、各位親朋好友、大家（晚）午安、大家好！

②各位嘉賓及各位親朋好友大家好！

③尊敬的各位長輩、各位親朋好友大家好！

④親朋好友以及貴賓們，首先祝您們健康、快樂、萬事如意！

4.致詞者常用祝賀語

①敬祝大家身體健康，萬事如意，幸福美滿，心想事成！

②最後祝各位親朋好友吉祥安泰、闔家幸福、財運亨通、年年大發，謝謝大家！

③同時也祝福各位貴賓，各位親朋好友，身體健康、萬事如意、大賺錢、謝謝大家！（台語）多謝、洛力、感恩、多謝！

④祝大家賺錢像賺水同樣！源源不息、樓阿厝買過一間又一間，每天都能夠順順利利賺大錢，感謝大家！

四、囍宴（圓桌）座位安排：（與訂婚囍宴相同相關位置）

1.男女訂婚人背對舞台左右正中間。男方（偏右），女方（偏左）。

2.女方父母（主婚人）分別坐於女兒旁。

3.男方父母（主婚人）分別坐於兒子旁。

4.介紹人及雙方直系尊親接續分坐兩邊。

第十三節 禮堂布置與囍宴

一、在自家辦喜事於門眉懸紅布條、一幅八仙彩，入口設題名處，周邊有婚聯、鮮花，盤內有水果、糖果、瓜子、麻薯等食品。廳堂內有大「囍」字，另可布置「和合二仙」、「財子壽」、「福祿壽」等星圖，牆上掛賓友賀匾與喜幛等飾物。

二、禮堂前可擺放鮮花一對或數對，新郎新娘通過步道宜鋪上地毯，置放花架。

三、囍宴前要擬定宴客桌次（含調查吃素食人數桌）、名單；餐廳場地選擇應把握以下五點：良好口碑及

服務、交通便利、目標顯著、停車容易、合理價位及多元化之菜色等。

四、宴客菜色：中國婚宴，桌上有菜單，每席人數為十至十二人，提供八道主菜（包括乳豬、蝦、帶類或蟹拑、蔬菜瑤柱甫、燕窩或魚翅、鮑魚、石斑、燒雞）、油飯、伊麵、「百年好合」（即附有蓮子百合的紅豆沙）、「美點雙輝」（即兩款中式糕點）和水果。上菜方面，中國大陸婚宴會一次上菜，台灣、香港婚宴，均以每道主菜、飯麵類、「百年好合」、「美點雙輝」連同水果分批上菜。

五、囍宴（筵席）上頗流行中西合壁式的婚禮。大都會選在假日的晚上或中午宴請客人，同時舉行觀禮儀式，在囍宴上新娘可換上新娘禮服（或晚禮服），向各桌敬酒。

六、宴畢，新人需端著盛囍糖之茶盤，雙雙站立於宴席門口處送客，並一一給予答謝。

七、囍宴上介紹儀式如下：（婚典儀式略者，宜於囍宴前安排介紹儀式）

1.介紹儀式開始。
2.奏樂（可省略）。
3.新郎、新娘就位。
4.主婚人就位。
5.介紹人就位。
6.介紹人致介紹詞（力求簡單莊重）。
7.來賓致祝詞（宜簡單）。
8.主婚人致謝詞（宜簡單）。
9.新郎新娘主婚人謝來賓親屬行一鞠躬禮。
10.新郎新娘主婚人向來賓親屬敬酒。
11.新郎新娘謝主婚人各行一鞠躬。
12.奏樂（可省略）。
13.禮成。

八、介紹儀式關係人位置：（舞台上向前而言）

1.新人正中間（舞台上向前男左女右）。
2.男女方主婚人向兩側分立（各靠己方）。
3.介紹人站男主婚人旁。
4.司儀站舞台最左邊。

第三章　其他相關輔助禮儀

第一節　親友賀儀（訂婚及結婚各種賀詞詳如附錄三～三、三～四）

傳統上仍有母舅聯，通常是在一塊西裝布上；用金紙剪一大「囍」字，於下面用紅紙書寫「附禮金○元」。在古風較濃地區才名副其實的選一副聯，懸於大廳兩旁，聯題如「金玉同心百歲夫婦良匹耦；綵繩繫足于秋鸞鳳永和鳴」等婚聯。作者贈予外甥昌益結婚的母舅聯寫道「百年好合鴛鴦夢；兩姓聯婚龍鳳合」，迄今還完好銜掛於姊姊夫家彰化浮景村老宅客廳。

親友的賀品有喜幛、賀匾、喜軸、花籃、賀禮（紅包）等多種。紅帖子、囍帖和囍宴紅包叫做「紅色炸彈」，於今通常以收受紅包內裝現金致賀較為普遍（包太少「拍勢」，包太多又心疼），一般均取偶，如一千二百元、二千元、二千二百元、二千六百元、三千元、三千六百元（但就是不宜包尾數有四百元的數字）。紅包袋上款（兩新人名字）、中款賀詞（詳如**附錄三～三、三～四**），祝詞有些年輕人喜歡新創新詞如：「鍾愛一生」、「天長地久的愛」、「一生一世的情」、「心甘情願永不渝」、「有情人終成眷屬」，甚至用英文「Love Forever」等，其實只要用詞典雅，符合情境亦無妨；下款（贈賀者）要寫明為佳。在香港賓客的賀禮一般在參加婚宴時交給主人家，在台灣則是於婚宴舉行前給主人家。

註：紅包的由來—包紅包是中國人的習慣，通常在年節或婚禮時發紅包的重點在於紅色的紅包袋，象徵著「活力」、「吉祥」。因此給人紅包代表「祝願」和帶給對方「好運」。紅包內通常放雙數金額，取其「好事成雙」之意。紅包的由來一則是早期婚喜慶典活動中，主辦者對參與協助者答禮，演變至今則以紅包統稱之。在早期婚喜慶典活動中，主辦人會準備香、燭、炮、金紙等物品，朋友們會來幫忙處理，有時這些物品的準備和搬運，對主辦人或收禮者都是沉重的負擔，有時活動累積起來物資可能多達一牛車，處理上非常的不便，後來逐漸變成以紅包取代物品，讓收禮者自行拿去購買。在婚禮上，則是在入席前，將紅包交予負責收禮金的接待人，紅包袋上要簽名，並寫上祝新郎新娘的話，例如「百年好合」或「愛情順遂」等賀語。婚囍大事總要包個紅包，深究起來，這就像以前民間的互助（標會）一樣，互助幫忙機會均等，「總有一天輪到你」。

第二節　食新娘茶及鬧洞房

一、喫喝喜茶

訂婚禮已提到奉茶，因茶禮是我國古代婚禮中的一種隆重的禮節，原來出於古人時茶樹習性的認識，以為茶樹只能從種子萌芽成株，不能移植，因此把茶樹看作是一種至性不移的象徵。所以民間以茶作為男女訂婚的茶禮。因為聘婦多用茶。據天中記云：「**凡種茶樹必下子，移植則不生。故聘婦必以茶為禮**」，足見奉茶用來表示「**女子一經受聘，不再受旁人家之聘**」的意思。

囍宴結束車送女方親友返回，男方安排一所謂「奉茶」習俗，即由新娘端茶由長輩陪同逐一介紹親友，茶會畢部分親屬會以四句聯給予祝福，並給新娘紅包作為見面禮。

註：聘婦—聘，讀音「ㄆㄧㄥˋ」，不唸「ㄆㄧㄣˋ」，為出嫁的意思。聘婦，意為出嫁的婦女。

台灣南部習俗，結婚當天宴請至親好友之後，至親好友及賓客為了目睹新娘的風采，因而有要求新娘捧甜茶請長輩親戚的舉動，俗稱「食新娘茶」。食新娘茶要講究倫理，以長輩至親為先，然後才輪到平輩及朋友，座位也要按照輩份安排。新娘奉茶時，通常由長輩或媒人陪隨。於完成婚事接續下來便是家族最期待的喜事：「傳宗接代」，俗諺說：「**番薯不怕下土爛，只求枝葉代代傳**」，因此婚禮當中會用簡潔易懂的吉祥語詞來賀喜。賓客於奉茶時口唸「四句」吉祥語，俗稱「四句聯」，寄望新人喜事再度來臨，吉祥語詞詳如附錄三～六、三～七、三～九、三～十。

1.食新娘茶之程序為：

新娘手端紅茶，媒人口唸「**新娘出大廳、錢銀滿大廳**」，進入廳堂，按輩份、座位大小，依序奉上，然後轉回新房。端冬瓜糖（條）、蜜餞或糖果奉敬。收回茶杯，親友贈送紅包。新娘贈送禮物給每位參加親友，如手帕、香皂等。

2.婚喜一般賀詞：

①新娘插春花，滴蔭（庇蔭）新郎年年春。

②新娘插春穀，滴蔭（庇蔭）新郎家伙（家財）越來越大葩，一穗一穗，子孫生水又古錐。

③頭紗戴得正正正，新娘入門就得人疼。

④新郎新娘一拜天地，結成恩愛夫妻。二拜神明，促成美滿良緣。三拜祖先，百善孝順為先。

⑤新郎新娘對拜，永遠恩愛。敬拜祖父母，百年合好。敬拜父母親，永結同心。敬謝媒公媒婆，永遠合

和。敬謝親朋好友，幸福永久。

⑥咱們大家來慶祝，新郎新娘吉日良時完婚，代代傳好子孫。

⑦新郎新娘進洞房，夜夜相對，萬年富貴。

3. 婚後第二天，新郎陪新娘向直系及旁系尊親一一請安問候，並各贈禮（紅包或禮品）俗稱「見面禮」，其禮品通常為皮包、手巾、衣鞋、飾物等，從此正式被接納為夫家的一份子。第三天由妯娌或小姑陪伴認識環境，至此成婚之禮終告完成。

二、鬧洞房

有此一說：「**洞房不鬧不喜，不鬧不吉利**」。鬧洞房又稱「鬧新娘」、「弄新娘」，也有個雅稱叫「弄經文」。一般都是在新婚之夜進行，但也有地方鬧了七天洞房。鬧洞房習俗的由來說法不一，有人說親友怕新娘太寂寞，所以齊聚鬧洞房跟她開玩笑。據說古時候狐狸最愛跟新郎新娘作祟，因此親友才在新婚之夜大鬧洞房，以增加人勢及陽氣，藉以驅除狐仙的邪靈陰氣，據說鬧洞房鬧得越厲害、越放肆，意味著新婚夫婦日後的生活就越火紅。不過洞房花燭夜，春宵一刻值千金，鬧洞房要適可而止，以防影響到新人的良辰美時。一般新人被整之災情大小，端視新人是否曾在其他的婚禮上戲弄別人，或平時待人夠不夠忠厚等有差。鬧洞房例句（台語音）如：「**新娘真古意，鬧久新郎會生氣，大家量早返，給您通去變把戲，喜酒扣著喝，坐久新娘會鬱卒，愛返來去返，給伊去搬暝尾齣（ㄔㄨ）**」。

註：有些戲謔新娘的兒童趣味歌也挺有趣，台語囝仔歌《新娘水噹噹》—新娘水噹噹，褲底破一孔，頭前開店窗，後壁賣米香，米香沒人買，跋落屎礐仔孔。

三、其他

1. 挑子孫桶之人必需是富、貴、才、子、壽、五福俱全之人，將子孫桶提進新房，並將桶內紅包取走，又稱「尾擔」（因排在迎娶隊伍最後面），為三種顏色桶子（蛟桶、溲桶、育桶），加上新娘的盥洗用具、紅包一個，用紅花布包起來。

2. 媒人或男方女長輩，盛一碗豬心進新房，餵新郎新娘吃，俗稱「吃豬心、才會同心」，新娘給此人一個紅包。

3. 媒人或男方女長輩，盛一碗由黑棗、花生、桂圓、蓮子等物做成的甜湯圓進新房，餵新人吃，俗稱「吃圓仔湯」，象徵夫妻「甜蜜圓滿，早生貴子」，新娘也要給此人紅包。

4.男方晚輩會進房敬甜茶或喜糖，並稱呼新娘，新娘回應，並要準備紅包或手帕贈之。

第三節　歸寧

依《說文》解釋，「歸，女嫁也（出嫁的女子以男家為家）」，所以古代女子出嫁又稱歸。歸寧就是回娘家省視父母，向父母報平安的意思。歸寧稱「三朝回門」、「頭轉客（第六天或第十二天回娘家稱二轉客；滿月回娘家稱三轉客；滿四個月也有再回娘家的習俗）」，含有「成家不忘娘」之意，而新女婿去拜見岳父母，則有向他表示「感恩載德」之意，藉以增厚姻親之誼。三朝是指婚後的第三天，新娘由丈夫的陪同下，帶備禮品回娘家祭祖，然後再隨丈夫回到夫家，相傳在先秦時已有這樣的習俗。

在古時交通沒現代方便，如果女子的夫家是離娘家很遠的話，所謂出嫁從夫，女子到夫家後就可能沒有機會再回到娘家了。所以回門可能是女子踏足娘家的最後一次機會。亦因為如此，人們十分重視歸寧這一個婚禮習俗。何休《春秋・公羊傳》記載，春秋時期已有此禮儀。女子出嫁曰于歸，嫁後新婚夫婦首次回門（回娘家）省親的禮俗稱「歸寧」（擇婚後第二或第三天起，那天均可），但通常為新娘出嫁三天便回門，新婚夫婦攜帶禮品相偕同往女家，是新娘回娘家省親的禮俗。新娘將剪刀、針線、鞋等一併帶回。習俗上歸寧當天，新婚夫婦必須於當日返回，夫妻不可留在娘家過夜，萬一有特殊原因不能回家，夫妻兩人要分開睡，以免沖到娘家，令娘家倒霉。歸寧回來後，媒人的任務便告完成，新郎要帶禮物到媒人家道謝。

一、傳統歸寧還有以下慣例：

1.有些習俗是結婚第二天起擇一天的早上，女家派人到男方叫客（稱探房）。

①新娘出嫁的第三天，照例由新娘的兄弟（最多二人），即俗稱的「舅仔」，帶著餅乾及紅花到新郎家探訪新人婚後情形，並邀請新郎新娘相偕回娘家，新郎給紅包，俗稱探房。大多上午接受邀請，中午聚餐，日落前回家。

②紅花交給新娘，與出嫁時插的頭花交換插在頭上，象徵會「開花結果」、「會生子」，此時姐夫就得贈送紅包答禮，即所謂的「舅仔禮」。現代禮俗都在結婚當日晚上；女方親友返家前，由媒婆引領進入新房，謂「探房」，此時新人要起立給探房的人紅

包，到此階段結婚終於正式結束，新人可以享受快樂春宵囉。

③現代禮俗都在結婚當天，新人進洞房後就進行探房。

2. 夫妻抵女家門前時，即由女先走，男隨後，進廳後同拜祖先，次拜岳父母及尊親友好。
3. 宴會中每一道菜上桌，必由新婿先動筷子。
4. 新婿對岳家大小須贈送紅包。
5. 女婿辭親時，女家贈以糕餅、雛雞一對（表示繁衍）。
6. 新娘將剪刀、針線、鞋等一併帶回夫家。
7. 返抵男家時，應男前女後進入家門。

二、歸寧新人準備事項：

1. 亦有女方先前發出請帖，稱「歸寧宴」宴請親友，北部習俗，女方於訂婚日宴客；南部習俗，女方於歸寧日宴客。
2. 新郎要帶禮品如橘子、蘋果（甜蜜）、香蕉（招呼）、椪餅或以椪柑（象徵新娘肚皮會漲、懷孕）、酒等禮品（均取偶數），現今回娘家時，新人均需攜帶禮品致贈女方，而女方亦需備禮品回贈。新人帶水果，女方回贈禮品：「滿月」備紅圓（偶數）、米糕等，「四個月」備紅色麵桃（偶數）及其他糕類等。客俗有新人要備紅包贈父母、祖父母、叔伯、兄弟姐妹等親人，收受者要加點錢回饋。
3. 女方應準備回禮有兩支有根葉；頭尾不可缺的甘蔗（用紅紙或紅絲帶紮好），表甜蜜及有始有終，祝福新人甜甜蜜蜜、透頭透尾，甘蔗可食用，但要留一部分栽種表繁衍不息。一對雄雌雞，俗稱娶（帶）路雞，祖婆雞二對，表示繁衍；產後進補或帶路，米香、糯米糕（如膠似漆）、桃餅、六件蜜餞、橘子、香蕉等。
4. 為便於新人渡蜜月，現代習俗都改成在結婚當日，女方備品如甘蔗、雞隻、紅圓、米糕、麵桃等，於迎娶時隨禮車順便帶回男方家。

第四節 公證結婚與集團結婚

公證結婚及集團結婚兩者均較為簡單（速成、不須訂婚儀式、不鋪張浪費時間與金錢），且具法律效用的一種結婚儀式，會場可邀雙方親屬觀禮。

一、公證結婚：各地方法院均設有公證處，衹要新人自找證婚人，填表登記繳交費用即可當日辦理。

二、**集團結婚**：亦為合法的結婚儀式。為公、民營團體利用特定假日舉行。證婚、介紹通常為單位首長或仕紳擔任，會場一般設於大禮堂。

第五節　渡蜜月

在中國蜜月一詞是西方外來語。渡蜜月，又稱為蜜月旅行，是新婚夫妻一起到某一個地方度過婚後的休閒時光。蜜月旅行的要點，在於行程浪漫之餘，亦不失個人的空間。因此若非必要而要參加旅行團的話，也希望觀光的地點能夠氣氛浪漫。隨著時間的轉變，和地點的多樣性，大家的選擇性也變多了，所以地點的選擇及時間上的分配也就愈來愈多。現在大部分人都會考慮到國外的觀光景點去渡甜蜜的蜜月，很多的旅行社也都紛紛推出一些很棒的蜜月旅行的行程供新婚夫妻參考選擇。

◇婚喜禮相關術語註解

1. 婚喜：大體上有訂婚、納采、請期、親迎、辭祖、結婚、探房、婚筵、歸寧、渡蜜月等。而嫁娶為男娶女嫁，結婚成親。
2. 爆竹—放爆竹可以創造出喜慶熱鬧的氣氛，是慶典活動，可以給人帶來歡愉和吉利。
3. 《禮記》記載，「孔子曰：嫁女之家，三夜不熄燭，思相離也」。
4. 《夢粱錄・嫁娶》載：「新婦入門，赳擇官執花斗，盛五穀豆錢彩果，望門而撒，小兒爭拾之，謂之撒谷豆」。《漢書・平帝》記載：「詔光祿大夫劉歆等雜定婚禮」。《漢書・平帝》記載：「詔光祿大夫劉歆等雜定婚禮」。
5. 《談徵・事部》載：「今人娶婦，輿轎迎至大門則轉氈以人，弗令履地。讀白太傅〈春深娶婦家〉詩云：『青衣轉氈褥，錦繡一條斜』，則此俗唐時已然矣」。
6. 拜堂的由來—舊時代的一種儀式。指新郎新娘參拜天地及其後的拜舅姑和夫婦交拜。唐王建《失釵怨》詩：「雙杯行酒六親喜，我家新婦宜拜堂」。吳祖光《闖江湖》：客人都到了，就等著接靈芝拜堂啦！參閱唐封演《封氏聞見錄・花燭》，宋孟元老《東京孟華錄・娶婦》，趙翼《陔徐叢考・拜堂》，翟灝《通俗・儀節》篇。
7. 司馬光在《溫公・書儀》卷三說：「古者婦人與丈夫為禮則俠拜。鄉里舊俗：男女相拜，女子先一拜，男子拜女一拜，女子又一拜。蓋由男子以再拜為禮，女子以四拜為禮故也。古無婿婦交拜之儀，今世俗相見交拜，拜致恭，亦事理之宜，不可廢也」。

8.《詩經・周南・葛覃》：「害澣害否，歸寧父母」。澣（ㄏㄨㄢˇ），意同「浣」，又讀ㄨㄢˇ，休息或洗的意思。

9.六禮—古時納采是擇配、提親的意思，俗稱說親、說媒（是男家請媒人到女家去提親，若女方同意議婚，男家才再去女家求婚，亦即聘禮納吉、完聘大定）。問名即所謂的「討八字」，俗稱討年生（是男家託媒人到女方去詢問女方出生年月日時「八字庚書」，卜於神位旁，準備合婚儀式，亦即男女雙方互通年庚之意）。納吉俗稱定婚（是男方將占卜得到的吉兆可以合婚的消息告訴女方，備上禮物到女方去決定婚約）。納徵俗稱行聘。請期指擇定娶親的日子，俗稱送日子，及親迎等婚禮稱之六禮。六禮始於周朝，據傳周文王卜得吉兆，親迎太姒於渭濱。

10.庚書（或鸞書）或生庚合譜—用紅紙寫之婚書帖。要湊成十二字或十六字方合，封面寫庚書，女寫鸞書，紅紙摺六摺勿見白底，中間寫兩姓合婚全帖，兩旁（男）書寫「**天長地久**」，（女）書寫「**光前裕後**」。

如：（男）乾造 年 月 日 時生十二字。

（女）坤地造 年 月 日 時建生大吉 十六字。

11.財婚—清朝台灣男多女少，婦人身價大增，加以移墾，社會謀生不易，移民原本重財趨利等因素激盪之下，婚姻論財遂成為清代台灣漢人特色，聘金、嫁妝、身價銀等，成為婚制實質內容。

12.安床—新婚安新床、舊床移位。

13.納婿—男贅女家、入贅成親。

14.大妗姐—喜娘。

15.嫁奩（ㄌㄧㄢˊ）—女方父母為了嫁女兒所陪贈的大小禮物。

16.奩敬—祝賀人家女兒出嫁的賀禮（奩，嫁妝）。

17.瓜瓞（ㄉㄧㄝˊ）—瓜的類別，大的叫瓜，小的叫瓞。比喻子孫綿綿。

18.翥—音「ㄓㄨˋ」。飛起來的意思。如「鸞翔鳳翥」（形容書法筆勢如鸞鳳飛舞）。

19.珠聯璧合—日月如併合的璧玉，星辰如成串的珍珠，指一種天象。古人認為是祥瑞的徵兆。比喻人才或美好的事物相匹配或薈集。

20. 鳳凰于飛、鸞儔（ㄔㄡˊ）鳳侶—鳳凰于飛，意為鳳凰相伴而飛，用來比喻夫婦和睦。而鸞儔鳳侶，好夫妻。

21. 榮偕花燭、樂遂結褵—分別為賀人男娶女嫁。

22. 冰清玉潤—丈人與女婿同榮的意思。

23. 坦腹東床—東床，女婿的別稱。情屬半子或稱呼別人的女婿。

24. 並蒂蓮—並排的長在同一個莖上的兩朵蓮花。常用來比喻「恩愛夫妻」。

25. 螽斯衍慶—螽（ㄓㄨㄥ）斯善生卵，故祝人子孫眾多叫「螽斯衍慶」。

26. 人生四大喜事—久旱逢甘霖，他鄉遇故知，金榜題名時，洞房花燭夜。

27. 爆竹的由來—古代用火燒竹子發出嗶剥的巨大響聲，稱為「爆竹」。據《荊楚歲時記》的記載云：「西方山中棲息身長丈餘之山魈，人見則病，名曰山臊。昔人若遇之，則投青竹於火中，竹節轟然爆炸，使山臊驚逃，後人以為攘邪氣之用」，同書又云：「元旦爆竹於庭，以辟山臊」，由此可觀之，爆竹在古代具有驅邪辟鬼的功效，所以後人在祭典或在婚、喪、喜、慶中，用爆竹來驅邪或慶賀。

28. 婚姻亦稱結髮，何也?古詩云：結髮為夫婦。言自少年束髮，即為夫婦。猶李廣結髮軍士之心，拒戰匈奴，言取其齊心協力也。

29. 夫婦好合謂之「如鼓琴瑟」。比喻夫妻感情諧樂和合謂「琴瑟和諧」。

30. 藍田種玉，方信白璧奇緣。而男家定聘曰「納采」，女家定聘曰「許纓」，請期之日曰「催妝」，成嫁之日曰「星期」（二月卯辰，有夫婦象）。女嫁曰「歸妹」，男娶曰「受室」。

31. 白虎通—為西漢丁鴻與諸儒校五經於白虎觀之稱。

32. 《白虎通》云：「嫁者，家也；女嫁人以為家。娶者，取也；男娶女以為室，故設嫁娶之禮」。

33. 人鬼聯婚—人鬼聯婚風俗又叫娶神主牌仔，目的在安女鬼的靈魂，把她正名嫁出，使靈魂受到男方兒孫的供奉，藉以避免淪為餓鬼孤魂。所以選擇對象最好是已婚而有兒子的男人，表示她有後嗣可照顧之魂。

34. 新人男女年齡的忌諱—忌差六歲或九歲。男女年齡相差六歲為大沖，九歲為小沖。年齡相差過大，認知、溝通不易。女大於男一或二歲，一般都能認同，所謂：「**娶某大姐，坐金交椅**」。妻長則善於相夫持家，使夫家富貴。閩南地區有忌三六九的說法，認為男女年齡相差三歲、六歲或九歲結婚後會出現不和諧現象。

35.異常婚俗：除正常結婚禮外，昔日也有童養媳婚、招贅婚、娶神主牌仔的人鬼聯婚等，分析如下：

①童養媳婚—昔日傳統婚嫁要花費很多錢，對閩南台灣普遍貧困的農村社會是很沉重擔，於是產生童養媳制度。即從小就領養女童做童養媳。由於同姓不婚的習慣，必為異姓，年齡通常為二、三歲，幼女只要小額收買。因此新婦仔當然為養家的家族，但並非子女，與婚姻嫁過來者相同，新婦仔通常在過年夜成親，台語叫「送做堆」。過年夜送做堆較多的原因是因過年夜係在十二月廿四日的送神以後，此時神已升天不在，就利用神不在的時候結婚，免得擇日等儀式的麻煩。

②招贅婚—招夫、招婿是一種異常的婚姻，意即男人入贅到女家。招夫是寡婦在前夫的家裡，與別的男人結婚。招婿則是女兒不出嫁，女婿住進來。最常見的情形是招家沒有男子孫可做為繼嗣，或男子孫病弱、幼小，無法管理家事，為了維持生計和撫養老幼，只好招婿。至於男子願意入贅的原因，不外乎是經濟較差，沒錢娶妻。昔日台灣社會這種情形常發生。

36.招贅婚中產生的小男孩跟著母姓，反映台灣人重視香火傳承的傳宗接代觀念。昔日鄉下人普遍不富裕，都會有養豬賣錢貼補家用。養豬人家以養母豬生小豬為主，小豬餵食廚餘長大賣錢就有利潤，母豬須要配種時，就找專門的「牽豬哥」帶來公豬交配，事後付錢了事，這樣就產生「豬母姓」的現象。另一說法，「豬母稅」即約定招贅婚生子女有幾個是母姓，幾個是父姓，保留母姓，形同抽稅。

37.古代台灣養子、養女之風—

①養子：養子可分為過房子、螟蛉子、過繼子和義子等四種。閩、粵移民，生活漸漸由地緣關係而發生血緣關係，沒有子嗣的，就收他姓之子以為己子，名叫螟蛉。受到當時環境影響，民間對於承繼宗祧，瀆姓亂宗，不以為意，螟蛉子的領養相習成風。養子之風的形成乃因耕地人力所需，子嗣增多以為助力；另因雍正以前禁攜眷屬，生殖有限，不得不領

養異性之子，以防窮、防老。

②養女：童養媳（媳婦仔）實為適應社會需要而產生，行之既久，產生流弊，淪為買賣婚姻、販賣人口。買賣方式的童養媳，最能反映清代台灣移民社會的黑暗面。

38.哭嫁—在今天可能是件很難理解的事，但古時因為交通不便，女兒出嫁後，就很難有機會可以見到娘家，不是像今天可以隨時返家探望家人，回娘家還需要夫家的同意。此外另有一說法，說哭嫁是源自古時婦女不能擁有自由婚姻，所以會用哭嫁的歌聲來控訴古時不公平的婚姻制度。

39.冥婚—俗稱「娶神主」或「嫁香煙」，一般都將亡者相互結婚包括在內，但主要還是指活男子與亡女子結婚。在通俗信仰中，女子未婚而亡故稱「孤娘」，孤娘有在適婚年齡時為「討嗣」而作祟，導致家人生病或家運不濟，家人於是替「孤娘」尋覓對象，若經同意，即由冥婚而獲得一筆豐富嫁妝，故有把孤娘的生辰八字寫在紅紙上隨些錢或其他物品，用紅布包紮，放在路邊，由家人窺守，如有人撿拾，不管有無妻室，都必需娶神主為妻。

40.民間婚慶張貼紅雙「囍」的由來—

民間舉行婚慶，在廳堂上醒目可見有兩個喜組成的雙字「囍」，表示婚慶大喜之事。雙囍字相傳為宋朝王安石所創，王安石上京趕考時，寄宿舅父家，見到隔鄰員外閣樓掛有大彩燈，上面有聯：「玉帝行兵，風槍雨箭，雷旗閃鼓，天作證」，安石吟罷拍手稱讚，但因次日尚須應考，沒時間思考下聯。次日考完，主考官看他文筆流暢，傳他面試，出一副聯：「龍王設宴，月築星燈，山食海酒，地為媒」讓他對，王安石想到昨日一副上聯，隨口應答：「玉帝行兵，風槍雨箭，雷旗閃鼓，天作證」，主考官聽後甚為滿意。

王安石返回後見員外閣樓的上聯仍在，就把主考官出的夏連寫上，員外看後欣然說：「我為獨女擇婿，上聯寫出多時無人能對，此乃天作良緣」，遂命人說親，安石欣然應婚，完婚之日，門外有人報喜，原來他金榜題名，高中狀元，一時心中大喜，提筆速寫兩個囍字黏在一起，表示喜上加喜，從此雙紅「囍」字，就成為婚慶吉祥的象徵。

附錄三～一：現代訂婚禮男、女方應備物品

男方

1.盒仔餅—現今人都以「西式禮餅」為主。屆時女方要退回，回贈給男方數盒。
2.大餅—俗稱為「漢餅」，通常於訂婚後分送給親朋好友們。
3.米香餅—取其「吃米香嫁好尪」之意。
4.聘金（大、小聘定）—視雙方家境狀況而送上不等的聘金，主要在於聘金金額應為雙數。聘金要用紅紙包好。大聘主要用來購置嫁妝用的，現一般女方都不收。小聘又稱「乳母錢」，意指報答準岳母的養育之恩。
5.金飾—基本上有項鍊、手鐲、耳環，及金、銅戒指各一只，以紅線相繫，取其「同心」之意。
6.布料—即新娘從頭到腳的十二件隨身物品，現都由女方自行購買，男方可以紅包代替。
7.糯米、糖仔路—供女方做湯圓用，取其「團圓美滿」。米收退回米袋，並於米袋中放入紅包。
8.禮香炮燭—香用「無骨透腳青」，炮用「大鞭炮」，禮燭用成對的「龍鳳喜燭」。以上各備兩份，女方收下一份，另一份由男方帶回供拜祖用。
9.四色糖—即冬瓜糖（條）、巧克力糖、冰糖（糖霜）、桔餅，取其「甜蜜蜜」之意。
10.麵線—取其「美滿姻緣一線牽，福澤綿長」的意思。女方收一半，其餘退回。
11.豬腳、豬肉、魷魚—各一。豬腳也可用「西式火腿」代替，女方收一半餽贈給親友，餘由男方帶回，意指男女「豐碩誠懇的敬意」。
12.閹雞、母鴨—取其「姻緣美滿」。女方亦僅收一半。
13.酒—共備廿四瓶，取其「一年廿四節氣都平安順遂」之意。
14.福圓—即龍眼乾、桂圓。代表新郎的眼睛，女方只能偷吃兩顆，表示「看住新郎的眼睛」，其餘都應退回。福圓另有「子孫興旺、圓滿多福、生生不息」之意。
15.紅包禮—開門禮、點燭禮、牽新娘禮、挽面禮、酒席禮、媒人禮、廚師禮、端菜服務禮、姊妹桌、迎送接待禮、阿婆菜（雞）。
16.其他禮品—喜花、罐頭…等。

註：

一、女方採半退回給男方之物品（含餅類），都要做到以退還雙數為佳、為吉利。

二、聘禮可以分為簡單的六件禮、十二件禮。多寡最好依雙方的意願及預算作安排。

三、訂婚當天，男女將準備之禮物及聘金放在辦盤（盤擔）上，吉時送到女方家，辦盤的數量最好是雙數（二或六個）。

女方

1.十二件禮—給新郎從頭到腳十二件禮。同男方準備之禮品。

2.文定盒—盒內有生炭、棉花、緣錢、穀或麥、藤心、紅線。

3.石榴、桂花、蓮蕉花、芋頭—其意指、並象徵婚後會「多子、多孫、多福氣」。

4.紅包禮—媒人禮、抬禮品禮（幫女方抬男方行聘禮品者之紅包禮）。

註：

一、女方除了應退回之部分禮品（聘金、禮香、禮炮、禮燭、禮餅、福圓、豬腳、麵線、酒、米袋、閹雞及母鴨）。同樣放於「辦盤」上，讓男方帶回。

二、女方回送給男方禮品，稱為「回盛」或「壓盛」。

三、女方家中應準備甜茶、鹹甜湯圓或麻薯、酒席等款待客人。

附錄三～二：現代結婚禮男、女方應備物品

男方

1.八卦米篩（或黑色雨傘）—為避邪之用。供新娘上下轎時遮於頭頂（新娘有身孕改用黑傘遮）。

2.轎斗圓（圓仔粿）或蘋果—糯米做成之大湯圓十二粒（每粒約一台斤），或用蘋果代替（女方僅收一半）。

3.雞、魚—各一隻，供女方祭祀祖先用。

4.豬腿—半豬或後腿，女方僅收骨頭以外的部分，供女方祭祀祖先用，一樣女方僅收一半。

5.豬腳麵線—又稱「打盤禮」。為新郎為感謝岳母的養育之恩。

6.紅蛋—取雙數。女方收下後，每兩顆、兩顆用紅包袋裝，分送給男方接嫁人員，每人一包。

7.瓦片、烘爐、木炭或檀香、茉草—取其「傳宗接代」之意。新娘下轎後，入門前，需跨過烘爐（內燃木炭或檀香、茉草），再踩破瓦片，稱為「生炭」、「破瓦」。

8.八仙綵、紅布、喜幛—八仙綵或紅布掛於廳堂外，喜幛掛於洞房門。除可增加熱鬧氣氛外，並可避邪求取平安。

9.十二版帖—丈人帖、母舅帖，傳統上新郎應於禮成後、開席前，親送至各家，敬邀岳父、母舅參加。

10.十二項紅包禮—開門禮、舅仔禮、食佬禮、挽面禮、梳頭禮、拾裙禮、請新娘禮、探房禮、食茶禮、司機禮、伴郎禮、謝禮（工作人員）等。

11.其他—喜花（頭花、春仔花），供女方女性長輩插在頭上，胸花（男左女右）、捧花。

女方

1.扇子、手帕—扇子兩把。一把扇尾繫紅包及手帕，於起轎時丟出車外給弟妹撿拾，俗稱「放性地」，意即放下性子，不要把任性的脾氣帶到夫家。另一把帶身上，表將好習慣留到夫家。

2.青竹掃（有節）—青竹一支，連根帶葉代表「透腳青」，表示翁姑子孫都有福氣、健在的吉兆。

3.甘蔗—連根帶葉兩支，代表「有頭有尾，生生不息」之意。

4.帶路雞—公雞、母雞一對，現代人以塑膠雞代替。

5.子孫桶—又稱「尾擔」。為三個紅色桶子（蛟桶、溲桶、育桶），加上新娘盥洗用具，紅包一個，用紅

布包起來。

6.紅圓、米糕、麵粉—數量以雙數為佳。

7.雞蛋茶—新娘上轎前，請新娘及接嫁人食用，只能喝茶，雞蛋用筷子攪動即可。

8.木炭—炭與「湠」同，有繁衍之意，帶有多生子女之意。

9.芋頭—帶有落地生根之意。

10.蓮蕉花—有「連招子」之意。

11.石榴—因石榴種子多，有多子多孫之意。

12.桂花—有「早生貴子」之意。

13.紅包禮—請新郎禮、探房禮、食茶禮、司機禮、伴娘禮、謝禮（工作人員）。

14.其他—緣錢、鉛粉、黑糖、雞蛋、蜜柑、五穀等。

一世良緣	一見鍾情	二姓聯姻	三生有幸	三星在戶
三星燦戶	千里姻緣	女逢才子	山盟海誓	天上良緣
天生一對	天作良緣	天賜巧合	天緣巧合	心心相印
文定之喜	文定吉祥	文定誌喜	夫妻好合	夫妻偕老
月明金屋	月圓花好	永定乾坤	永結山盟	永結同心
永繫情緣	白首成約	玉樹良枝	地久天長	百年恩愛
百年偕老	百兩之盟	同心永結	同心伴侶	自由聯姻
成家之始	交鸞對舞	妝奩誌喜	男歡女愛	金石同心
金玉良緣	東床快婿	宜室宜家	並蒂竹梅	並蒂連理
兩姓合婚	兩姓良緣	兩姓奇緣	兩姓姻緣	兩姓結緣
兩姓聯姻	兩姓鸞鳳	兩情相投	兩情相悅	郎才女貌
神仙眷屬	春秋不老	姻緣相配	珠玉生春	祥開百世
祥徵鳳律	粉儀之喜	粉儀誌喜	恩愛逾恆	海誓山盟
海燕雙棲	乘龍快婿	許訂終生	情定終生	情真意即
終身之盟	連理交枝	敘儀之喜	敘儀誌慶	彩鳳和鳴
喜迎佳婿	喜氣生輝	喜氣洋洋	喜氣盈門	喜送淑女
喜得名婿	喜結連理	喜溢華堂	喜滿華堂	喜締鴛鴦
琴瑟和諧	琴瑟賡和	端木交枝	端應祥麟	盟結良緣
鳳卜歸昌	鳳律歸昌	鳳得鳳律	鳳翥龍翔	鳳麟起舞
跨鳳乘龍	新盟誌慶	詩詠好逑	誓約同心	綵繩繫足
締結良緣	適擇佳婿	緣訂三生	緣訂終生	緣結三生
聯姻之喜	燕侶雙儔	燕侶鶯儔	燕爾之敬	龍鳳呈祥
龍鳳相隨	龍騰鳳翔	龍躍鳳鳴	鴛鴦瑩合	鴛鴦璧合
鴛鴦雙宿	璧合聯珠	雙燕齊飛	瓊花並蒂	簪儀之喜
簪儀誌喜	歡聯二姓	鶯歌燕舞	鸞笙合奏	鸞鳳齊飛

之子于飛	之子于歸	才子佳人	于飛之樂	于秋鸞鳳
于歸之敬	于歸迨吉	于歸誌喜	天生一對	天作之合
天成佳偶	天造地設	天賜良緣	天緣湊合	五世其昌
化始二南	夫妻同心	夫妻恩愛	夫婦匹耦	夫唱婦隨
白首偕老	白頭偕老	永浴愛河	瓜瓞延綿	比翼雙飛
早生貴子	百年好合	百年伉儷	百年佳偶	百年琴瑟
百兩御之	竹馬青梅	有情成眷	地設一雙	如魚得水
如鼓琴瑟	如膠似漆	同德同心	交頸鴛鴦	赤繩繫足
良緣夙締	妙選東床	花月良宵	花好月圓	花明月麗
花開並蒂	花開連理	花開富貴	花燭之敬	花燭帶儀
花燭筵開	佳兒佳婦	佳偶蜜月	佳偶天成	洞房花燭
並蒂長生	門當戶對	香噴玉屏	和睦相愛	和樂魚水
宜爾室家	風美河洲	相敬如賓	相親相愛	美滿良緣
美滿幸福	美滿姻緣	美滿家庭	奎壁聯輝	恩愛夫妻
恩愛長遠	書稱釐降	珠聯璧合	情聯鸞鳳	魚水相諧
情投意合	情聯璧合	淑女于歸	乾坤和樂	雀屏中選
帶結同心	甜蜜佳緣	笙磬同音	笙磬同諧	唱隨諧樂
雲天比翼	喜氣臨門	喜慶洞房	喜耦天成	琴瑟友之
琴瑟在御	琴瑟和鳴	蓮結同心	蓮開並蒂	鳳凰于飛
鳳凰來儀	鳳翥鸞翔	愛河永浴	愛情永固	新婚誌喜
福祿鴛鴦	詩題紅葉	閨房和樂	榮偕花燭	德業同修
樂遂結褵	樂賦唱隨	燕爾新婚	燕燕于飛	舉案齊眉
鴻案相莊	螽斯衍慶	錦繡龍鳳	縷結同心	藍田種玉
穠李夭桃	雙飛彩鳳	雙喜臨門	簫管並舉	關雎誌喜
鐘鼓樂之	蘋藻權輿	鶯燕歡騰	歡迎淑女	鸞鳳和鳴

天成佳偶 金玉良緣	永結同心 喜氣生輝	白頭偕老 永浴愛河	百年好合 五世其昌	百年佳偶 燕爾新婚	花開並蒂 蓮結同心
郎才女貌 龍騰鳳翔	珠聯璧合 鳳翥鸞翔	珠聯璧合 鸞鳳和鳴	喜成連理 福祿鴛鴦	鳳鱗起舞 奎壁聯輝	鶯歌燕舞 花好月圓
二美百年好 雙星七夕逢	才高鸚鵡賦 春風鳳凰樓	合歡偕伴侶 新喜結親家	芝蘭茂千載 琴瑟樂百年	吹簫能引鳳 攀桂喜乘龍	柳氣眉間展 梅花陌上生
紅梅開並蒂 喜燭照雙花	紅蓮開並蒂 彩鳳樂雙飛	琴瑟春常潤 人天月共圓	喜塑紅梅開 樂迎新人來	當門花並蒂 迎戶樹交柯	藍田曾種玉 紅葉自題詩

入戶春風明月夜 盈門喜氣豔陽天	人面桃花朵朵笑 春風似酒陣陣香	人間月圓天作合 氣同春暖玉生香	人間好句題紅葉 天上良緣繫彩繩	天喜地喜親友喜 日新月新婚禮新
月逢五夜光初滿 花到三春香正濃	日暖金蘭來乳燕 春和玉柳發新枝	巧借花容添月色 欣逢秋夜作春宵	吉人吉日傳吉語 新人新歲結新婚	此日花開梅並蒂 今宵人慶月雙圓
交柯松柏傲飛雪 並蒂竹梅報新春	交鸞對舞酬盛世 彩鳳和鳴唱新春	同跨駿馬馳千里 齊植秀花度百年	向曉紅蓮開並蒂 朝陽彩鳳喜雙飛	志同道合百年好 地久天長幸福多
並肩同走幸福路 攜手共繪錦繡春	迎佳婿全家歡喜 送淑女滿園生輝	迎東風雙燕飛舞 向朝陽並蒂花開	兩姓良緣天作合 三冬好景月初圓	兩姓聯姻成大禮 百年偕老樂長春
兩情魚水春作伴 百年恩愛花常紅	金鷄昂首祝婚禮 喜鵲登梅報佳音	金鷄踏桂題婚禮 喜鵲登梅報佳音	雨露滋培連理樹 春風吹放合歡花	春山春水春常在 喜日喜人喜事多
春日梅開花並蒂 良宵家慶月雙圓	春花繡出鴛鴦譜 夜月香斟琥珀杯	春風入戶月圓夜 喜氣盈庭花好時	春風已破深寒夢 良宵正醉戀中人	春風引來比翼鳥 紅雨澆開並蒂蓮
春融勝日鶯歌麗 喜報房門燕舞忙	春曉紅蓮開並蒂 朝陽彩鳳喜雙飛	紅杏枝頭春意滿 彩雲聲裡玉簫清	紅線牽婚成雙對 綠柳報春迎佳期	紅燈高照鴛鴦舞 鸞鳳和鳴嶺上梅
香梅迎春燈結綵 喜氣入戶月初圓	柳暗花明春正半 珠聯璧合影成雙	眉黛春生楊柳綠 玉樓人映杏花紅	座有清風添酒興 門迎皓月映梅妝	桃花人面紅相映 楊柳春風綠更多
桃符新換迎春帖 椒酒還斟合巹杯	梅雅蘭馨稱上品 花情月意締良緣	彩結華燈紅似醉 春澆岸柳綠如潮	得與梅花作伴侶 本來雪松是英雄	皓月描來雙燕影 寒霜映出並蒂蓮
畫眉筆帶凌雲志 種玉人懷咏雪才	喜逢佳節慶佳偶 好趁華年譜華章	喜鵲喜期報喜訊 新春新燕鬧新房	寒梅怒放花枝俏 綠草芳香春意濃	結綵張燈良夜美 鳴鸞和鳳春宵甜
萬里錦程迎蜜月 九州秀色盡春暉	載雪梅花飄繡閣 臨風蘭韵入香幃	新歲新婚新起點 喜人喜事喜開端	詩題紅葉同心句 酒飲黃花合巹杯	碧池紅蓮開並蒂 芸窗學友結同心
碧沼荷垂開並蒂 繡幃鳳侶結同心	瑤琴一曲雙聲奏 月殿三秋五桂香	蓮開大地同心果 香吐長空幸福花	錦瑟聲中鸞對舞 玉梅花際鳳雙飛	黛色畫眉京兆筆 梅花點額壽陽妝
點額新梅香繡閣 回陽麗日暖妝台	雙飛却似關睢鳥 並蒂常開連理枝	繡閣風和簫引鳳 藍田日暖玉生春	歡慶此日成佳偶 且喜今朝結良緣	鸞鳳和鳴昌百世 鴛鴦合好慶三春

丹桂香飄姻聯兩姓 蟾宮月滿喜照人間	日麗華堂鶯歌燕語 春融繡房鳳舞鸞翔	並蒂蓮開合歡果結 當爐酒暖舉案眉齊	鸞鳳和鳴蓮花並蒂 麒麟瑞協玉樹連根

附錄三~六：女家、男家點燭台語四句聯

1	大廳禮燭來點起，愛女準備出門時，拜別列宗與列祖，百年富貴享歸世。
2	今日嫁女大吉昌，天賜良緣喜洋洋，踏入大廳拜祖先，白頭偕老壽萬長。
3	今日于歸大吉昌，兩姓合婚好名揚，良時迎娶拜上祖，百年偕老壽年長。
4	吉日良時來娶親，點起龍燭照門庭，今日過門從孝順，雙竹透尾發萬金。
5	喜燭光輝照大廳，拜上神明與祖宗，祝妳終身永幸福，榮華富貴萬年昌。
6	燭火光輝照廳堂，二姓合婚壽年長，來年必定生貴子，富貴榮華合家春。
7	新婚誌喜結成親，點起燭光照天庭，望得蒼天多庇佑，夫和妻順長久情。
8	龍燭光輝照廳堂，兩姓合婚姓名香，好時好日拜上祖，榮華富貴萬年昌。
9	龍燭光輝照廳堂，兩姓合婚名譽香，男大當婚女當嫁，雙竹透尾壽年長。
10	點起龍燭一樣高，照見新娘萬富婆，第一夫妻相恩愛，發財富貴不驚醒。
11	雙手點燭燭光華，淑女于歸宜室家，吉日迎婚拜上祖，百年富貴享榮華。
1	一對喜燭插華堂，兩邊高照萬里祥，今日就來拜祖考，百子千孫秀才郎。
2	大廳神桌金漆漆，喜燭雙雙焰火紅，今日新人是一對，明年生子變一雙。
3	左邊點燭滿堂光，右邊點燭生貴子，夫妻雙雙來拜堂，相敬如賓代代興。
4	男才女貌向廳堂，花燭雙輝鬧洋洋，預祝來年生貴子，雙生貴子入學堂。
5	宜室宜家從此來，玉蕭吹徹鳳凰台，今朝始來拜祖考，早生貴子做學台。
6	喜燭紅紅透天長，夫妻雙雙來拜堂，明年生個寶貝兒，世代昌隆一定興。
7	神桌點燭照華堂，雙雙拜祖天地長，永諧琴瑟和百歲，早生貴子坐琴堂。
8	點起喜燭滿堂光，宜室宜家滿門春，良辰吉日來拜堂，百年好合歲壽長。
9	點起龍燭最光榮，照見金雞對芙蓉，夫妻恩愛同協力，世代子孫永興隆。
10	點起龍燭照廳堂，長命富貴永吉祥，夫妻和順從孝義，世代子孫出賢良。
11	點起龍燭滿堂光，照見一對好鴛鴦，來年必定生貴子，世代子孫出財王。
12	點燭光輝照廳堂，照見金雞對鳳凰，夫妻和順常孝道，子孫滿廳福滿堂。
13	龍燭雙雙透天堂，男女結婚壽年長，來年必定生貴子，雙生貴子讀書郎。
14	龍燭雙雙照廳堂，夫妻偕老壽年長，來年雙生富貴子，早生貴子進科場。
15	龍燭雙雙照廳堂，夫妻雙雙來拜堂，來年雙生富貴子，早生貴子秀才郎。

註：

一、新娘拜祖上香，婚喜不能用黑色香，香各六支（二人合共12支），雙而合老，雙竹透尾也。現代人，用排香或禮香皆可。

二、男方由親族長輩或母舅點燭：準備好紅蠟燭兩支，母舅站左側，叔公站右側。

附錄三～七：新娘拜祖、拜堂長輩台語四句聯

拜見公婆，請新人面對父母（有些地方會跪）二拜，三拜新人奉茶，禮成。	
1	一拜，一乾坤，二拜，兩姓合婚，三拜夫妻好合，再拜百子千孫。
2	一拜父母拜乾坤，二拜吉日同結婚，三拜夫妻多福壽，四拜百孫傳千孫。
3	一拜天地謝恩典，再拜高堂福壽長，三拜乾坤生貴子，榮華富貴蘭菊芳。
4	一拜天地成夫妻，二人結髮子孫齊，男女姻緣天來配，感情永遠無要緊。 二拜高堂敬祖先，男女做陣是天緣，夫妻和合永不變，妻賢夫貴萬萬年。 夫妻對拜企正正，向望入門翁姑疼，良時吉日來合婚，一夜夫妻百世恩。
5	一拜祖宗在高堂，二拜乾坤福壽長，三拜三元生貴子，榮華富貴發其祥。
6	一對鴛鴦成夫妻，愛河永浴夫妻順，開拓美好大前程，享受幸福好人生。
7	天成佳偶結連理，一見鍾情夫婦順，二姓合婚謁祖宗，交頸鴛鴦勝似仙。
8	天造地設天定緣，二姓合婚拜祖宗，有情成眷五世昌，榮華富貴滿堂香。
9	天造地設天定緣，進入大廳謁祖宗，有情成眷五世昌，榮華富貴滿家香。
10	有情人終成眷屬，虔敬恭拜老祖宗，拜得祖宗心歡喜，家門昌盛永興隆。
11	神桌金金照華堂，雙雙拜祖天地長，永諧琴瑟和百歲，早生貴子坐廳堂。
12	新人雙雙在廳中，一對夫妻拜祖宗，祖公祖母心歡喜，早生貴子在朝中。
13	新郎新娘迎新婚，良時吉日來合婚，兩姓有緣來拜祖，日後百子傳千孫。
14	新娘拜祖在今天，慶祝新婚耀堂前，夫妻和諧生貴子，福如東海萬萬年。
15	新婚誌喜結成雙，手捧明香拜祖宗，拜得祖公心歡喜，家門昌盛永興隆。
16	鳳燭奏雙滿堂光，夫婦雙雙百年長，今日雙雙來拜祖，子孫富貴大吉昌。
17	滿堂親戚喜洋洋，新人雙雙來拜堂，左拜觀音右拜祖，雙生貴子福壽長。
18	親戚朋友同觀禮，新人雙雙來拜堂，百年好合生貴子，春蘭秋菊滿庭芳。
19	點燈結綵慶新婚，一拜天地在高堂，宜室宜家滿庭芳，從此白首享齊眉。
20	龍燭點起光祖堂，兩姓成婚好鴛鴦，今日祖前來禮拜，夫婦偕老百年長。
21	龍燭雙雙滿堂光，新人雙雙在廳堂，今日雙雙堂上拜，子孫服務在中央。

註：
一、拜後新郎牽引新娘（如膠似漆、甜甜蜜蜜）進洞房。
二、香各三炷（共點六支），用禮香、或排香行三拜禮，講四句後將香插入祖爐，再鞠躬後夫妻相送入洞房。

附錄三~八：主持人、來賓、主婚人、介紹人致詞內容範例

主持人新婚致詞例一：

親朋好友以及貴賓們：首先祝您們健康快樂，萬事如意！今天是○○先生○○小姐結婚大喜的日子，承蒙各位貴賓、各位親朋好友，撥空參加喜宴，本人在此謹代表双方主婚人向大家致上十二萬分的謝意！（感謝！再感謝！）

請大家以最熱烈的掌聲鼓勵，並給予最大的祝福。這對新人將攜手走進這個結婚禮堂，在這裡大家用最熱烈的掌聲歡迎他們出場。（請新郎新娘入場）。開始（結婚進行曲伴奏）。（結婚進行曲伴奏中），在這優美浪漫的結婚進行曲伴奏下，在這幸福的時刻裡，在大家面前的這對新人，他們手牽手，面帶微笑慢慢的走進禮堂，表示他們幸福美滿的生活即將開始，大家用最熱烈的掌聲來歡迎和祝福這對新人擁有美好未來和前途！謝謝大家！

主持人新婚致詞例二：

各位朋友、各位來賓、女士們、先生們：新郎新娘、男女双方主婚人、各位貴賓、各位親朋好友，大家午（晚）安，大家好！今天是○○先生○○小姐的婚禮，是圓圓滿滿和喜氣洋洋，並祝福兩府五世其昌，子孫大富大貴！敬請各位貴賓，各位親朋好友，大家儘量來享用這幸福的喜宴，同時也祝福各位貴賓、各位親戚朋友，身體健康！萬事如意！大賺錢！（謝謝大家！），台語（多謝！洛力、感恩！謝謝！）。

來賓致詞例一：

新郎新娘、男女双方主婚人、各位貴賓、各位親朋好友，大家午（晚）安，大家好！今天是○、○兩家合婚的大喜日子，承蒙主人邀請，能夠得以參加盛會，我實在是萬分榮幸。在此，我祝福新郎新娘新婚愉快，美滿幸福。大家都知道社會的昌榮是以個人家庭的幸福為基礎；家庭的幸福更以美滿的婚姻為起點；婚姻是社會的基礎。今天○○先生○○小姐結婚，果然是郎才女貌，佳偶天成。我希望他們能夠夫唱婦隨，互助互諒，攜手合作，共創一個美好幸福的家庭，於此再次祝福新郎新娘婚姻幸福！白頭偕老！並祝各位嘉賓健康！快樂！

來賓致詞例二：

各位親朋好友大家好，今天是○、○兩家喜結秦晉的大喜日子，承蒙主人家的邀請，得以參加○○先生○○小姐的結婚典禮，感到萬分榮幸，我祝福新郎新娘新婚愉快，美滿幸福。大家都知道社會的昌盛以個人家庭幸福為基礎；家庭幸福以婚姻的美滿為起點；婚姻是社會的基礎。今天○○先生與○○小姐喜結良緣，可說是佳偶天成，花開並蒂。我真誠希望他們能夠互助互諒，做社

會的榜樣，發家致富，尊老愛幼，描繪幸福的藍圖，創造幸福美滿的家庭！謝謝！謝謝大家！

馬氏幽默（馬英九的愛妻證婚語錄）：

「只要她（太太）不認錯，她就沒有錯，記住了喔！最後一點，最重要，太太永遠不會錯！」、「無論如何老婆永遠是對的。」、「如果太太有錯，你又沒看錯，那一定是你害她犯錯。」…等，都可列為婚喜場合上致詞幽默語意。最後我再一次感謝在座的每一位親朋好友，祝大家家庭幸福美滿！財源廣進！事業發達！謝謝大家！

主婚（證婚）人致詞例一：

新郎、新娘、親家公、親家母、證婚人、各位貴賓至親好友大家好：非常感謝大家在百忙中蒞臨參加小兒○○與○○的婚禮，由於我們與親家都已旅居美國多年，今天邀請的都是極為至親、好友與師長，除了感謝在台灣地區的至親、好友與師長外，更感謝許多好朋友、親人、師長，遠從美國、澳洲與中國大陸，特別趕回來參加婚典，給新人祝福，分享喜悅。

在此我要特別感謝親家把女兒○○教育得溫婉嫻淑、知書達禮、美麗大方。記得許多年前，兒子把女朋友○○介紹給我時，他很有信心的說：「爸爸這次您不會再反對了吧？」他知道我挑未來媳婦，如我選太太一樣嚴格。現在我常告誡兒子○○，要多多珍惜你累世修來的福氣和姻緣，才能要到這麼好的太太，其實，我在此也要告訴親家，我兒子○○也非常優秀，溫文儒雅，知書達禮，樂觀進取，與○○攜手共創未來，將來必有好的成就，你們絕對可以放心，也恭喜你們得到半子，一如我們得到一個女兒一樣。今後，希望親家、親友們，多愛護多提攜。

於今，我要公開叮嚀兩位新人，今後必須手牽手，心連心，互敬互諒，好好經營你們的婚姻，同時共創事業，對雙方的父母，一定要視同自己的親生父母一樣尊敬與孝順。今天的喜宴，是我們與親家合辦，特選○○大飯店是因它是好飯店，地點極佳，交通方便，且飯店保證菜色美好，歡迎大家品嚐，而酒水是無限量供應的，請儘量享用。最後，我要感謝證婚人遠從○○來證婚，更要再度感謝至親好友們的蒞臨祝福與分享喜悅！謝謝大家！

主婚（證婚）人致詞例二：

尊敬的各位長輩、各位親友，大家好：今天是○○與○○舉行婚禮，承蒙各位親朋好友撥空來參加喜宴，我本人在此向大家致十二萬分的謝意，粗茶薄酒家，敬請大家儘量來使用，如果招待不週。請大家多包涵，同時也祝福各位貴賓，各位親戚好友，身體健康！萬事如意！大賺錢！

主婚（證婚）人致詞例三：

尊敬的各位長輩，各位親友，大家好！今天，良辰佳節，福星高照，是○○與○○婚典喜慶的日子。因為您們的光臨，給婚宴增加了無盡的高興和歡樂，並帶來了吉祥和圓滿，於今我們激情滿懷，萬分高興和熱烈的感到歡迎。我們感知兒子、兒媳喜結良緣，以雙方父母的希望之花結出的希望之果，終於到今天可以綻放，我們真情的希望他倆結婚以後要做到互相尊重和理解，勤儉持家，在此祝福這對新人幸福美滿，同時也祝福在座的各位嘉賓，身體健康！萬事如意！

介紹人致詞範例：

尊敬的各位來賓：大家好！受新郎家長的重託，由我來擔任今天新郎新娘結婚儀式的見證人，我感到非常榮幸，新郎新娘都非常優秀，無論是品學，還是長相都非常相配，今天的婚姻可謂是珠聯璧合，佳偶天成。在神聖而又喜慶的結婚進行曲中，兩位志同道合的新人含情脈脈地湊合在一起，我和大家一起見證了這一美妙精典的時刻，婚姻的路還很遙遠，還要走一輩子，祝新郎新娘，夫唱婦隨，相敬相愛。另外，在過好小家庭生活的同時，還要主動關心雙方的父母，常回家看看，以免他們掛念。最後要說的是，今天喝了喜酒，吃了喜糖，再等的就是吃紅蛋了。祝喜隨福來！早生貴子！謝謝大家！

1	手牽手，天長地久，啄抵啄，萬年富貴。
2	民主時代，自由戀愛，免人介紹，雙人意愛。
3	今日娶婦，入門蔭丈夫，明年起大厝，珠寶歸身驅（很多、滿身）。
4	兩姓來合婚，日日有錢春，互恁大家官（公婆），雙手抱雙孫。
5	新娘好學問，今日配郎君，翁姑著（要）孝順，百子傳千孫。
6	吃恁一支煙，乎恁尪某年年春，吃恁一杯茶，乎恁年底生雙生。
7	一對佳人結尪某，兩人牽手共甘苦，三世修來真福報，四季平安好前途。
8	今日新娘娶入門，點燈結綵滿廳堂，房間布置真巧裝，新式繡被新眠床。
9	手捧茶盤金噹噹，茶杯深深勸中間，明年生個好子兒，代代子孫做狀元。
10	手捧甜茶講四句，新娘好命蔭丈夫，奉敬大官有可取，田園建置千萬區。
11	吃茶古例傳至今，夫妻和好真同心，新娘入門會致蔭，尪婿發財千萬金。
12	尪某生做平平美，有緣千里來做堆，青春時代真寶貴，天降甘霖花當開。
13	尪某感情糖蜜甜，兩人牽手出頭天，闔家平安大賺錢，子孫富貴萬萬年。
14	宜室宜家兩情悅，有情成眷糖蜜甜，花好月圓魚水戲，福祿雙收五世昌。
15	恭喜恭喜真恭喜，新郎才華了不起，新娘賢慧通鄉里，兩人速配無地比。
16	捧出甜茶來相請，夫妻一定好名聲，做人做事真四正，講話明理人人聽。
17	新郎歹勢頭一擺，心肝緊張必卜踩，新娘人在蚊帳內，大門開開做你來。
18	新郎含笑捧茶杯，麗質天生一佳麗，明年生個好子兒，財丁兩旺富貴年。
19	新郎新娘相意愛，良時吉日上武臺，英雄比武有限界，真槍射中風雲臺。
20	新郎新娘斟酌聽，做事做人著打拼，事業成功出好子，財源廣進好名聲。
21	新郎緣投有智慧，新娘可愛又古錐，今暗兩人睏做堆，明年一定生候生。
22	新娘父母有教示，明理大方好女兒，厝邊稱讚到搭舌，娶到的人有福氣。
23	新娘面笑心歡喜，端莊大方又賢慧，祝妳早日生候生，生著貴子福祿壽。
24	新娘真美真好命，內家外家好名聲，準備甜茶來相請，祝福金銀滿大廳。
25	新娘茶甌緊來收，新郎新娘可自由，紅包給您添福壽，兩姓合婚配千秋。
26	新娘捧茶真大方，兩姓結緣來合婚，早生貴子多富貴，日後百子傳千孫。
27	新娘捧茶對面來，囝仔大小鬧猜猜，親戚朋友坐在在，敬老尊賢是應該。
28	新娘眼睛圓溜溜，櫻桃小口含着笑，儀態千萬氣質高，如鼓琴瑟定乾坤。
29	人講做人三擺喜，第一就是結婚時，新郎新娘相甲意，洞房花燭剝未離或鴛鴦水鴨成一池。
30	婚姻雙方是情愛，家庭美滿大發財，新娘捧茶來相請，拜託講呼阮知影，貴姓尊名講阮聽。

1	一對新人效于飛，手牽手呀心連心，明年生個好寶貝，從此富貴相與共。
2	一對新人笑洋洋，良時吉日進洞房，明年新娘生貴子，個個子孫都賢良。
3	一對新人笑容容，朋友六親增光榮，鴛鴦成對從孝順，家門昌盛永興隆。
4	一對新人真誠意，這杯敬酒吃落去，吃得醉醉養元氣，暗夜兩人好做戲。
5	一對新人鼓琴瑟，親戚朋友同聲喜，鴛鴦成雙又成對，家門昌盛享富貴。
6	夫妻團圓含笑中，牛郎織女又相逢，親友未散想夜合，牡丹開出一夜紅。
7	玉蘭色白透清香，夫婦成雙似天長，秋菊開成五色秀，晚間開出上海棠。
8	良緣佳偶喜成雙，牛郎織女一般同，鸞鳳和鳴香會合，打開金鎖見蛟龍。
9	杯中美酒菊花黃，八仙赴會宴瓊漿，願祈來年生貴子，直入皇宮作棟樑。
10	堂上玉燭火炎開，酒在壺中肉在台，八仙賜來壺中酒，先添人丁後進財。
11	看見新娘笑洋洋，眉清目秀真大方，來年必定生貴子，雙生貴子福壽長。
12	看見新娘笑連連，夫妻一對好姻緣，早生貴子名聲好，財丁兩旺萬萬年。
13	新人敬酒笑哈哈，舉起杯來請大家，一起舉杯來慶祝，雙生貴子中探花。
14	新郎奉酒笑吟吟，佳餚美酒敵萬人，奉謝一杯能飲盡，富貴榮華萬年興。
15	新郎敬酒到君前，八仙過海渡人緣，渡得牛郎會織女，天賜麟兒在廳前。
16	新郎新娘來斟酒，夫和妻順長長久，今日大家來慶祝，明年愛吃滿月酒。
17	新郎新娘真標準，自由戀愛來結婚，早生貴子名聲好，日後百子傳千孫。
18	新郎新娘氣運好，才子佳人配做堆，百年好合結成對，燕侶雙儔永雙隨。
19	新娘秀外又慧中，玉潔冰清又端莊，明年生個好孩兒，世代子孫萬年昌。
20	新娘來自富貴家，子孫滿院甚堪誇，新娘明年生貴子，世代子孫享榮華。
21	新娘敬酒頭犁犁，有使目尾偷看脈，恭祝明年生貴子，百年偕老永和諧。
22	親戚朋友同齊唱，琴瑟和鳴好伴侶，今夜正逢好吉時，明年必定生候生。
23	燕爾新婚諧魚水，夫妻一對好伴侶，兩情相悅生雙生，財丁兩旺大吉利。
24	雙杯美酒竹葉青，大家來賀兩新人，台駕飲盡一杯酒，早生貴子做公卿。
25	雙杯美酒氣色長，六親恭賀此新郎，今日始飲新婚酒，來年必定生弄璋。

壽

第四部　祝壽禮儀篇

人在重要年齡階段的祝壽儀式和每一年的生日慶賀，也可視為人生的禮儀。伴隨著人生不同階段禮儀的，有許多一般性和奇異的風俗，它們共同構成了人生儀禮民俗。中國舊時年長者到了八十歲以後即算「高壽」，所以這個歲數去世的人葬禮也稱為「喜喪」。德高望重的家庭裡長輩過生日，還會有相應的慶祝活動稱為「祝壽」。

在我國為別人祝壽，即「上壽」的風氣開始很早。金文就有多種寫法的壽字出現，說明商周時期已有了祝壽的活動，但當時祝壽紀念並不是固定在出生日，普通平民何時把祝壽與生日聯繫起來，因缺乏記載已難確考。但據清朝錢大昕《十駕齋養新錄》卷十九考證，封建帝王確定在生日舉行大型祝壽活動是始於唐朝。唐開元十七年（西元七二九年八月），唐玄宗置酒宴招待群臣，慶祝自己的生日，宴會後，尚書左丞相原乾曜，右丞相張說率文武百官上表，請以玄宗生日農曆八月初五那天為「千秋節」。此後唐朝皇帝不但在生日祝壽，而且除德宗外，都為生日取了專有名稱。如肅宗生日叫「天成地平節」，武宗生日叫「慶陽節」，宣宗生日叫「壽昌節」，昭宗生日叫「嘉會節」等。

在中國祝壽習俗很早就存在了，傳說在堯的時候，華山封人就曾向堯祝過壽，只不過不知其生日在那天。中國人祝壽大約是從南北朝開始的。據北齊文學家顏之推《顏氏家訓》記載，當時在江南就盛行著慶生的習俗。唐朝慶成人生日的習俗也很盛行，史籍記載，太宗對大臣長孫無忌說：今天是我生日，世俗為之歡樂，而我卻感悲傷。唐太宗生日時曾在花萼樓上宴會百官，百官上表要求以皇帝生日為千秋節。至於生日上的壽禮，大約始於宋朝。在宋代朝政腐敗，做官的過生日，僚屬都要獻壽禮，《水滸傳》一書中就有「送生辰綱」的情節描述。紹興年間，宋高宗曾下過禁止官員接受壽禮的命令。但秦檜掌權後，四方之官為巴結他，都趁壽誕之機向他送禮，各地仿傚，預示著習俗也就流行起來。

壽誕俗稱「作壽」，也慣稱「過生日」，作壽和作生日，既相同，又不同。不同的是其中包涵的意義有了根本性的改變。民間對生日的慶祝，年輕時稱「生日」；年老時稱「祝壽」，人年紀五十歲以上才可稱「壽」，又稱「暖壽」或「半百添壽」。而傳統作壽從六十歲才開始，原因是上虞民間有「生日年年有，壽誕六十首」的俗諺，意思是說人只有到了「耳順之年」，即六十歲才有資格作壽。

「作生日」大多是長輩出於對晚輩的愛憐，而「慶壽誕」則是小輩對長者應盡孝道的表現。然而，為表示對家族長輩的敬重，辦「祝壽禮」要有輩份和年齡等兩項限制。其一，若父母在世，自身就不能舉行壽禮。其二，六十歲以下不能舉行壽禮，這兩項限制，表明了對老年人的敬重。

明朝馮夢龍在《笑府》一書中，曾寫到一則笑話故事。一縣官生日，屬下探知他屬鼠，在他生日大伙湊成幾兩黃金打鑄一隻金鼠作為生日禮物，該縣官十分高興，後再藉機對下屬暗示其妻屬牛，言下之意，是想要屬下再送上一頭金牛。事實上生日送金鼠、金牛作壽禮畢竟是比較少數，在中國傳統社會，壽誕賀禮較普遍的壽禮還是以壽桃、壽糕、壽幛、壽屏、錢款之類的禮物；高齡或德高望重者還發請柬通告親友到餐廳去大快朵頤一番，因為這樣較能凸顯出濃厚的吉祥喜氣場面，鮮明的襯托出祝壽活動歡愉，營造出熱烈活動的氣氛。

民間有俗諺：「**人到六十六，不死掉塊肉**」。是形容人年紀大了，身體從此開始衰弱，要注意保健。另「**七十三、八十四，閻王不叫自己去**」，這也是民間諺語，而且很靈。很多名人都在這兩個年齡去世的。來頭是因為孔子活到七十二歲，孟子活到八十三歲，都沒躍過這兩道歲月關卡。兩個聖人都過不去，民間也就認為兩個歲數危險。因此民間就有了這三個年的時候祝壽的習慣。故能適時給予親友獻上片片祝福將可化為一條星河，在壽星的眼裡流淌，綻放異彩紛呈的光芒。

第一章　壽誕的意涵

第一節　前言

一般人家慶壽和大壽有別，所謂大壽指年滿七十歲、八十歲、九十歲，又特別是百歲。舉行大壽慶典的規矩是「男辦進，女辦出」，即男子在六十九、七十九興辦七十、八十壽慶；女子則在滿七十、八十周歲時舉辦。古代舉行壽慶，送禮雖各有不同，但大都為：麵條五～十斤；雞蛋廿個；大米十斤。受禮人受禮時要說：「不敢當！不敢當！」，送禮的人說：「該當的！該當的！」，或說：「賀喜！賀喜！」，送禮人離開時要還禮，還禮的多少和物品不論，大都是一種具有象徵性的意義。一般人家叫做「你一禮，我一答」。舉行滿「十」的重大壽慶時，祝壽者一般採用「傳盆」的方式。「傳盆」需作壽鞋、壽衣，有的還專門用錦緞繡製壽仙或拜壽和圖案和條幅，與其他禮物一起，一一用茶盆盛裝，敲鑼打鼓送去。

第二節　壽禮起始

中國人過生日始於何時不好說，《顏氏家訓・風操》篇中提到，在魏晉南北朝時期的江南地區，人們流行在生日這天大吃一頓。老百姓要過生日，皇帝也要過生日，中國古代皇帝過生日，每個朝代不同，但禮儀方式是古代各朝代所通用的，清朝皇帝的生日最是奢華。

註：顏氏家訓─作者顏之推（西元五三一～五九一年），字介。瑯琊臨沂漢族人。祖籍鄒魯，大通三年辛亥生於建康一個官家。東漢關內侯顏盛之後，南齊治書御史顏見遠之孫，南梁諮議參軍顏協之子，七歲能誦《魯靈光殿賦》。性好飲酒、多任縱、不修邊幅、博覽群書、為文辭情並茂，得梁湘東王賞賜。《顏氏家訓》共廿篇，是他為了用儒家思想教育子孫而著。亦為其立身、治家、處事、為學的經驗總結。在封建家庭教育發展史上，有重大的影響。

古代皇帝的生日，都被當成是節日，近代民國蔣中正、孫中山等兩位偉人的誕辰紀念日也稱華誕，台灣國民政府也規定國人各休假一天，直至最近民主意識逐漸抬頭，節日才被取消、淡忘了。把皇帝生日作為誕節，並且在禮典中誌有慶賀儀式的規定始於唐朝。唐朝唐太宗對自己的生日很重視，把自己生日定為降誕日。有一年，唐太宗在生日那天百感交集，對長孫無忌說：「今日是朕生日，俗云『生日可喜樂』，以吾之情倍感思！」，並且對著大舅子掉了眼淚。另外，唐太宗對出生地也格外重視。《新唐書・禮樂志》記載：「太宗生於（武功）慶善宮」，唐太宗曾於貞觀六年（西元六三二年）九月和貞觀十六年十一月來到他的出生地，寫下《幸武功慶善宮》和《重幸武功》兩首詩，雖然不是為了慶壽，但卻在詩中特意提到降誕的事，顯示出他對出生地的重視，對父母孕育之恩的感懷。

第三節　古代帝王的壽禮

唐太宗生日時，常在宮內設降誕宴與侍臣貴戚進行慶賀，而且宴飲時君臣還效柏梁題聯句。《舊唐書・本紀第八・玄宗李隆基上》記載：「開元十七年癸亥八月，上以降誕日，宴百僚於花萼樓下。百僚表請以每年八月五日為千秋節，王公以下獻金鏡及承露囊，天下諸州咸令宴樂，休假三日，乃編為令。從之」，開元十七年（西元七二九年），唐玄宗生日，皇上在此樓宴請百官，下屬進以萬壽酒、獻金鏡、綬帶和以絲織成的承露囊，舉國歡慶，還放三天假。千秋節以三日為慶，可見其盛。此節不僅宴會，而且君臣還賦詩唱和。張說有《奉和聖制千秋節宴應制》詩，關於舉國歡慶的情景在詩中也有所反映。在系列慶祝活動中，樂舞雜技表演不可少。《舊唐書》記載：「天寶七年己亥朔月，改千秋節為天長節」，意為「人壽比天長，千秋無限期」。

註：花萼樓─為唐宮廷主要娛樂場所，全稱花萼相輝樓，在興慶宮西南隅。寧王憲、申王扐、岐王范、薛王業邸第相望，環於宮側，取《詩・小雅・棠棣》兄弟親愛之義，意為花覆萼，萼承花，兄弟相扶。千秋節的盛會常在這裡舉行。

北宋時，皇帝生日，百官入宮「上壽」舉行盛宴，共慶皇上萬福。慶典必有十隊孩童隊伍（二百多名十二歲左右的孩童），紅紫銀綠，色彩燦爛，錦襖寬衫，戴玉冠，裹頭巾，舞劍器，執錦杖，捧寶盤，跨雕箭，扮夷來朝獻寶，場面熱鬧壯觀。因此北宋的皇帝都把自己的生日定為節日，如太祖生日二月十六為中國新年，太宗的生日十月初七為壽寧節，真宗生日為十二月初二為承天節…等。

清代皇帝的生日又是如何過的呢?主要概括為八個字：「普天同慶，天下大赦」，皇帝過生日主要按照這八個字的原則來操辦。清代皇帝的生日稱為萬壽節，取萬壽無疆之意。各地封疆大吏及夠品級官員和朝廷官員，都必須要為皇帝祝壽。萬壽節當日，皇帝在御殿接受文武百官的朝賀及奉獻禮物。王宮百官進貢的壽禮非常講究，基本上可用「精、珍、奇」三字來概括。壽禮中多為如意（玉）、盆景、鐘錶、插屏、漆器、織繡等精美工藝品，內容以福、壽、吉祥為主題。祝壽禮品既從紋飾上，又從造型上突顯祈福祝壽的寓意。獻完壽禮後皇帝要宴請群臣，皇家的金龍大宴是格外豐盛的，並具有濃郁的滿族特色。「壽宴」共有熱菜、涼菜各廿品，湯菜、小菜、鮮果各四品，瓜果、蜜餞果共廿八品，點心、糕餅等麵食共廿九品，合計一〇九品。菜餚以雞、鴨、鵝、豬、鹿、羊、野雞、野豬為主，輔以木耳、燕窩、香蕈、蘑菇等，待皇帝入座後，宴會才開始，分別上熱菜、湯菜。進膳後，獻奶茶。宴畢後，撤宴桌。接著擺酒膳。壽宴長達四小時，午後擺設，未時舉行，申時結束。萬壽節期間禁止民間屠宰，官方禁殺死刑犯，民間統一禁穿素衣。上從朝廷下至各地官府前後數日不受理刑案。王宮百要按制穿官服。此日負責部門要在京城皇帝所到之處新建築物彩繪一番，將街道包裝得絢麗多姿，到處歌舞昇平。且各地文武百官要擺設香案，向京城方向行大禮，祝賀皇上萬壽無疆。

註：萬壽無疆—語出《詩經．幽風．七月》：「稱彼兕觥，萬壽無疆」。

第四節　六十大壽的起因

六十歲是一甲子，到底是因為一甲子等於六十年，所以才開始計算六十大壽呢？還是六十大壽有別的起源？人活了一個甲子就相當於過完了天地宇宙人生的一個完整週期，所以民間特別重視。過了一個甲子，再開始是第二個生命週期。

高麗時代國王頒發了一條殘酷的法令，即人過六十歲，不死即埋（後稱高麗葬）。在民間廣泛流傳了這樣的一個故事，說一位金姓窮人，把年過六十的父親藏在一座山洞中，每天偷偷的給他送飯，始終沒被人發現。皇帝聽說了高麗葬這件事感到這條法規過於殘酷，便給高麗王送去一個難題，使他為難。洞內老漢聽到此消息後，即告訴兒子如何解題，他兒子便進京向高麗王訴說解答。國王聽後欣喜若狂，究其出謀者，方知是位年過花甲的窮老漢。於是高麗王醒悟到老年人閱歷豐富，是國家的財富，從此便廢除舊律，通令全國尊重及愛護老人。那位老漢重返家園，與家人團聚，安度晚年，直到壽終正寢。此後「花甲宴」代替了高麗葬，敬奉老年人成了朝鮮民族的一項傳統美德。故俗云：「**家有一老，如有一寶**」，即表對老年人的尊重。

中國人把六十歲作為祝壽的起點。民間有「**不到花**

甲不慶壽」的說法。現代社會又是晚婚，人的經濟情況也比較富裕，營養也比較好，五十歲還相當年輕，六十歲也無老態，五、六十歲作壽是不常見，若有作壽也比較低調，說深怕閻羅王會找上門來。所以都在六十歲以後的每十年才作壽，稱為大壽。再者，民間習俗作壽先決條件：兒子已經結婚、女兒已經出嫁之情況下始可作壽，否則反而會減壽。

第二章　壽的類別

第一節　祝壽的種類

早期台灣習俗從五十歲開始，每十年過大生日，都有較完整的慶生禮俗活動稱「作壽」。我國傳統習俗上，五十歲以上才可稱壽（稱暖壽或半百添壽），以後每隔十年過一次壽，稱「大壽」或「大生日」。此後人們把六十歲後的每十年都稱為大壽。中國古代對人各個年齡層的年壽有不同的說法，亦即對各個年齡時段，有不同的稱法。六十歲稱花甲壽、下壽或小壽。六十六歲（語意六六大順，通常由出嫁的女兒為父母作壽）。七十歲稱古稀壽（語意人生七十古來稀）或中壽。七十七歲稱喜壽。八十歲稱傘壽。八十八歲稱米壽。九十歲稱耆（ㄑㄧˊ）壽。每逢七十、八十、九十歲生日作大壽稱上壽。九十九歲稱白壽。一百歲稱期頤。一〇八歲稱茶壽。以上為重要大壽的種類。這些壽誕儘管名稱不同，閱歷也不同，但都需要兒孫們用「作壽」這一方式來體現對長輩的尊重、愛戴和孝心。

上虞社會民間有：「**生日年年有，壽誕六十首**」的俗諺，意思是說人只有到了「耳順之年」，即六十歲才有資格作壽，祝壽習俗中還有一項不成文的規定，那就是「作九不作十」。也有地方是「男不作十，女不作九」，作九是逢五十九、六十九、七十九、八十九歲生日時作壽，因十意味著滿，滿就是完結。作九有「明九」和「暗九」，暗九是九的倍數，如七九六十三，八九七十二，九九八十一，作九的人，明九暗九都要作，而「十」與「賊」、「九」與「鳩」諧音，鳩是兇悍之鳥，亦即說男不能做賊，女不能為鳩。廿歲、三十歲、四十歲、五十歲都不作，因為「四」與「死」諧音，與「尸」近音，意味折壽；五十歲得在四十九歲的生日作，可是「四九」諧音「死久」也不吉利，故民間有「短十八、亡十九，三十歲來作陰壽」和「不到花甲不祝壽」的說法。慶壽誕在一年之內可提前作，但過了生日，就不能再祝壽。還有「逢五小壽小慶，逢十大壽大慶」⋯等說法。

閩南人五十歲以上作壽，民間忌諱「九」數，因此一般於四十九歲、五十九歲、六十九歲、七十九歲時，破九作整壽，亦即四十九歲時作五十歲生日，五十九歲作六十歲生日，以此類推。祝壽時，壽翁坐於廳堂中，牆壁上掛一幅「松鶴圖」，子孫行跪拜禮，獻上「壽桃」與「壽麵」，均是用麵粉做成，做壽麵的麵線不可剪斷，象徵長壽。又接受親友道賀，親友送上賀禮與賀儀，壽翁家中設宴招待親友，或在餐廳、飯店擺酒席款待。以「壽桃」、「壽麵」為長輩祝壽的方式漸趨式微，近年來漸興以「訂做蛋糕」的方式取代。

第二節　祝壽一般原則

民間的習俗普遍以六十歲以後才叫「壽」，六十歲以前則不算「壽」，祇能說是「生日」。但下述原則還是要注意的：

一、假若壽星的高堂（父母）尚健在，不能叫「作壽」，但只能叫「生日」，這是中國人的傳統。

二、在台灣男人有年齡「逢九」關卡的不吉祥習俗，也許是慶幸自己過了四十九歲關卡，而要求作五十歲生日吧！

三、有一項習俗是女婿在三十六歲生日時，岳父要買襯衣衫為女婿作生日；當岳父五十歲時換女婿要為他作生日。

中國人祝壽一般從六十歲或六十六歲開始，不論是六十歲或六十六歲都是按虛歲計算，即按實際年齡提前一年祝壽。祝壽也慣稱做「過生日」，老年人一開始「過生日」，以後就須年年過，不能間斷。平常為小慶，逢十如：七十、八十、九十等，作大壽，要大慶，不但設宴待客，還唱大戲、放電影，或請嗩吶班子演奏助興。給老人賀壽的人有族內子侄輩和兒孫輩、女兒和女婿、徒弟、學生、親戚中的晚輩及朋友等。七十歲以上的高壽老人過生日時，街坊鄰居也常備禮來慶賀。

第三章　壽誕的主要工作

第一節　祝壽準備

一、**正式作壽**：壽期將至時，都由子孫或親友發動，事先布置壽堂，通常岳家必備禮物前來祝賀，賀禮供在廳堂上，再由壽星夫婦點香向神明和祖先稟告祝禱。親友則會準備壽幛、壽聯、壽禮等做為祝賀。

二、**發帖**：壽誕禮在民間都比較重視，大戶人家更是有著比較隆重的慶典禮制。如事先要發帖。壽誕前一個月，由其長子或主事晚輩徵得壽星的同意，向親友、同僚、門生、佃戶等發出請帖，否則失禮。於準宴日前邀約，所謂：「三日為請，二日為叫，當天為提來」。親友接到請帖，準備壽禮前來祝賀，俗稱「拜壽」。帖子一般書寫如下：「謹詹於○月○日為家嚴（或慈母）古稀壽誕，略備薄酒一盞，敬請賜教，恭候」，另起一行，再寫「闔第光臨」。左下方寫「○○頓首」。再下一行寫發帖日期。以往壽慶一般都在壽星的宅第舉行。現代壽誕都在餐廳辦，就要寫壽宴地點及時間等。請帖也由直式改為橫式，寫法基本上是一致的。壽慶柬帖標準格式範例如下：（由子孫具名）

壽慶柬帖：（由子孫具名）

中華民國○○年 國曆○月○日 農曆○月○日（星期○），為家嚴○秩晉○壽辰　敬備桃殤（或桃樽）　恭候

闔第光臨

○○ ○○ ○○ 鞠躬

恕邀
席設：○○餐廳
時間：台北市金山南路一號一樓
電話：○○○○○○○
時間：下午六時三十分入席

註：桃樽—指祝壽的酒席。桃，生日的代稱。樽（音ㄗㄨㄣ），酒器。

三、布置：古傳統給老人祝壽，兒子們要提前做好各項準備工作，第一是預備招待賓朋的饅頭、菜餚和酒水。第二是準備壽麵、壽桃、壽糕等。壽麵多為掛麵或麵線，沒掛麵可用自擀的細麵條（長壽麵）。壽桃是用白麵做成桃形，蒸熟後塗上紅綠食色。壽糕是用白麵和紅棗蒸製的多層棗餑，城市人多買生日蛋糕代替。第三要布置壽堂。壽堂一般在正屋廳堂，中間擺放一把太師椅，壽星有功名的話，要在畫桌屏風掛好敕令。壽堂牆壁上掛上一幅紅紙貼上用金紙剪成一尺見方的「壽」字貼在堂屋正中。壽屏通常請當地名流書寫，內容都是壽星的功名、德行、事蹟等。屋內壽堂上張燈結綵，點滿寫上「壽」字的壽燭，正面牆壁中間懸掛中堂圖畫，男壽多為「南極仙翁」，女壽多為「瑤池王母」、「八仙慶壽」，或「百壽圖」，或以紅紙書一般大金色「壽」字。中堂壽字兩旁貼一副壽聯。壽聯多為「**福如東海；壽比南山**」或「**福如東海長流水；壽比南山不老松**」等祝壽語句的壽聯。牆下放禮桌，八仙桌上供壽麵、壽桃、壽糕、壽酒、壽筍等。大門懸掛彩球、彩帶，正中還擺一方桌（陳列拜壽者所送禮物），方桌上兩旁插一對紅蠟燭，大紅色壽燭表面配有龍鳳圖案，從暖壽開始，府第中所有的燈彩和壽燭都必須點燃；桌的兩旁擺萬年青、長春藤或松柏之類的植物，桌前地上鋪設紅氈或花席，以備晚輩行禮。

註一：「福如東海長流水；壽比南山不老松」，這裡所說的東海就是現在的渤海，古有海納百川之說。古代中國的經濟中心在黃土高原及華北平原，毗鄰渤海，所以古人認為渤海是最大的海，因此以「福如東海」來比喻福氣自四方雲集，像東海的水一樣綿延不盡。

註二：關於「南山」的說法早見於《詩經．小雅．天保》有云：「如月之恒，如日之昇，如南山之壽，不騫不崩」，傳言箕子所做。《尚書．洪範有九疇》所謂洪範九疇者指夏禹治水，天所賜予之大法九類。大意是：猶如上弦的月，好比初昇的日，恰似南山之壽，不會崩塌陷落。有人說南山是指「終南山」，但這裡的南山是指那座山，已經很難考證了。

註三：八仙—八仙一詞在中國歷史上的不同時期一直有不同的涵義，是中國道教及中國神話中的八種神仙。

道教的八仙源起於唐宋時期，當時民間已有「八仙圖」。在元朝馬致遠的《岳陽樓》，范子安的《竹葉船》和谷子敬的《城南柳》等雜劇中，都有八仙的蹤跡，直到明朝吳元泰的《東遊記》，才正式定型為鐵拐李、鍾離權、呂洞賓、張果老、何仙姑、曹國舅、韓湘子及藍采和等八位，分別代表男、女、老、幼、貧、賤、富、貴等八種不同的人群。由於八仙均為凡人得道，所以個性與百姓較為接近，晚近為道教中相當重要的神仙代表，他們手持的法器或寶物也稱「八寶」，分述如后：

①鐵拐李—是個跛足的殘疾人，拄一根鐵拐杖，像個叫化子（有葫中豈止存五福之涵義）。
②鍾離權—手搖一把芭蕉扇（有輕搖小扇樂陶然之涵義）。
③呂洞賓—背負寶劍，行俠仗義（有劍現靈光魑魅驚之涵義）。
④張果老—鶴髮童顏，銀鬚飄拂，常倒騎一隻小毛驢（有魚鼓頻敲有梵音之涵義）。
⑤何仙姑—手持一朵荷花（有手執荷花不染塵之涵義）。
⑥曹國舅—是皇帝的親戚，手持玉板（有玉板和聲萬籟清之涵義）。
⑦韓湘子—是韓愈的侄孫，愛吹笛子（有紫簫吹度千波平之涵義）。
⑧藍采和—原型是個有點才氣的流浪漢（有花籃內蓄無凡品之涵義）。

註四：關於呂洞賓—

- 狗咬呂洞賓不識好人心—呂洞賓與苟杳的故事，兩人都是好心，但看似壞心…「苟杳不是負心郎，路送金銀家蓋房。你讓我妻守空房，我讓你妻哭斷腸」。
- 忌帶情侶到台北木柵指南宮去拜拜，因為呂洞賓會嫉妒，而拆散雙方姻緣。
- 台灣半屏山的傳說，呂洞賓想測驗台灣是否還留有善良的人？是否還有孝順的人？

第二節　祝壽儀禮的作法

古代中國人給老人慶壽並無嚴格的儀式，僅有大致的章法。一般是壽辰之日，先把祖先的神主牌位請於神案上，點燃香燭，鳴放鞭炮，壽誕老人穿戴煥然一新；率全家人祭拜後。老壽星端坐壽堂椅上，晚輩們衣冠整齊，恭敬依次磕頭（叩三個頭）祝壽，並獻上賀壽禮。祝壽磕頭為「壽頭」。「壽頭」是必定要磕頭的，現在很多年輕人不會磕頭，就變為三鞠躬。

祝壽完畢，壽宴開始，眾人給壽星敬酒，壽星把壽糕、壽蛋、壽果等吃的食物分給眾人，眾人踴躍嚼食，說是替老人「嚼災」。長壽麵是壽宴上必有的食物，吃麵時，兒女們要把自己碗中的麵條撥給老壽星碗中一些，謂之給老人「添壽」。壽宴後稍事休息，大家陪老壽星看戲，看電影。晚上請執事人等吃酒答謝，壽禮便圓滿落幕。詳細祝壽儀禮如后：

一、祭祖：壽誕禮一般要連續舉行三天。壽堂擺設祭品有水果、牲醴、壽桃、紅龜粿…等。壽桃依禮俗由孫女贈賀，是由天堂仙人祝壽仙桃而流傳，乃祝壽之吉祥代表物。壽星的壽誕日稱「正壽」，前一天稱「暖壽」，按習俗由出嫁女兒負責承辦，「正壽」才是由兒子來辦。正壽這天，壽星身穿壽服，賀壽者也要穿吉服。黎明時分就要請「壽星菩薩」。正午時分再請「祖宗饔飯」。請壽星菩薩時，桌上供奉肉、雞、魚、三牲福禮或肉、雞、魚、羊肉和甲魚五牲福禮，點上壽燭香火、焚燒元寶，虔誠拜祝壽星菩薩。請祖宗饔飯時，除前面的三牲、五牲福禮外，還要增添清茶和清酒，祭畢均要燃放炮竹。

二、拜壽：壽慶時壽誕日最為熱鬧，是日，至親好友、故交、門徒、下屬、近鄰，甚至上司都來祝壽。門外要有專人司鑼，壽堂旁有樂隊伴奏。來祝壽者都是幾個人一起邀約前往，每來一次客人，主人都要放鞭炮迎接。凡有祝壽者到門口，司鑼敲鑼兩下後高呼：「貴客到」或「客人到」，樂隊聞聲奏樂。壽星隨即在高椅上整衣正坐，長子站伺一側。祝壽者上堂作揖，口稱「祝壽」。前來祝壽者如果是平輩的至親、故交，壽星起立相迎。如果是晚輩或下屬，就由長子代為回禮。如果是佃戶或農戶借祝壽之際送禮或前來請求租田種地的，一般不進壽堂。收下壽禮後，由行堂直接帶到廚房，讓他大吃一頓後離開。如果是上司或顯赫的親朋，壽星下堂迎接，拱手作揖，並邀入客堂聚談。

後有至親賓朋到齊後，拜壽儀式正式舉行。儀式都請專業司儀主持。拜壽儀式開始後，樂隊奏樂，壽星上坐，親朋好友一一入坐後，司儀介紹壽星簡歷、功績、子嗣後輩，家中晚輩按輩分順序和親疏遠近，依序向壽星行「三跪九拜」禮，拜祝時要口唸**「福如東海，壽比南山」**、**「福祿雙全」**、**「長命百歲」**、**「健康長壽」**、**「壽比南山千古見，福如東海萬萬年」**等吉祥語，並送上壽禮。壽星受拜時，要贈送壽禮包（子孫錢）。拜祝畢，主賓同吃壽桃和壽麵，吃麵寓意長壽綿綿；吃桃意謂長生不老。

註：長命百歲—是人對生命旅程無限延伸的期許。因此在台灣社會舊習俗，作壽者年紀都要逾半百以上，又以客家禮俗則是五十一歲開始的祝壽，後每十年就慶祝一番，夫婦都健在，則逢十一，即五十一、六十一、七十一，喪偶者逢十祝壽。

三、壽戲：拜壽完畢，大戶人家要請專雇的戲班上演壽戲。壽戲的劇目大多為喜慶、歡愉、圓滿的傳統劇目，尤其戲的結尾必以大團圓謝幕，以圖吉利。看壽戲時，壽星坐在中間主桌；上司及地位顯赫者坐於兩側，兒孫等家庭成員坐在第一排，然後按輩分依次坐定。戲班在演正戲前，一定要先演「八仙慶壽」的開場戲。唱詞如「壽桌團團轉，鮮花朵朵開，魚鼓一聲響，引出眾仙來，今日乃是○○○的壽誕日，你我駕起祥雲，往瑤池一走，壽山連福海，福壽萬萬年」，然後「八仙」一壽，以示慶賀。作壽戲一般要連做三天。

註：相傳「八仙」也會定期赴西王母蟠桃會祝壽，所以「八仙祝壽」也成為民間藝術常見的祝壽題材。

四、壽宴：壽宴由兒孫承辦，稱為「桃觴」或「桃樽」，桃即壽桃。觴、樽，均為酒器的意思。「桃觴」、「桃樽」，就是壽誕舉觴稱賀之意。前來祝壽的客人都要吃壽宴，壽宴要連辦三天，以正壽的晚餐最為豐盛。前來祝壽及送壽禮者依次入席，按輩分大小、身份高低或事先劃分好的位置坐定，共同舉杯祝賀壽星，祝福語大都是吉祥用語，如「祝○○○福體安康、長命百歲」等。壽宴中，主食以麵條為主，麵條為「長壽麵」，是壽日不可缺少的食品。一定要有「豬腳麵線」這道菜，壽星還要盛裝。要先吃壽桃、壽麵，再吃壽菜、壽酒，「酒」與「九」諧音，故民間有「**吃了壽誕酒，活到九十九**」的諺語。菜餚除了傳統的十碗頭外，大戶人家有的還用全雞、全鴨、全魚、全鱉，甚至用銀耳、海參等下八珍，干貝、鮑魚等中八珍，以及熊掌、燕窩等上八珍。中午的壽飯也很豐盛，敬酒、獻酒熱鬧非凡，壽筵結束，主人家要把壽桃、紅龜粿分贈給親友，希望大家分點喜氣、增添福氣。來客一般下午就散了。

五、分壽：壽宴結束，大家要拿「長壽食品」，如壽桃、壽麵、長生果等當做回禮，分送給家人、親友，以分享長壽。同時，出嫁的女兒要挨家挨戶的向鄰居分送長壽果，以示同喜同賀。舊時長壽果皆為壽桃、壽麵、壽饅頭、長生果、甘蔗、荸薺（地栗）、硬糖等。現多為小包裝的方便麵、蛋糕、花生、桃酥、巧克力、水果等六種食品。

註：豬腳麵線─壽宴中必須要有「豬腳麵線」這一道菜，壽星還要盛裝。從前老一輩以農曆紀年，但自從陽曆引進台灣後，兩者每年的天數不同，農曆較短，老一輩的人又以農曆來過生日，為了使農曆與陽曆的時間能夠配合，於是農曆每三年會有一次閏月（同個月會過兩次），有閏月的那一年稱「大塊年」（台語）。而老一輩相信閏月是不吉利的，必須煮豬腳麵線給家裡的長輩吃，才能延年益壽，趨吉避凶，度過這不吉利的一個月。後來豬腳麵線延伸到只要遇到霉運，就要吃一碗以去除霉運。據說吃豬腳麵線時一定要吃到「豬蹄」，才算真的把霉運踢走。吃豬腳麵線是象徵強健，麵線又代表著長壽，是中華文化中極具獨特代表性的美食。豬腳美味迷人，更有消災祈福的意義，在婚誕、喜壽等場合，必定有它的存在，所以說豬腳麵線向來是祝壽、囍宴與洗塵之必備料理。

第三節　祝壽禮品

古時祝壽若較為正式的壽誕，晚輩、親友多要送禮；出嫁的女兒還要挑禮擔，除壽禮外，還要特別縫製衣褲、鞋襪等作為壽禮。衣物多用蠶絲製品，象徵長生不老、長命百歲。凡壽慶禮物都冠以「壽」字，如壽袍、壽襖、壽桃、壽麵、壽糕、壽酒、壽饅頭、壽燭、壽幛、壽聯、壽畫、壽屏⋯等。每件壽禮必須綴上用紅紙剪的「壽」字。而壽桃是必不可少的壽禮，但如壽誕不在果桃成熟季節，可用麵粉做的壽桃代替。大戶人家或書香門第的壽慶，除準備前面禮物外，還贈壽軸、壽聯等書畫作品以示慶賀。壽軸多是「松鶴圖」、「福祿壽三星圖」或「百壽」、「百福」、「百祿」、「百禧」圖之類的吉祥圖。壽聯多是「**福如東海；壽比南山**」之類的祝頌語。

祝壽禮品是祝壽禮儀中十分重要的部分，中國傳統祝壽禮儀活動那種熱烈而活躍的氣氛，歡樂而融洽的情調，很大程度上正是由那些豐富多采、各色紛呈的祝壽禮品所造成的。每逢家族中老人壽誕之日，親友們便要精心準備各種精美禮品送到作壽老人家中。至於那些名門望族、官宦人家有人生日，收到的壽禮就更是不計其數。但中國傳統社會中，較為普遍的壽禮形式還是以壽桃、壽糕、壽幛、壽屏，及錢款之類的物品，它們大都具有濃厚的吉祥喜慶色彩，鮮明襯托了祝壽活動歡愉、熱烈的氣氛。給老人祝壽的親朋鄰里多拿祝壽禮品，祝壽禮品也多種多樣，有衣物、鞋帽、手杖；有壽麵、壽桃、壽糕或生日蛋糕；有肉、蛋、魚、酒；有蘋果、石榴、桃，還有寫有祝壽字句的壽幛、壽聯、壽屏和壽匾。也有朋友送戲、送電影慶賀的，就是忌諱送鐘（終）。贈送的壽禮不外乎有以下考量：

一、吉祥禮物—壽桃、壽糕與壽麵

中國傳統的社會中，最為常見的壽禮形式是壽桃、壽糕與壽麵…等的物品，它們大都具有祝吉祈祥的色彩，反映了中國人對於生命持久，壽運永繼的強烈慾望和迫切心願。

1.壽桃及其由來：桃可以延年益壽的心理，千百年來，壽桃之說，起源很早。《神異經》中就有：「東方有樹，高五十丈，名曰桃。其子徑三尺二寸，合核美食之，令人益壽」的記載。傳說中壽桃祝壽是從戰國時孫臏開始的。孫臏十八歲時離家拜鬼谷子為師，在千里之外的雲濛山（今山西省新鄉市北郊太行山）中學習兵法。十二年過去了，孫臏沒有回過一次家，也沒寫過一封信。有一天孫臏想起五月初五那天是母親八十歲生日，便想：「烏鴉十八日反哺，羊羔吃奶跪乳，禽獸還知恩達禮，我卻有十二年了還未回報母親的養育之恩」，於是向師父告假回家探望老母。臨走時師父摘下一個桃子給孫臏：「這桃子是不輕易送人的，我送你一個帶回去給令堂上壽」，於是孫臏辭別師父回家去，孫臏回到家看見母親憔悴的面容，他趕緊的從懷裡捧出師父送的桃子，母親吃一口後說：「桃子比冰糖、蜂蜜還甜」，此時老母容顏大變，皺紋一掃而光，青絲如墨，雙目明亮，牙齒重生，從此之後，人們也在父母生日的時候，送上鮮桃祝壽，蒸熟後送給父母拜壽，這個習俗就廣為流傳，一直到今天。神話中，「西王母」作壽，在瑤池設蟠桃會宴請眾仙，因而後世祝壽均用桃。中國民眾在自己親友壽誕之時，總是喜愛以壽桃在壽禮上是不可少的，若壽誕逢時，可用鮮桃，鮮桃的季節性強，但如不在壽誕的時節，一般都是用米麵粉或麥麵粉做的替代，其形狀下圓上尖，酷如桃形，壽桃的顏色大多是紅色，桃嘴上還要點一個紅點，所以在蒸製麵桃時，要將桃嘴染紅。壽桃的裡面，還包有豆沙、松子、百果…等的甜餡。贈送壽桃的數量也是很有講究的，有的地方贈送壽桃的數量必須為九枚，其寓意是一桃象徵壽，其餘八桃象徵八仙。有的地方贈送壽桃的數量必須為八枚，以表八福長壽。也有的地方是按壽者的年齡來贈送壽桃的。贈送壽桃時一般不能平放，而是要將其層層相疊堆成尖塔狀，然後裝入紅漆盤，三盤並列，這樣的擺放方式也有著預祝壽者壽高命長、鴻福齊天的寓意。過去一些帝王祝壽時，臣子還要特意製作一些大壽桃作為壽禮相送。相傳有一次周文王壽誕之日，他的臣下命廚師特意製作了一枚大壽桃，將此桃剖開後，裏面露出精美鮮艷的九十九枚小桃，暗示文王子孫滿堂、多福多壽之意。這就是中國歷史上有名的「百子壽桃」。後來，這種百子壽桃經常被許多大臣們作為奉獻給皇帝壽誕之日的貴重禮品。

註：「西王母」壽—指傳說中西王母園中種蟠桃，吃了可長壽，西王母壽誕曾宴請八仙，後來被引用在祝女性長壽的賀詞中。

2. 糕：壽糕以麵粉、糖和食用色蒸製而成。其形如壽桃，或飾以雲卷、吉語等祝壽圖案。在中國人的語音中，「糕」與「高」相諧，有「高興」、「高升」、「抬高」等吉祥寓意，因此糕經常成為傳統時代人們十分喜愛的食品，並成了傳統時代的人們用來表示祈祝長壽、幸福之意的壽禮形式。壽糕大都也是用麵粉或米粉製成的，其形狀如同一個繞線板，由兩塊梯形狀的糕對疊粘搭而成，顏色粉紅或深紅，俗稱「定勝糕」。贈送壽糕時，也必須一個個的將其放入紅漆盤中，堆成塔狀，較為講究的還要在上面放上一些粉捏的吉祥人物塑像，如八仙、壽星、王母…等。

3. 壽麵：民間壽誕有吃壽麵的習俗，其由來有漫長的歷史。這習俗源於西漢年間，相傳漢武帝崇信鬼神又信相術，有一天與眾大臣聊天，說到人的壽命長短時，漢武帝說：《相書》上講「人的人中長，壽命越長，若人中一寸長，就可以活到一百歲。坐在漢武帝身邊的大臣東方朔聽後就大笑了起來，眾大臣莫名其妙，都怪他對皇帝無禮，漢武帝問他笑什麼，東方朔解釋說：我不是笑陛下而是笑彭祖，人活一百歲人中一寸長，彭祖活八百歲他的人中不就長八寸，那他的臉有多長啊?眾臣也都大笑了起來」。看來想長壽，靠臉長長點是不可能的，但可以想個變通的辦法表達一下自己長壽的願望。臉即是面，那臉長即面長，因面與麵同音，後人就用細長的麵，來預示長壽，於是就信用長長的麵條來祝福長壽，將祝壽的麵稱作「壽麵」。漸漸的這種做法又演化為壽誕吃麵條的習慣，稱之為吃「長壽面」這一習俗一直沿襲至今。

壽日吃麵，表示延年益壽。舊時壽麵要求長三尺，每束須百根以上，盤成塔形，置以紅線縷紙拉花，作為壽禮，敬獻壽星，必備雙份。祝壽時置於壽案上。壽宴中，必以壽麵為主食。過去一些富裕人家，凡有親友大壽之時，便要專門派人用竹籃或竹筐抬送壽麵至其家中，壽麵的長度多在三尺以上，分量重達十餘斤，一般還要湊成雙數，或為十二斤，或為十六斤。

擺放壽麵時也要像贈送壽桃、壽糕一樣，必須給人以「高聳」的感覺。它們大多被裝成一束束的束麵，盤成高高的塔形，外面再罩以紅綠縷紙拉花，然後放入木盤（高腳盤）中。經過這樣的裝飾，壽麵那種吉祥喜慶的色彩躍然而現。清人徐珂中云：「饋人以生米麵及炒熱之麵，麵條長，取其綿綿不斷長壽之意也」，這正是贈送壽麵最根本的目的。人們希望通過自己所送的壽麵，表達出一種祈祝作壽者長命百歲，永享天年的心情，他們希望通過自己所送的壽麵，塑造出一種濃濃的喜慶氛圍，讓全家族共同來為長壽之人歡騰雀躍及隆重的慶祝。

註：壽麵的傳說─壽麵是添福添壽的意思，相傳是「王母娘娘」心愛的女兒「九天玄女」為向母親祝壽所精心備辦的禮品，故稱「壽麵」，也因傳說中麵線是「九天玄女」指點創制的，故製作壽麵的家裡往往供奉玄女神像。有關壽麵最早起源之記載，在東漢時稱為水溲麵或煮餅，魏晉稱湯餅，南北朝稱水引或餺飥，隋唐稱冷淘，明朝稱溫淘，這些稱謂就是現代的涼麵或水煮麵條。中國人在什麼時候開始吃壽麵，可能是起於祭祀的活動，後來才變成民間的食品。元朝在生日時吃銀絲麵，這種生日吃麵條的習慣一直延續至今，以前的長壽麵就是我們俗稱的麵線或壽麵。

二、文人雅品─壽幛、壽屏、壽圖與壽聯

中國傳統壽禮形式中的另一個重要的類別，足以滿足人的精神需要為主要目的，具有較高語言藝術價值的壽幛、壽屏與壽聯。這類壽禮最受那些文人雅士和封建士大夫們的喜愛。中國傳統的知識分子和士大夫都深受儒家思想的影響，對於功名事業，道德名節方面的事情十分看重。因此每到他們壽誕之時，親朋好友們便要為其送上一些贊頌文字，以表彰他們對於國家、社會的貢獻，宣揚他們潔身自好，注重修養的高風亮節。這些贊頌文字大都被寫在布帛、綢緞或經過裱糊的軸子之上，

久而久之，它們便逐漸演化成為中國傳統社會中，經常作為壽禮贈送的壽幛、壽屏與壽聯。

1. 壽幛：壽幛是用整幅或大幅布帛題以吉語賀詞；祝賀壽辰，大多運用綢緞、絹布或絲絨等布料製成，其形狀如中堂（舊時掛在廳堂中央的大幅字畫）大小，布料大多為紅色，字形則大多為金色，金紅相間的壽幛呈現了一種雍容華貴的風格，與祝壽活動熱鬧喜慶的氣氛相配。我國祝壽禮儀中贈送壽幛的風氣大約起始於明朝，最初出現之時壽幛上的文字數量較多，後來則日益減少，最後甚至簡單到整幅壽幛上則剩一個大大的「壽」字，其他一概全免。但最為典型的幛詞一般多是四個字，如「大德必壽」、「惟仁者壽」、「松柏同春」、「松鶴延年」、「椿樹常青」、「慶衍桑弧」等。這些字句既簡練概括，又形象生動，既表答了壽者的心情，又富有一定的文學色彩，故深得文人雅士們的喜愛。根據壽者性別的不同，壽幛的用詞也有一些區別，如壽者為男性，送禮之人大多選擇「南極星輝」、「仕日方強」之類的幛詞用語；而如壽者為女性，送禮之人大多選擇「中天婺彩」、「瑤池益算」等的幛詞用語，祝壽賀詞詳如**附錄四～一**。

註一：松鶴延年、松齡鶴壽—松、鶴都是壽命長的象徵。故常以此作為祝人延年益壽的賀辭。

註二：南極星輝（仙翁）的典故—傳說中南極仙翁為長壽的仙人象徵長壽。南極老人，典故名。典出《史記》卷廿七〈天官書〉，星名，即南極星。舊時以為此星主壽，故常用於祝壽時稱頌主人。「南極老人」為元始天王九子。傳說經常供奉這位仙神，可以使人健康長壽，其實是道教追求長生的一種信仰。南極仙翁被視為是象徵長壽的吉星，常與「福星」「祿星」並稱「福祿壽三星」。南極仙翁因為是長壽之神，極受尊敬與喜愛。唐司馬貞《史記索隱》：壽星，蓋極老人是也，見則天下理安，故祠之以祈福壽。杜甫詩在〈泊松滋江亭〉中亦有：「今宵南極外；甘作老人星」的佳句。民間信仰中活了八百多歲的仙人彭祖，即是南極仙翁的化身。另有說，南極仙翁為南鬥星君同神異名者。

註三：椿—是一種落葉喬木。《莊子．逍遙遊》裡說：「上古有大椿者，以八千歲為秋」，後人乃以椿為長壽之稱，借以指父親。「椿庭」是對父親的敬稱，泛指男性。

註四：桑弧—指男子經營天下四方的遠大志向。

2. 壽屏：壽屏是一種祝壽用的書畫條幅，上面題以吉語賀詞或壽星老人、壽桃、八仙人畫之類。一般為四條幅、六條幅或八條幅聯列成組，掛於壁上。也有用雕刻鑲嵌的祝壽用座屏或插屏，陳列於几案上。經常被用來作為贈送給人的文字類禮品，與壽幛不同的是，壽屏上的贊頌文字一般都是寫在一些專門的擺設，如鏡架、屏風、座屏上的。在古典小說《紅樓夢》中，曾寫到賈母作壽時收到多幅壽屏的情節，這些壽屏製作精美，框上鑲嵌著彩繪的裝飾，屏中除贊頌文字以外，有的還織有各種吉祥圖案，如壽山壽石、八仙人物、松柏、仙桃…等。壽屏的材料大多用玉石、黃楊木製成。

3.壽圖：為祝壽用的畫圖，其中有「大團圓圖」、「子孫萬代圖」、「龍鳳圖」、「百壽圖」、「壽山福海圖」、「富貴耄耋圖」、「福祿壽圖」…等，分述如后：

①大團圓圖為壽器的一種油畫圖案，兩面各畫四個大圓圈。圓圈中畫花卉或一個篆體「壽」字，壽字四周畫五隻鳳凰，象徵「五福捧壽」。

註：五福—五種幸福，是長壽（是命不夭折，而且福壽綿長）、富貴（是錢財富足，而且地位尊貴）、康寧（是身體健康，而且心靈安寧）、好德（是時常行善，而且廣積陰德）、善終（是能預知時至，臨命終時，心無罣礙和煩憂，安祥而自在的離開人間）。

②龍鳳圖也是壽器的油畫圖案，壽器左邊畫一條龍，昂首騰舞；右邊畫一隻鳳，展翅飛翔，象徵「龍鳳呈祥」的意思。

③子孫萬代圖是祝賀老年婦女壽辰的禮品，圖面多呈圓形，上面畫一大葫蘆，兩側各畫一小葫蘆，葫蘆根蔓相連，有葫蘆葉數片，葫蘆蔓很長很長，民俗以此象徵「萬代長久」之意；大葫蘆下生小葫蘆，寓意「子孫不斷」，整個畫面即為「子孫萬代圖」。

④百壽圖揣摹寫古今各字體壽字共一百個，組成百壽圖。有的則是一個大「壽」字的筆劃中，佈滿一百個各種不同的字體寫的壽字，此俗明朝以前就已流行。

⑤壽山福海圖中有一大海，海中有岩石及飛來的蝙蝠。岩石代表山，蝠諧音「福」，寓意為「福如東海；壽比南山」的意思。

⑥富貴耄耋（ㄇㄠˋ ㄉㄧㄝˊ）圖是為七十到九十歲老人祝壽的禮品。圖中下方畫盛開的牡丹花一株，飛蝶於花中繚繞，有貓幾隻，作欲撲蝶之狀。牡丹花俗稱富貴花，貓諧「耄」。蝶諧「耋」，三者組成圖，即為富貴耄耋圖。

⑦福祿壽圖為壽星家中堂懸掛的祝壽圖，圖中一老人持桃伴鹿，上有飛蝠。鹿諧「祿」，作升官之意；蝠諧音「福」，喻好消息；壽星老人，喻被賀者萬壽。通常畫面上壽星後面有一小童翹首仰視蝙蝠飛來狀，稱作「翹盼福音」。

4. 壽聯：中國的傳統文字類祝壽禮品中，用得最多的還是壽聯這種形式。壽聯大都寫在裱糊過的字軸上，其形制為左右兩聯，每聯少則四字，多則幾十餘字，其中運用最為普遍的是五字與七字。早在宋代時期，壽聯的形式就已經出現，宋孫奕《示兒》篇云：「黃耕庾夫人三月十三日生，吳叔經作壽聯」，這是我們所看到的最早的壽聯資料。這副壽聯寫的是：「**天邊將滿一輪月；世上還珍百歲人**」，聯中以「天邊」對「世上」；以「滿月」喻百歲老人，構思十分巧妙。宋代以後，寫壽聯、送壽聯的風氣廣為盛行，一些喜愛炫耀才學的文人學子，和附庸風雅的社會名流，對於壽聯更是情有獨鍾。

壽聯因男女性別、年齡等不同，措詞、用典也有區別。例如男八十壽聯：「渭水一竿頭試釣；武陵千樹笑行舟」。女七十壽聯：「金桂生輝老益健；萱草長春慶古稀」。雙壽聯：「花放水仙夫妻偕老；圖呈王母庚婺雙輝」等，祝壽賀聯詳如**附錄四～二**。

註：萱花─亦稱萱草、金萱。為植物名，屬於百合科萱草，多年生草本。葉狹長而細，花紅黃或橙黃色，可採食。古人以為忘憂草，俗稱金針菜，因而用來比喻母親，如：萱堂。

第四節　特殊祝壽

老人過六十六、七十三、八十四歲的幾次生日時，祝壽禮比較特殊。六十六占兩個六字，象徵「六六大順」，老人和子女都很看重，所以壽禮較為重視。「**六十六，娘吃閨女一塊肉**」，父母六十六歲生日這天，已出嫁的女兒除一般禮品外，還須買六斤六兩一塊肉，蒸六十六個小饅頭為父母祝壽，以報答父母生育與教養之恩。肉與小饅頭須父母兩人吃，其他人不得分食，否則謂之「奪福」。七十三歲和八十四歲，俗謂人的一道生死坎兒，諺云：「**七十三、八十四，閻王不叫自己去**」，到了這個年齡，老人和子女都比較緊張，平時對老人家加倍呵護，生日時也要有個特別的破法，即子女買活鯉魚為壽禮讓老人吃，鯉魚擅跳躍，吃了鯉魚，就會躍過這道坎兒，獲得平安健康。

◇祝壽禮相關術語註解

1.福如東海；壽比南山之歷史典故—

傳說一：很久以前，有一年接連數月未降甘霖，各地鬧旱災，莊稼顆粒無收，珠崖郡的崖縣（今海南島三亞市），居民饑餓乾渴，天天跪地祈天降雨。此地鹿頭村有位勤快勇敢的小伙子叫阿富，他每天到海裏捕魚給鄉親們吃。說也奇怪，那年那海域都捕不到魚，衹有到大東海才能捕到魚，有一次阿富在大東海捕到一條好大的魚，回村裡切成塊分給鄉民，而自己只留一點點魚頭，當他要煮魚頭時，來了一位要飯的老太婆，只見她滿頭白髮、衣衫襤褸，阿富就將整個魚頭分給她吃，老太婆吃完頓時精神抖擻，跪地叩頭感謝，阿富慌忙扶起卻發現面前的不是老太婆，而是貌似天仙的女子，這女人名叫阿美，是東海龍王的三女，應答說現人間鬧乾旱，我告訴你，只要善良的人到大東海喝三口海水，回來便能挖地出水種地豐收，總之，凡事能心想事成，於是阿富就帶鄉親到大東海各用手捧三口海水喝，果然回田間後發現地裡冒出一汪清澈的淡水，不久，汪水又變成一條河流，向前奔騰，就這樣鄉民得救，阿富、阿美也成親了，此後村民遇到任何難題就到大東海去喝三口海水，就能獲得解決，此後善良的居民又把此秘密告訴他鄉居民，讓大家凡事多可心想事成，夢想成真，村民說這幸福是大東海給的，從此「福如東海」這句話就流傳開來了。再說「壽比南山」的由來。有一年瓊州突然天昏地暗，電閃雷鳴，傾盆大雨連下七天七夜。到第八天只聽轟隆一聲巨響，天崩地裂，從此瓊州脫離了大陸，成了一個島嶼，瓊州上的生靈死的死、傷的傷。所有的河流也都改道，山脈也都變形，還有些山河因此而消失，奇怪的是衹有南山（今三亞市的鼇山，也叫南山）是安然無恙，住南山上的人一個也沒傷亡，傳說歷經此次天崩地裂的南山人多活了幾百歲，最後成仙。

註：壽比南山—語本《詩經．小雅．天保》：「如月之恒，如日之昇，如南山之壽」，壽命如終南山那樣長久。

傳說二：相傳唐代高僧鑒真在西元七四八年與三十五位門徒第五次東渡日本時，因遇到颱風漂流至振州（今海南島三亞市）寧遠河口（今海山奇觀風景區一帶），他們精疲力盡的踏上南山土地，卻馬上恢復了精神，這件奇事一傳十，十傳百，人們從此把南山叫做仙山，傳說到南山的人有病去病，無病健身，個個長壽，於是人們就用「壽比南山」來祝福他人長壽。現在人們一般認為南山是指山東省青州市南的雲門山，此山不高，但風景優美，有很多名勝古跡，山頂有雲窟和雲門洞，洞穿南北，洞下懸崖峭壁，絕壁上刻有一巨大的「壽」字，這是明朝嘉靖年間衡王府的周全所書，距今已有四百多年，「壽」字高五點五米，寬七點三米，單是壽字下面的「寸」，就有三米多高，所以人們常會說「青州府裏，人無寸高」，人站在壽字下面，昂首仰望，壽高入雲，壽比南山之說便由此出。

當然關於「福如東海；壽比南山」的典故有許多版本，不過傳說一的這一說法比較普遍，很久以來這句話也成了人們最常用的祝壽語。

2.耆（ㄑㄧˊ）—六十歲以上。七十歲曰「老」。八十曰「耆」。九十曰「耄」。百歲曰「期頤」。

3.耄（ㄇㄠˋ）—七十歲以上。據《禮記・曲禮》中註解「八十、九十曰耄。」《詩經・秦風・東鄰》：「逝者俱耋」。「耋，老也，八十曰耋。」

4.耋（ㄉㄧㄝˊ）—八十歲。《詩經・秦風・東鄰》：「耋，老也，八十曰耋。」

5.耄耋—高年（八十、九十歲叫耄，七十歲叫耋）。耄耋皆為長壽。

6.帨（ㄕㄨㄟˋ）—就是佩巾、手帕，因古時女子生日，在門右設帨。

7.花甲壽—六十歲是一個甲子，人活了一個甲子就相當於過完了天地宇宙人生的一個完整週期，所以民間非常重視，過了一個甲子再開始是第二個生命週期。

8.六六壽—六六大順，一個人活到六六歲，出嫁的女兒要為父母作壽。

9.古稀壽—「人生七十古來稀」，到了七十歲時要祝壽，稱為「古稀壽」。

10.大壽—人自從六十歲開始，每逢七十、八十、九十歲生日舉行的壽禮稱做「大壽」。

11.「矍鑠康健」、「黃髮兒齒」，均代表有壽之徵。矍鑠，音（ㄕㄨㄛˊ ㄐㄩㄝˊ）。

12.壽桃—是由天堂仙人祝壽，仙桃因而流傳，乃祝壽之吉祥代表物。

13.紅蛋—據說可帶來好運，出生、生日、婚喜、壽誕，都可以準備來吃的喜物。

14.酣「觴」賦詩—觴是指酒杯。桃觴的「桃」即壽桃。字多代表生日、祝壽的涵義。

15.籌添海屋、海屋添壽—籌添海屋：海屋，為祝人長壽之義。據宋・蘇軾《東坡志林》記載：相傳有三個老人相遇，比較年齡誰長，其中一人說：海水變桑甲時，吾輒下一籌，爾來吾籌已滿十間屋。後用以比喻高壽。海屋添壽，意謂地上行仙哉。

16. 鶴壽添籌—添籌典出宋朝蘇軾《東坡志林》。自古以來即作為「長壽」的象徵。

17. 眉壽顏堂—眉壽，語出《詩經・幽風・七月》：「為此春酒，以介眉壽」，人老時眉毛會長出幾根特別的毫毛，為長壽的象徵

18. 北堂—為女性的代稱。

19. 寶婺—婺（ㄨˋ），是為貴女星宿。寶婺，星座名，唐朝李商隱的《七夕偶題詩》：「寶婺搖珠珮，常娥照玉輪」，是用在對女性的美稱。

20. 桑榆暮景—為自謙已老壽的意思。稱人壽曰「松柏節操」。

21. 不凡之子，必異其生。大德之人，必得其壽。自稱生日，曰「初度之晨」。賀人逢旬，曰「生申令旦」。

22. 頓首拜—為拜揖之禮，慶賀應答俱用。

23. 五福衍箕疇—五福是指劉向《洪範五行傳》所言五種幸福，是長壽、富貴、康寧、攸好德、考終命或長壽（是命不夭折，而且福壽綿長）、富貴（是錢財富足，而且地位尊貴）、康寧（是身體健康，而且心靈安寧）、好德（是時常行善，而且廣積陰德）、善終（是能預知時至，臨命終時，心無罣礙和煩憂，安祥而且自在的離開人間）。「衍箕疇」意味創立家業有成，並享福運。

24. 克紹箕（ㄐㄧ）裘—比喻能繼承父業。語本《禮記・學記》：「良冶之子必學為裘，良弓之子必學為箕」。

25. 天錫（賜）遐齡、天錫純嘏—天錫遐齡，意為上天所賜予的高齡。遐齡，高壽的意思。而嘏（ㄍㄨˇ），是福祉的意思。語出《詩經・魯頌・閟宮》：「天賜公純嘏，眉壽保魯」。

26. 賀老壽曰「南極生輝」，賀女壽曰「中天婺煥」。

27. 八「秩」—十年為一秩。

一盞遙賀	九十春光	九如之頌	九如詩頌	八仙慶壽
人歌上壽	千秋佳節	三祝筵開	乃福乃壽	上壽期頤
大德大年	大德必壽	大德有年	大德長壽	天上雙星
天地同壽	天地同輝	天保九如	天姥高峰	天與稀齡
天賜期頤	天賜稀齡	天賜福壽	天錫純嘏	天錫純融
天錫遐齡	天護慈萱	日月同光	日月長明	日月雙輝
日麗中天	中天婺煥	王母長生	仕日方強	古松千歲
古松長青	古稀重新	永享遐齡	永祝遐齡	白首相莊
北海開樽	北堂萱榮	仙壽永享	仙耦齊齡	玉樹柯蘭
如日之昇	如月之恆	如岡如陵	如松柏茂	如南山壽
百年上壽	百年長壽	百年偕老	百歲平安	竹苞松茂
名高北斗	年享高齡	年高德劭	年登大耋	同祝百齡
交柯松柏	多福多壽	老當益壯	至德延年	克享遐齡
志操比擬	芝階秀毓	芝蘭千載	宏開壽域	呈輝南極
河山同壽	河山並壽	金母音桃	金萱不老	延年無極
松林歲月	松柏同春	松柏同壽	松柏長青	松柏長春
松柏節操	松貞柏潔	松筠晚節	松壽萱榮	松齡長歲
松齡歲月	松鶴同春	松鶴長春	松鶴延年	松鶴遐齡
長命百歲	長命富貴	長壽多子	長壽百歲	青松壽色
東海之壽	東海雲鶴	岳降佳辰	孤悅齊輝	孤悅雙懸
岡陵晉祝	奉觴上堯	奉觴上壽	花燦金萱	果獻蟠桃
南山之壽	南山比峻	南山同壽	南山作頌	南山勁松
南山獻頌	南山獻壽	南極仙翁	南極生輝	南極昌壽
南極騰輝	春秋不老	春秋迭易	春深壽域	春滿北堂
春滿瑤池	春濃萱閣	祝無量壽	祝壽光輝	祝壽延年
洪福齊天	柏翠蒼松	柏壽松姿	星輝南極	星輝寶婺
眉壽顏堂	耆英望重	耆星煥彩	海屋添壽	悅彩增華
桃開連理	耄耋齊眉	益壽延年	高壽齊天	晉爵延齡

降懸仙翁	桂萼芳雙	桂蘭齊輝	晉爵延齡	惟仁者壽
陶母萊妻	祥呈桃實	祥開設帨	堂萱永茂	梅開北海
彩帨延齡	彩帨騰輝	添福添壽	淑慎其心	華封三祝
華堂偕老	華誕之慶	進祝一觴	揄英領袖	無量壽佛
富貴壽考	喜溢璇閣	童顏鶴髮	琴鶴神仙	歲月輪迴
福如東海	福星高照	福海壽山	福隆耄耋	福壽大衍
福壽年高	福壽康寧	福壽綿長	福祿壽考	福祿壽喜
福祿雙星	福齊南山	福樂長壽	福壽歡喜	福壽雙全
福體康泰	節如高松	萱花挺秀	萱草長春	萱庭日麗
萱庭集慶	瑞啟頤年	聖壽無疆	慈竹永茂	慈竹長青
慈竹長春	慈竹風和	慈萱不老	椿樹常青	萬壽吉祥
萬壽無疆	嵩壽誌慶	頌獻九如	壽山福海	壽元無量
壽比松柏	壽比松齡	壽比南山	壽同山巒	壽同松柏
壽如日昇	壽宇宏開	壽考康強	壽考惟祺	壽並河山
壽星光輝	壽星老兒	壽星門第	壽域同證	壽域宏開
壽域開祥	壽添海屋	壽為人尊	壽富康寧	壽與天齊
壽筵開萱	壽徵大德	榮壽大慶	榮壽誌慶	瑤池王母
瑤池仙子	瑤池益算	瑤池啟宴	蒼松翠柏	圖呈王母
圖開福壽	稱彼兕觥	稱觴祝嘏	稱觴祝壽	箕疇五福
頤養天年	輝聯南極	蓬島長春	蓬島春到	蓬島春風
蓬島春滿	龜年鶴壽	龜鶴獻杯	龜齡鶴壽	樂享余年
篤祜崇齡	閬苑春永	璇閣長春	德頌年高	齒德俱尊
興度榆桑	慶衍桑弧	慶衍萱疇	慶衍箕疇	錦帨呈降
錦悅呈輝	隨觴晉祝	禧延萱閣	嶽降佳辰	鴻案敝庥
霞煥春庭	觴晉椒樽	雙星齊耀	雙壽大慶	寶鶩吐輝
寶鶩呈輝	懸弧之慶	鶩宿騰輝	鶩煥孤南	疇陳五福
蘭桂齊芳	蘭桂騰芳	鶴鹿同壽	鶴算同添	鶴算壽添
鶴算頻添	鶴算龜齡	鶴壽千歲	鶴壽松齡	鶴語春秋

人歌上壽 天與稀齡	天地同壽 日月齊光	名高北斗 壽以人尊	芝榮五色 圖獻九如	呈輝南極 霞煥椿庭	秀添慈竹 榮輝萱花	春雲靄瑞 寶婺騰輝
梅開北海 曲奏南熏	喜延萱閣 觴晉椒樽	福如東海 壽比南山	福祿壽考 鶴歲籌添	蒼松翠柏 人壽年豐	萱榮堂北 鶩煥孤南	壽比南山 節如高松

心寬能增壽 德高可延年	元鶴千年壽 蒼松萬古春	北斗臨台座 南山獻壽杯	古松千歲樹 明月一池蓮	玉樹盈階秀 金萱映日榮	冰清還玉潔 松壽更萱榮
昇平天下福 孝友人間春	松心應耐雪 鵬力會沖天	松柏長春茂 頤年養性情	松齡長歲月 鶴語記春秋	青松多壽色 月桂有叢香	金萱和日照 寶鶩挹星輝
南山欣作頌 北海喜開樽	泰岱送千尺 丹山鳳九蒼	酒介南山壽 觴開北海樽	送齡歲月長 鶴語還春歸	野鶴無凡質 寒松有本心	紫氣通南極 青雲動北榮
開筵依北極 祝壽頌南山	歲老根彌壯 陽驕葉更蔭	福如東海大 壽比南山高	椿樹千尋碧 蟠桃幾度紅	壽同山巒永 福共海天長	壽考征宏福 文明享大年
寡欲能高壽 有德可延年	筵進延齡酒 簪添益壽花	綠琪千歲樹 明月一池蓮	慈萱春不老 古松壽長青	願獻南山壽 先開北海樽	鶴算千年壽 松齡萬古春

乃文乃武乃壽 如竹如松如梅	人上征途心不老 志朝峰頂景長春	八月秋高仰仙桂 六旬人健比喬松	人生不滿公今滿 世上難逢我竟逢	二回甲子春初度 舉國笙歌醉太平
八秩康強春不老 四時健旺福無窮	十里枌榆推老宿 一竿風雨待安車	三千蟠桃開壽域 九重春色映霞觴	三祝筵開歌大壽 九如詩頌樂嘉賓	千尺松筠霜后翠 五雲花浩日邊紅
千尺歲月春常在 九十封神古所稀	大椿翠浥千秋露 叢桂香飄萬里風	天上星辰應作伴 人間歲月不知年	天上眾星拱北斗 世間無水不朝東	天增歲月人增壽 春滿乾坤福滿門
天邊將滿一輪月 世上還珍百歲人	口中從此稱鶴杖 池上于今有鳳毛	心地光明宜福壽 精神爽朗自康強	日長萱草連雲秀 風靜蘭芽帶露香	文移北斗成天象 日捧南山作壽杯
元龍早日推湖海 安心中年在竹絲	乍雨乍晴花易老 耐霜耐雪松長青	玉芽久種春秋圃 青液頻澆甲子花	玉露常凝萱草翠 金鳳運送桂花香	古柏根深容不改 青松歲久色愈新
世間高歲不可記 只知盤古乃故人	白雪歡歌翻壽曲 淡雲堅石傲松年	老人歡度晚年福 童稚齊呼麗日紅	行可楷模爭稱德 老于松柏歲長春	自是牡丹真富貴 果然松柏老精神
年高喜賞登高節 秋老還添不老春	老為人鏡明得失 人效老聃戒剛強	老當益壯春常在 人逢昇平福自多	老境清閑如啖蔗 人間幸福重晚晴	老驥識途明向背 人生同欲是康寧
百歲圖開臻大壽 九如詩頌樂嘉賓	年齊大衍經綸富 學到知非德器純	休辭客路三千運 須念人生七十稀	身似西方無量佛 壽如南嶽老人星	但得夕陽無限好 何須惆悵近黃昏
芝蘭玉樹競娟秀 青鳥蟠桃共歲華	芝蘭氣味松筠操 龍馬精神海鶴姿	享人間無上景福 受天下有福尊稱	松柏常滋仙掌露 鳳凰新浴璧池春	金桂生輝老益健 萱草長春慶古稀
物華天寶長安樂 人壽年豐大吉祥	花開紅杏酣春色 酒進南山作壽杯	延齡人種神仙草 紀竹新開甲子花	室有芝蘭春自韵 人如松柏歲長春	室有芝蘭壽自韻 人如松柏歲常新
活百歲松欽鶴羨 數一生苦盡甘來	洞裡乾坤延鶴壽 壺中日月訪仙家	春放萬花晴獻壽 雲呈五色曉開樽	春秋不老同陵頌 甲子重添福壽花	春風惠我財源茂 旭日臨門人壽康

風和璇閣恆春樹 日暖萱庭長樂花	紅梅綠竹稱佳友 翠柏蒼松耐歲寒	南極星輝南嶽宴 九齡人晉九如歌	南極星臨衡岳朗 北堂萱映海天明	柏節松心宜晚翠 童顏鶴髮勝當年
柏節松貞持晚景 蘭芳桂實燦朝霞	紀壽欣逢新甲子 培香喜掇早丹花	家中早釀千年酒 盛世常歌百歲人	流水一溪瓊草秀 瑤池十丈藕花香	耆年可入香山壽 碩德堪宏渭水漠
海日蟠桃開壽域 天風奇鳥飛蓬萊	海屋仙籌添鶴算 華堂春酒宴蟠桃	高松翠竹佳氣盛 青山綠水春色濃	高齡稔許同龜鶴 瑞世應知有鳳毛	桃花已發三層浪 人瑞先徵五色雲
桃花已發三層浪 玉樹長含萬里風	既效闕卿不伏老 更同孟德有雄心	庭幃長駐三春景 海屋平分百歲籌	國中從此推酒杖 池上于今有鳳毛	從古稱稀尊上壽 自今伊始樂遐齡
盛世頻開千叟宴 芳辰遙拜五雲天	梅竹平安春意滿 椿萱並茂壽源長	麻姑酒滿杯中綠 玉母桃分天上紅	雪映紅梅千山秀 鶴伴青松萬壑春	頂霜傲雪蒼松勁 沐雨經風翠柏葱
野鶴巢邊松最老 仙人掌上雨初晴	渭水一竿頭試釣 武陵千樹笑行舟	華屋常懸仁壽鏡 高堂盛開吉慶花	紫氣東來膺五福 星輝南極耀三台	棠棣齊開千載好 椿萱並茂萬年長
晚景彌堅松柏節 好風常度桂蘭香	晚霞夕照無限好 翠竹青松有高風	雲霞輝映千年鶴 雨露滋培九畹蘭	福如東海長流水 壽比南山不老松	福海朗照千秋月 壽域光涵萬里天
福護慈萱人不老 喜彌壽樹歲長春	萬里雲霞開壽域 滿地桃李頌春風	園林娛老兒孫好 夫婦同耕日月長	萱花挺秀輝南極 梅萼舒芬繞北堂	萱草含芳千歲豔 桂花香動五株新
頌祝遐齡椿作紀 筵開壽宴海為樽	鳳凰枝上花如錦 松菊堂中人比年	筠深慈竹蔭東閣 花慶椿萱茂北堂	椿萱並茂交柯樹 日月同輝瑤島春	椿萱並茂階前郁 蘭桂齊芳堂上春
壽比南山千古載 福如東海億萬年	壽同松柏千年碧 品似芝蘭一味清	瑤台牒注長生字 蓬島春開富貴花	瑤池桃結千年寶 玉井蓮開十丈花	滿地荊花鋪紫毯 千林桃實映流霞
齊眉笑倚鳩頭杖 繞膝歡擎鶴口杯	德如膏雨多潤澤 壽比松柏是常春	慶拜團圓添福壽 壽比南山福祿長	蓬萊盈進長生果 玳瑁筵開百歲觴	霄漢鵬程騰九萬 錦堂鶴算頌三千
龍門泉石香山月 蓬島煙霞閬苑春	霞觴對舉齊鴻案 萊彩聯行舞鳳雛	瓊林歌舞群仙會 海屋衣冠百壽圖	蟠桃已結瑤池露 玉樹交聯閬苑春	蟠桃已結瑤池露 碧水常涵太古春
蟠桃花實三千歲 椿樹春秋五百年	願慈母百歲不老 祝松柏萬年長青	曩昔來稀稱長壽 而今百歲亦尋常	鸞笙合奏和聲樂 鶴算同添大耋年	鶴髮銀絲映日月 丹心熱血沃新花

大好良辰春光明媚 重開令甲上壽期頤	日月雙輝惟仁者壽 陰陽合德真古來稀	天賜期頤長生無極 人間百歲積慶有餘	五嶽同尊唯嵩峻極 百年上壽如日方中
甲子重新如山如阜 春秋不老大德大年	立德立言於茲不朽 壽人壽世共此無疆	玉樹階前萊衣競舞 金萱堂上花甲初周	白髮紅心宜登上壽 豐衣足食歡度晚年
年享高齡椿萱並茂 時逢盛世蘭桂齊芳	安得九如富貴壽考 幸封三福吉祥子孫	前壽五旬又迎花甲 待過十載再祝古稀	柏壽松姿延年無極 朱顏華髮長樂未央
柏翠松蒼咸歌五福 椿榮萱茂同祝百齡	貞良溫柔宜家受福 仁愛篤厚獲壽保年	耄耋齊眉春深爰日 孫曾繞膝瑞啟頤年	喬木長青樂逢盛世 流水不腐喜享遐齡
椿萱並茂河山並壽 庚鶩同明日月同輝	壽宇宏開圖陳百富 名楣喜溢頌獻九如	德門齊輝一門合慶 福壽大衍百歲同符	繞膝承歡圖開家慶 齊眉至樂福降人間
蓬島真人瑤池仙子 世間全福天下雙星	鶩宿騰輝百齡半讀 天星煥彩五福駢臻	鶴算頻添七旬清健 鹿車共挽百歲長生	體健身強宏開壽域 媳賢子孝樂享天倫

第五部　喪葬禮儀篇

奠

人生在世，有生必有死。生命離不開死亡，死亡呈顯了生命的有限性，當一個人體認了死亡的真實，才能領悟生命的美好。喪禮是人的一生當中，最後一項「脫離儀式」。它是指人死後，親屬、友人、鄰里為之舉行殮殯、祭奠、哀悼的習俗慣制。它涉及的範圍非常廣泛，內容也極為複雜。人死亡喪禮幾乎是每一個民族都會有的追悼儀式和祭祀活動。因此在避諱談論死亡的同時，卻也重視著死亡。故在不同的宗教觀、生死觀、哲學觀思想的層層影響之下，才衍生出屬於一個族群對於死亡的特有詮釋。葬禮的歷史和人類文明一樣古老，中國喪禮習俗，是以周朝的禮儀作根本，即以儒家思想為核心，爾後台灣民間又加上佛教、道教、地理學說等混合而為一種特別的禮俗。

子曰：「生，事之以禮；死，葬之以禮，祭之以禮」，古諺：「百善孝為先」、「樹欲靜而風不止，子欲養而親不待」、「如葉飄風歸一空，蒼天無語失音容」或「父母鞠我、養我劬勞之恩，山高水長，昊天罔極」，故古來親喪守孝三年。然為人子者要免於父母之懷須時三年，故要服喪三年，以報父母鞠育之恩。傳曰：「三年之喪，天下之通喪也，上自天子，以至庶民，國家共之，故曰父母之喪，貴賤之所同，故今之所通也」。然今因工商社會進步繁忙，禮制之期已不如昔，深怕會荒怠工作事業，古喪禮現已逐漸無人悉數遵循。然為人子孫者仍應禮遵「慎終追遠，民德歸厚矣」之孝道，舉哀守孝，其道理應為報答親恩及以身教遺留後代為最主要意義。是故其親屬皆應悲悽哀慟而匍匐之。但也必須恪守，其哀也悲，其意也誠，殯禮簡單肅穆莊嚴而隆重，不宜過份舖張而形成浪費。反之亦不應過份草率而招來不孝惡名。所謂：「**古例未除，新例先開**」。

現今台灣社會喪葬禮儀，仍承襲了明、清及日據時代的舊體制。近代有清朝雍正十年呂子振編著「家禮大成」，至今不到三百年的歷史，目前閩南地區民間所推行的禮俗，絕大多數是依據該書，尤其喪祭之禮制，對於細節亦有非常深入的敘述，但有很多爭議處，並且其中也有許多喪葬禮俗已隨著時代而改變，有部分已廢止，有部分化繁為簡，有部分至今仍保存著，但還是有泰半因襲舊俗。

喪禮無論官修或私撰，皆本於禮經而損益之，是以全國各地之風俗習慣，除地方特色外，更有其共通性，此一共通性，自姬周以迄於今，相承不墜。台灣開發雖晚，然台人之祖先多來自閩、粵兩省，由此移民所構成之社會，其習俗亦不能自外於內地而不具其共通性。隨著社會之現代化發展，經濟繁榮，工商忙碌，生活緊湊，很少有人願意了解傳統葬禮的意義，甚至很少人知道喪禮該如何如何進行，大家只是人云亦云，照著不同之建議行禮如儀。因此有智之人，應以莊嚴肅穆，簡單隆重，合於時宜，並且不虛榮、不鋪張、不迷信，取古禮之教孝精神，捨虛華之舊習陋規，做為喪禮之原則，本諸禮書之沿革，亦有晚近之新創，其中或毫無意義，或貽誤亡者，或傷風敗俗，或徒費錢財，實在有簡化改革的必要。年來台灣經濟工商發達，社會繁忙的腳步已打亂了既有的禮俗和文化傳統。及至有不倫不類的禮俗，如於悲悽的喪禮上，有穿插脫衣鋼管舞孃等傷風敗俗、不倫不類的脫軌演出，敗壞了善良風氣至極，真是令人啼笑皆非，感嘆社會風氣敗壞至此地步。

禮記祭義有云：「祭不欲數，數則煩，煩則不敬。祭不欲疏，疏則怠，怠則忘」，也就是說祭祀的禮節不可太繁雜，太繁雜就會產生厭煩，一產生厭煩的心，便失去虔敬的心了。但也不可太疏簡，太疏簡會使人怠惰，一有怠惰的心，久而久之，就忘了已故的先人。我們不反對縮短喪期與簡化喪禮，但不可過於疏簡，而喪失了我國傳統的倫理道德精神。

總之，生命禮儀中的喪禮是生命歷程中柔軟的結點，它從生命的誕生到生命的結束；中間經過了成長、成年、婚姻等環節，來承接生命歷程，以開啟新的生命前景。為讓喪家既安心又放心，簡單莊嚴又不失體面，讓亡者安心的羽化昇華，生者不傷和氣，替自家兒女省下一筆龐大的開銷，本喪禮篇完全參照了國民禮儀規範，制定了喪葬禮儀事務，可供需求者參考運用。

第一章　往生各階段處置

第一節　前言

人的生命雖「死有重於泰山，有輕於鴻毛」，但人有水源木本，則喪之祭禮，自不可缺。人有親疏之別，則喪祭之儀，自不可紊。人有貴賤等級，則喪之祭分，自不可越。我們人的最後一個階段是離開世界，即是「死」。有「死」便有「葬」，有「葬」就自然有「喪葬禮儀」。而喪葬是人最後的歸宿。在人生儀禮中，喪葬禮俗的內容最豐富，也最引人關注。喪葬禮俗與其他禮俗一樣是傳承的、是變化的。任何時代的禮儀都吸收了它所生活的那個時代的精神風俗，受到那個時代的政治、經濟和文化的影響。自古以來，我國就十分重視喪葬禮儀。之所以如此，除了普遍存在的靈魂不滅觀念外，儒家孝道和先人庇蔭後代的思想也起了作用。喪禮是否辦得隆重，既是衡量子孫盡孝道與否的標誌，又對能否得到祖先庇蔭使家道昌隆，具有重要意義。另外在種種喪葬禮儀中，也表達了對死者親屬、對死者的真誠懷念，以及對靈魂存在論，這種迷信思想既恐懼，又有所求的複雜情感。

註：由於對死亡後的世界無法了解與接觸，所以世人對死亡充滿恐懼，因為恐懼產生了許多趨吉避凶的禁忌行為，也因為這些禁忌而衍生出了一些喪葬禮俗。

國人平日皆忌喪事，喜談吉慶，遇家族中有長輩往生發喪時，都會措手不及，無所適從，不知該如何辦理？乾脆全交由殯葬禮儀業者或地理師去全權負責處理，守喪期間還盲從眾多旁人意見，結果不必要的錢花了一堆，反而鬧得冥陽不安，因此於今悲悽的喪禮上，才會衍生出許多光怪陸離的社會現象。

《論語》：「生，事之以禮，死，葬之以禮，孝子之事親也，有三道焉：生則養，歿則喪，喪則祭，因養則觀其順也，喪則觀其哀也，祭則觀其敬也」。養生送死是為人子女應盡的孝道，也是我國固有倫理道德的真諦。所以喪禮就是報答父母養育恩情的具體表現，其目的在盡哀與報恩，讓孝子賢孫能在各種儀式中抒發心中的哀痛，並藉以安頓死者的身心與魂魄，也是教化世人盡孝表現在外的一種禮儀。

第二節　台灣人的生死觀

在台灣一般人心目中，出生是可喜可賀的事，死亡則是恐怖不祥的事，因此死亡一直是大家忌諱的話題，事實上，死亡也是生命整體的一部分，如同出生一樣自然，不論貧富貴賤、美醜善惡，每個人都會走到生命的終點，這是老天對人類最公平的待遇。古人說：「生死有命，富貴在天」，意思就是要人坦然面對死亡，那麼當死亡來臨時，自己就可以走得無牽無掛。不過話雖如此，一般人還是害怕死亡，又因為宗教信仰的關係，人們對死後的世界有許多想像，這些都影響著國人處理喪事的方式，在民間習俗中，喪葬禮俗一向都是極其繁複而莊嚴的，而且不同的宗教對死亡有不同的生死觀與葬禮儀式，譬如佛教認為死亡不足懼，死可以是輪迴的開始，也可以是解脫的來臨，因此佛教葬儀主張簡單隆重即可，遺體最好採用火化。道教與佛教在治喪、送喪的觀念習俗上，有相似之處，佛教講求超度亡靈，以求早日轉生，道教則講求「薦亡」，早日練成「真形」，因此道教特別強調「薦亡」儀式，希望藉著誦經超度亡者，免於沉淪地獄之中。

目前台灣的傳統喪禮，大多採用佛教或道教的儀式，不過隨著宗教信仰的多元化，國人的觀念已逐漸在改變，也有許多人以天主教、基督教的追思禮拜做為人生的告別儀式。然而不管是什麼樣的宗教，在生命結束時進行的喪葬祭儀，都是生者對死者表示最後的禮敬與追思。值得深思的是，生命的死亡是無法阻擋的，如何讓精彩的生命，留下更多的貢獻給後世子孫，應該才是人生中最重要的目標所在。

論語上說：「死，葬之以禮，祭之以禮」，關於人死後的一切喪葬祭祀之事，我國自古以來就很重視，台灣目前施行的喪葬禮俗很多都源自古禮，只是因為地域、時代、信仰的不同而有所變化。事實上每一套喪葬習俗，其背後都有其賴以支持的信仰，每一道儀節的內容，都有其設計的構思，每一種禮制的流傳，也必有其適宜生活的效能。台灣的喪葬禮俗相當複雜，而且常因地區不同，習俗也有所差異。基本上台灣地區的喪葬活動是由一系列的儀式所組成，而非單一的典禮，如果以一般性對後事的操作方法與相關禮俗而言，整個過程大致可分為四個階段，也就是臨終處理、入殮停柩、出殯安葬以及完墳謝土。

另外台灣客家人特別重視人死之喪，祭之以禮，所謂「**事死如事生，事亡如事存**」。事死送死之所以當大事，乃表示對於死者的情誼，有達於幽冥，生死不渝，而傳之久遠，而使生者與死者的精神永不分離，維繫生命之源遠流長，從而促進人與人之間的情誼，而生命得以安頓，家族得以繁衍，人生得以有所歸宿。曾子曰：

「生，事之以禮，死，葬之以禮，祭之以禮，可謂孝矣」。客家人重孝道，故對於慎終追遠的喪禮，做得十分週到（哀戚、嚴肅），且兩百年來遵守古禮，少有變動。當尊親病危時，遠親近鄰，紛紛前來探視，家人如有遠出者，必儘可能趕回省親，以盡孝思。彌留時，由近親壯男、健婦，為其潔淨身體，換穿潔淨衣服，抬至廳堂左邊，首內腳外，然後綰髮、穿壽衣，此即古禮所謂「壽終正（內）寢」。

第三節　死亡及諸多禁忌

有人認為台灣民間喪葬禮俗中之禁忌是造成當前台灣地區喪禮保守與抗變性強的主要原因之一，而因喪禮所引起之禁忌又不斷的在生活當中提醒民眾，並也有其輔助的力量，這些禁忌究竟有多少民眾觸犯了之後會有什麼惡果，迄今誰也無法實際得到驗證。

一、死亡與喪禮的定義

死的意思是生命的結束，肉體的消失。《書經・舜典》：「二十有八載，帝（堯）乃殂落（死亡），百姓如喪考妣」。《禮記・曲禮》：「生曰父，死曰考」。《書經・康誥》：「子弗祇服厥父事，大傷厥考心」。喪就是失去或死亡，《禮記・檀弓》篇上：「公義仲子之喪（死亡），檀弓免焉」。喪者是人之往生，春秋僖元年：「夫人之喪至自齊」。喪也是哀葬往生者的禮儀，《莊子・漁父》篇：「處喪以哀，無問其禮矣」。

死亡是人生的終點，就感情而言，它是充滿悲哀與無奈，它不像出生、成年、結婚這三項充滿喜樂與希望的生命禮俗。喪葬所預期的未來，部分是無知且存在的。死亡所面對的未來，截至目前為止仍是不可知，甚至被認為不存在的，因此更增加它的悲哀與無奈，故死亡之禮（喪禮），在中國成為所有生命禮俗當中最受重視，而且也最為繁雜之禮。

中國的喪禮基本架構是由儒家所建制，儒家制訂喪禮時，係基於人本一套相當完美的喪葬禮儀制度。儒家所制訂的喪禮與冠禮、婚禮與祭禮，深深的影響中國人長達二千多年，直到廿世紀中葉以後才逐漸發生了變化。

喪禮為居喪其間與辦理喪事之各種禮節儀式習俗。周禮春官大宗伯「以凶（喪）禮哀國之憂，以喪禮哀死亡」。又《禮記・曲禮》篇下曰：「居喪未葬，讀喪禮〈朝夕奠下室，朔望奠殯官，及葬等禮也〉」。《禮經禮記》有載：儀禮是戰國時期的禮制，如果是記言則稱為禮經，合記言就是禮記，禮記在西晉初年亦有載（另有載德本、劉向別錄本、鄭玄注別錄本、清胡培翬撰儀禮正義四十卷四十九篇亦載），自此禮經稱為儀禮。曲禮是儀禮的別名，儀禮唐賈公彥「且儀禮亦名曲禮」，故《禮器》云：「經禮三百，曲禮三千」。鄭玄注云：「曲猶事也，事禮謂今禮也，其中事儀三千，言儀者行事有威儀，言曲者見行事有屈曲」。曲禮是禮記篇名，是以其委曲說吉凶賓、軍、嘉、五禮之事，故名為曲禮。

二、死亡地點的禁忌

漢族人都禁忌死在臥室睡覺的床上（或炕上），所謂「隔梁斷氣」是非常不吉利的；有的地方風俗認為死者會把床（或炕）背走，死靈將受「眠床枷」，且不能超生；有的地方風俗認為亡者死在床上會得罪床母，會被床母鎮壓住，被拘禁在床上，無法投胎轉世，可能還會騷擾家人，所以要移舖…等。福建、台灣等地，民間忌諱病人在晚飯後斷氣，認為死者會把一天到晚的三頓飯都給吃去了，預示後代子孫將來沒飯吃，要淪為乞丐。另中國廣大的農村老人認為，人死亡不能在自己家裡「壽終正（內）寢」，而死在外地是普遍的忌諱，所謂「客死他鄉」即是此意。此外民間也對於因凶死地點，有諸多靈異的顧忌，諸如：車禍現場、跳樓處所、火災事故點、醫院病床…等。凶死包括有：車禍、跳樓、雷電擊、火燒、難產死…等。死了會下地獄，地獄有枉死城。

註一：俗曰：「一樣生，百樣死」。因老而壽終於寢者為順終，否則即為非順終，稱為「凶死」。凡凶死於外者，入木之際皆須至出事地「引魂」。同時請僧道至出事地點誦經超渡亡魂。死亡地點在海外，則向亡者死亡地點的方向或到海邊舉行遙祭。

註二：俗謂「地獄有枉死城」—人被處死、毒死、自盡或縊死等凶死，靈魂是會被閻羅王幽禁在枉死城的，所以必須延請道僧誦經，向閻羅王求赦罪，以便由枉死城救出。溺水者須作「牽水懺」，難產而死的作「牽血盆」。須製作五、六尺之圓筒形迴龍燈，產死者糊紅紙，溺死者糊白紙。並須執魂旛至出事地引魂，否則其魂將徘徊不去，化為厲鬼在該地產生「抓交替」之惡性循環。溺死者尚需牽水懺、牽亡魂出困境，否則永不得超生。

三、死亡時間的禁忌

漢民族民間對於死亡的時間，乃至具體時辰充滿了禁忌。禁忌不知何時斷了氣？傳統上人死的時候家眷應隨侍在側，國人認為人去世會留福，若人死的那一刻無人在場，就不能留福給後代子孫了。再者，中原地區居民忌諱家人死在正月初一到正月十五，俗稱死於「大年根底下」。因此台灣民間有：「**歹心烏爛肚，要死初一跟十五，要埋風跟雨，要揀骨尋無墓仔埔**」之咒語；另忌諱死在臘月裏；忌諱死在五黃六月。好奇的人一定會問，什麼時間都會死亡，這幾個時段為什麼就忌諱，有什麼不好呢？其實對於臨終者而言，什麼時候斷氣，從有機體的內在規律，是諸多因素共同作用的結果。在沒有外力干涉的情況下，一個即將死亡的人到底什麼時候斷氣，不僅不會按照活人的意願，也不是完全會遵從死者本人意願的。

對於這一禁忌，如果我們把關注點轉向生者，問題就迎刃而解了。因為所有殯葬活動都是由生者策劃和完成的。在臘月底和正月裡，生者正在準備歡度節日或者處於節日狂歡之中，整個家庭乃至社會都充滿喜慶色彩。這時候死人實在是霉氣，讓家庭和親友覺得很倒霉、很掃興，找街坊鄰居來幫忙，都比較不容易。另陰曆六月這個時間正是最熱，而又陰雨的天氣，毫無疑問給喪事的籌備和葬禮的舉行，增加了很大的難度。不僅屍體腐敗問題不好處理，就是為親友準備的飯菜也容易變壞，可謂諸多不便。所以從生者的感受與心理願望來看，確實是給活人帶來了更多的麻煩，可謂是死得「不合時宜」。

四、其他禁忌

1.忌嬰孩或兒童夭折—嬰孩夭折，依傳統習俗是不為他穿禮服，當他沒來世間出世，俾使早日投胎轉世。至於幼童之喪，亦是趕緊草草埋葬，不張揚、不立碑，所以諺云：「**埋無三個死囡仔要趁人做土公**」、「**死囡仔無墓無向**」。

2.忌女子未嫁而亡—台灣諺云：「**死查甫倒一房，死查某死一郎**」。在台灣因有宗族祭祀系統，男子未娶而死雖曰「倒房」，但可以由兄弟之子來繼承，至於女子則無法這麼做，故台灣諺語又云：「**厝內無奉祀姑婆**」。

註：連進步的德國人，都希望藉由臨終前的慰藉和葬禮安排，使亡者能安詳離去，詳述如后：

1.喝臨終酒—在德國萊茵河地區，至今仍遵循著一個自中世紀流傳下來的古老習俗：喝臨終酒。人在臨終之時，必須喝一口陳年老酒，據說這種酒是聖酒，可喚醒死者亡靈，驅散圍繞在病床前的招魂魔鬼，使臨終者得到安寧。

2.點蠟燭—德國人在臨終前，家人會將洗禮燭、聖餐燭、聖光燭點燃，並同時點燃一支紅色大蠟燭，把它們放在死者身旁，一是以用燭光為亡靈祝福；二是為亡靈照亮通向天堂之路。

3.鏡子要用布蒙住─在德國的民間傳說中，鏡子被視為魔鬼的工具，是死神隱蔽的場所，妖魔利用鏡子的反照能力擾得人不得安寧。因此人在臨終前要將鏡子用布蒙住，以使亡靈能安詳地解脫塵世罪孽，昇上西方極樂世界。

4.臨終時要開窗戶─在德國南部山區，臨終時要開啟窗戶，揭開樓頂磚瓦，其目的是為了給死者敞開一條通向另一個世界的通道，因為他們相信人在脫離凡塵之後，將到另一個世界生活。

第四節　臨終之處理

臨終處理是喪葬禮儀的第一個階段，所謂臨終處理，是指人在彌留狀態時的一些準備工作，包括穿壽衣、通知親友等。台灣老一輩的人，在知道自己大限即將來臨時，都會堅持「死要死在自己的家裡」，這是一種落葉歸根的傳統思想，同時也代表壽終正（內）寢的「好命」觀念，所以即使在醫院已經病得不行了，家屬也要想辦法（裝氧氣）讓即將往生者回家斷氣。佛教倡導人將斷氣或已斷氣這段期間，最需要的就是「寧靜」。「寧靜」就可讓亡者死得安樂。這時候對往生者最需要的就是要不移動、不哭泣、不吵雜，肅敬念佛，八至十二小時後料理一切後事。

人將死亡前會有迴光返照現象，俗稱「反青」，其行為表現出有託孤或交代後事之徵兆。若其奄奄一息轉為冒汗（其實是汗腺及泌尿系統已無縮緊力所致），俗稱「爬坡」。家屬要在其嚥氣前為他淨身、換衣。壽衣有分男中式長袍馬褂（或西裝）；女有旗袍、鳳仙裝可供家眷選擇。

註：託孤─如臨終者有未成年子女時，難免關心遺孤的將來，於是邀請所囑託的監護人，鄭重地將子女託付，並請其善待（如三國劉備託孤兒子劉禪給諸葛亮）。

一、置放於廳堂，男移左邊（左青龍），女移右邊（右白虎），現住宅建築結構不一，倒可因地制宜即可，但亡者一定要頭內腳外（屍床首在內腳向出），搬舖置放於水舖上（約6尺x3尺之厚木板，椅子墊高，勿緊靠牆），遮白布幔。再做舉哀工作。

註一：右白虎─禮記曲禮上「左青龍，右白虎」。右白虎（代表西方七星宿奎、婁、胃、昴、畢、紫、參）。廿八宿又稱廿八星、廿八舍，亦曰廿八次，皆有止宿之意，源於我國古代天文學家，分周天之恒星為三恒廿八宿。三恒云：廿八宿為東方蒼龍七宿，即角、亢、氐、房、心、尾、箕；北方玄武七宿，即斗、牛、女、虛、危、室、壁；西方白虎七宿，即奎、婁、胃、昴、畢、觜、參；南方朱雀七宿，即井、鬼、柳、星、張、翼、軫。

註二：人往生搬鋪，何也？

曾子疾篤，寢於華簀，而氣未絕。童子曰：華而睆（音ㄏㄨㄢˇ，明也），大夫之簣乎？曾子曰：然，斯季孫之賜也（言無大夫之職，不當此華睆之簀簣），命曾元易簣，遷寢未安而卒。後人效之，方有搬鋪。

二、嚥氣前為亡者擦身謂之大體淨身。通常淨身、著裝是用茉草沖溫水為之，後穿上西裝或馬褂之綢、棉質衣服，上衣六件七層（客俗講究男單女雙），褲二或三件（含白色貼肉綾）、白襪黑布鞋、帽（男）、梳頭、化臉、戴戒指、手鐲、耳環、長壽針（女），後再蓋上水被，並以石頭為枕（或以金紙、舊衣物取代）。

三、舉哀通常以電話通知散居各地子孫及親友趕回送終。早期嚥氣後趕回奔喪之子孫，還須匍匐號哭入廳。現風俗民情已慢慢淡化。佛教人士甚至還倡導不哭泣、不殺生、禁葷食、要茹素，往生後八小時內助唸「阿彌陀佛」或「南無阿彌陀佛」最為殊勝，祝禱亡者自在解脫；基督教、天主教人士更認為人逝乃「蒙主恩召」，藉由作彌撒、唱詩歌、證道，使往者得以永生。

註一：助唸—是送亡人往生佛國，最後「訣別」。這是佛教所具有的特點，也就是「助唸」的本意。相關論述如下：

1.助唸意即壽命已盡，臨命終時親友幫他念佛，用念佛的功德，送他在人生的旅途上走完最後一程，讓他安安樂樂，自由自在往生佛國。這樣無論對生者、對死者，兩者皆得安樂。

2.大家都知道，世人都想多活幾年，誰也不想死，誰也不願死，但誰也逃不過無常的定律。無常到來，壽命已盡，不死都不成，怕死也要死，不怕死也要死，人總要歸死的。同時死的滋味並不好受，佛說：「**人死如活馬剝皮**」，也就是說人死是一件很痛苦的事。

3.人臨終時善友一起善念，一為他助唸，誦一佛號（阿彌陀佛），而他本人也仗此助唸，得聞佛號，得入佛道，回光返照，而得超生。

4. 為什麼要助唸？普通人認為人不喘氣就算死了，事實不然，須知人死之後八小時之內，他雖不喘氣，但他的八識（眼識、耳識、鼻識、舌識、身識、意識、傳達識「第七末那識」、含藏識「第八阿賴耶識」），含藏一切染淨種子，還沒有完全走完，普通人所謂三魂七魄還沒有完全離開。按佛經所說，約過八小時後，其識神才完全離開身體，變為「中陰」。中陰就是人已死，此時喪眷要助唸，而且在七七四十九日內，應誦經、禮懺、廣作佛事，予以超度亡魂。

5. 儒家說：「鳥之將死，其鳴也哀；人之將死，其言也善」。大抵人在還有一口氣時，總不想死，但到氣將斷時，知道不能再生了，就會希望有個依靠，有個著落。這時用「助唸」方法，使亡者得仗佛光，萬緣放下，皈依我佛，若身若心，都獲得最後的歸宿，這就是助唸的好處。

註二：從佛法勸人念佛的立場來著手，助唸可提供對往生者的關懷，解脫喪眷的煩惱與痛苦。往生後的帶動助唸可使家屬了解助唸的意義與佛事的真締、儀式作法。服務者要竭盡誠意的關懷，使家屬及往生者於助唸過程中安心，歡喜助唸，增長智慧，使家屬及親友能夠感受到溫馨的關懷，因而種下菩提善根。

註三：哭路頭與奔喪—出嫁女聞耗奔喪回去，離家一段距離便須號哭，俗稱「哭路頭」，凡父母嚥氣時，未隨侍在側的子孫，自外地回來必須匍匐入門。

四、**遮神是喪家在往生者嚥氣前**，堂上神位要遮蓋米篩或紅紙（布），因神明神聖、慈悲，見其生，不見其死，故遮之也。意外身亡者要以白布或草蓆蓋上。原因為怕「見刺」起見。

五、**辭生**：納棺前，備十二種菜碗供祭往生者稱之。在亡者腳尾置燒油燈（或白蠟燭），謂長明燈（供於靈前，日夜不熄的燈）。米飯一碗（插竹筷一雙）、熟鴨蛋一顆，即「腳尾飯」，意為「突破真靈」，使亡者不挨餓；有力氣赴陰府。用一只大碗裝砂當香爐，供燒香，腳尾銀紙（意謂延途買路錢予牛頭馬面等差使費），火不可離屍側，以防凶煞所侵，此為對死者表示告別之儀。

註：道教認為人死後魂升于天，魄歸體中五臟，人之生稟，以精氣神，氣散則亡，為使死者早脫迂腐之苦，藉以火光之氣，使魂魄傾，故曰「突破真靈」。

六、示喪：家有喪事，在喪宅門貼白紙或紅布示之。「嚴制」，顧名思義即知男性；「慈制」則為女性往生，兩者都用於家中最長輩逝世。「喪中」即如四代同堂；第二代或第三代人去世（因尚有老一輩長者健在），故絕不可寫「嚴制」或「慈制」；也不可用「忌中」二字，因此為日據時日本人用語。

七、最後擇期持醫院、檢察官或法醫開立之死亡證明向公所及戶政單位辦理登記，始能取得許可證，辦理火化或安葬。

八、現今社會型態改變，不便設靈堂，可送公、民營殯葬儀社冰櫃停屍，俟弔唁或出殯前再設靈供祭亦可不設）。

註一：另有較詳細穿壽衣方式，在外死者要有套重衣儀式，死者衣服算重（襖二重、袍二重、馬掛二重）不算件，男雙貼內衣普通衫褲一、襖一、長袍一、馬掛內外各一，共十重。女單襖二、衫一、褲二、裙二，共七重（內層棉質）。

註二：女梳頭－手執木梳，前梳三下，後梳四下，將頭髮結髻鬃。然後將木折斷，一節棄之，一節置荷包。（男）修容用紙裁成刀，將死者面鬚上畫三次。

註三：男戴帽、穿鞋著襪－分別由媳婦頭，女兒腳、帶手套、左手執扇、右手拿桃枝、身旁煙袋、串銀餅、口含銀。女頭上束烏巾、帶手環、耳鈎、手指、著鞋、帶手套、左手持扇、右手拿桃枝、串錢餅、腳左銀右金、口含銀。

第五節　殮

一、以電話向親友報喪：至親聞噩耗趕抵喪家，向靈前或遺體焚香祭拜（家眷陪侍於側）。為鄰居門楣上賜貼紅布（或紅紙），以示吉門。掛紅也等於向鄰居報喪。

註：吉門－吉者以吉物置於門，吉物者為「紅布代表吉物」。喪期對左鄰右舍造成諸多的不便表示歉意，並對其在治喪期間的協助，深表感謝之意，以紅布貼在鄰舍之門柱上稱「吉門或示吉」。

二、棺柩：是由六塊板組成，雅稱為「壽」。蓋屬主板稱「天」，「底」稱「地」，左右稱「日月牆」，頭稱「龜頭」，尾稱「龜尾」。殮前曰「棺」而殮後始曰「柩」，現今台灣部分地區仍保有土葬風俗必用，公墓公園化採七年輪葬方式，棺木材質已不再那麼被受重視。火葬多用西式火化棺，其外型雖美觀，但一燒即化。

註：棺者，關也；以掩屍也。柩者，久也；謂屍入棺，久不變也。黃帝始造棺槨，有虞氏用瓦棺，殷時以木為之。梓棺及櫬，乃棺之別名也。

三、接板與磧棺：當棺木載至喪家路口置放；孤（哀）子（媳、女）在門外跪接謂之。孝子孝孫門前排兩旁跪下，舉哀面向出，棺木抬至門前，向出轉頭，長櫈二張，放櫈上，放一袋米、一副桶箍和一紅包在棺木之中央磧住，再用一支新掃把（稻草亦可）從頭部向尾掃出丟棄外面，讓煞不得進入也。然後孝子遺族遊棺（手持銀紙圍繞棺木）後，才將棺蓋抬進廳內向出，底以兩櫈或木棍墊起，不可放地上。禮中以簡單之「角、吹、樂、音」擇一引導。棺進廳堂時頭先進，放板前宜先為鄰居門楣貼紅紙趨吉避凶（奠後撕去）。接板準備物品：細竹圈（象徵團結）、掃帚（驅邪）、鐵籠（燒金用）、一袋米，壽金（拜土地公）、小銀（拜亡者），接板時子媳在門外板邊燒化。

四、乞（買）水：接棺後孝女孝媳頭遮死者上衣，手持四方金及泥缽、銅（硬）幣二枚，抵水濱（河川、水溝、或桶裝自來水放露天處），燒香焚金，投幣於水中後，下跪順流舀，不可逆流及重舀。

五、入殮（亦稱入木）：入殮停柩是喪葬活動的第二階段，殮的工作又分為小殮和大殮，小殮包括沐浴、化妝、換壽衣，大殮是指入棺，買棺木又叫做「買柴」，「柴」，是台灣話對棺木的雅稱，也叫做「壽」，這是台灣人對不吉利之物予以吉利化的轉化手法，藉以避開不祥之氣。擇一良辰吉時扶屍入殮，入棺祝文為：

> 維 中華民國○○年，歲次○○年○月○日，不孝孤子/哀子○○等，謹以牲醴致奠於
> 故母/父○氏/公 之魂曰：不孝罪深，禍延吾母/父。一夢不返，百事已矣。茲值入棺，號痛慘烈。母/父
> 耶何忍，子耶難忘。永訣終天，欲見無從，謹告。

作法一：棺底鋪大銀、茶米、石灰、再鋪白布，稱棺蓆頭放雞枕（用紅布一尺七寸方十字），縫成菱角形枕套，內塞銀紙及些許雞毛、狗毛，表示雞啼狗吠死者才能知晨昏。現已改用蓮花枕（高六寸以上）。扶屍入木，注意人影不要被屍體壓住，屍腳左塞壽金（男左女右），右腳下塞銀紙，雙手戴金飾、玉器、手套、腰揭荷包袋、小手帕放左手、女子加照身鏡，手邊放一根桃枝及飯糰，以供死者過惡狗崗時驅狗之用，屍旁放一塊石頭、熟鴨蛋、豆苞，唱：石頭會爛，鴨卵出字，豆苞發芽，那時陰陽才能相會。屍腳部放一對紙糊或紙剪僕婢，俗稱隨身嫺仔，取名如搰力「勞動」伶俐「熟練」等，放完再覆蓋「水被」，是一條白布中綴紅布，亦用蓮花被者，尚有空隙用銀紙（粗紙、草紙）填實，務使屍體不會搖頭傾斜。

作法二：停屍於正廳，請道士擇定時刻，將遺體納入棺內稱之。通常在人死後十二小時內子孫擇吉時環視入殮，入殮前用白布沾水從頭、面、身、手、腳做一比畫。要上被（宗教蓮花水被）下褥、枕（中白兩旁紅內裝銀紙或狗毛、鷄毛的菱角枕（據說夜晚時分死者才會醒來）、庫錢、生前喜好物（如書刊、眼鏡等）。棺底蓆最好舖蒲草（做草蓆的草）、左踏銀紙、右踏金紙、口袋都縫住、另放棺蓆布（客俗加左手執扇、梳子、手巾；右執桃枝等習俗），再蓋上「蓋面被」、胸前放「照身鏡」，大殮時放一套衣服，遮身攏覆上。入殮四句吉語如：

例一：**入殮蓋棺吉良時，金童玉女等候你，接引西方靈山去，極樂世界永安居。**

例二：**歸去來兮歸去來，脫了凡胎入聖胎，今到西方蓮池會，永脫凡世不再來。**

蓋棺畢，安在靈位之西，古禮殯於西階，頭在內，足在外。如室狹隘，殯於別處，此不得已之事。

六、封柩、封棺：將棺蓋蓋上並封閉（古時用鐵釘釘上，現改膠質黏性物封住），所謂已「蓋棺論定」。封棺亦有吉祥語（詳如附錄五~一），例如：

例一：**霹靂一聲響虛空，邪魔外道走如風，上徹三十三天外，下徹幽冥地府中，須將金鎖介棺材，不鎖法性鎖塵埃。**

例二：**法性原來三界外，今封棺材禮不開，歸去來兮歸去來，脫了凡胎入聖胎，今到西方蓮池會，永脫凡世不再來。**

七、宗教儀式：入殮時大都有辦儀式，由開冥路，請僧到家帶領喪眷誦往生咒、阿彌陀經、度人經等，其餘如鑼、鼓、吹奏，大殮蓋棺喪眷及親友得瞻視遺容。

註：持唸往生咒－藉以仗道力而超拔。即所謂唸此咒可使死者超生，免除輪迴之苦，投胎為人。

八、招魂旛（幢旛）：以一根小竹尾（尾端留又密又多竹葉，意表子孫繁衍）削成，繫上三行白布條，中條書寫亡者生卒時辰；左右條寫引魂祝文，如：**「金童接引西方路；玉女後隨極樂天」或「金童接引上極樂；玉女迎送往天界」**等接引西方祈語），通常是由道士或葬儀社來製作。

註一：招魂—在台灣喪禮稱為復，儀禮士喪篇「復者一人」。漢鄭玄注「有司招魂復魂也」，招魂若是往生者在外不幸罹難時，往生者之親人請法師或道僧，備魂帛（招魂旗旛）代表往生者之靈位，並要書寫往生者之姓名、生辰八字等及備一枝出尾竹繫上往生者一件乾淨上衣，在罹難現場招回往生者之魂魄，招魂時，往生者之親人要喊三聲：「稱呼阿爸（阿母、阿哥、阿妹等），轉哦（回家之意）」，將往生者之魂魄招回與其遺體合一，不致成為孤魂野鬼而在外遊蕩。淮南子劉安云：將往生者之衣服升屋或於路旁呼之，再向北面三呼往生者之亡魂，即可招回往生者之亡靈，使亡魂與遺體合一。

註二：什麼是鬼？

傳說鬼是和魂連在一起的。在古代，人們根據夢、幻覺…等現象認為，在人的肉體之外，還存在一個獨立的靈魂。古人以為人死之後，靈魂還獨立存在，變成了鬼魂，鬼魂是一種無形、無質的東西，依附於人的身體。在人活著的時候，靈魂出竅是很危險的，為了解救靈魂的離體，就產生了許多招魂、叫魂的辦法來。

九、魂帛（神主）：為亡魂靈位（道士或葬儀社製作），內容要有亡者農曆生、卒年月日時。中款寫亡者姓名，配合「生、老、病、死、苦」計，以七或十二字（屬老）書寫，出殯時隨行在前，返回時設香案供祀。泉州人「滿七」即撤案，連同遺像放祖先神主牌左側供奉，對年合爐才將其個資內容書於神龕內，魂帛燒化。魂帛之設源於司馬公，以亡者神魂升，精魂降，言人命盡而落，猶草木枯而葉散也。故東帛以依之，世俗所謂同心結是也。

十、孝靈堂：以三寶架（含布幔）遮柩，設靈位牌（盤）、招魂旛（青竹）、香爐、金童玉女、香環架（有香環）、花瓶（束）及蓮花造型燭台各一對、往生者盥洗用具（含衣物），置十五吋遺像（附藝術框，有幾房就備幾組，方便日後帶回祭拜）、水果、銀紙、庫錢、香。燈火日夜不熄。

第六節　居喪期間

喪有四體者何也，曰變而從宜，取之於四時也，有恩有理，有節有權，取之於人情也，夫恩者仁也，理者義也，權者智也。故辦理喪葬不但要因時制宜，也要因地制宜，才能帶給冥陽兩利，以下為居喪期間的做法與要點，不妨參考：

一、**守靈**：子孫為表孝思，於出殯前在靈幃守衛；甚至整夜在柩旁舖蓆而眠，不忍其遽爾孤零，所謂「睡棺腳」，俗稱「媳婦頭，查某囝（女兒）腳」，但其寓意還是在於緬懷對往生者生育鞠養之恩，民間傳說是為免於夜裡貓狗從靈柩上攀越讓亡者復甦。

二、**孝飯（捧飯）**：親人往生，所謂「事死如事生，要捧飯供孝」。大殮起晨間供早餐（米飯、雞肉、米粉…等）；黃昏供晚餐、香錢（銀紙）等，直到滿七或百日止。亦有人改為初一、十五晨昏時以同禮數拜至對年。「合爐」後才恢復在每年忌日一次祭祀即可。

三、**打桶**：入殮後將棺柩（徹底密封）停放家中，擇好良辰吉日再安葬，此其間稱之。打桶期間少者三、五日，多者數月。

四、**作七**：人過世之後的第七天稱為「頭七」，要請僧道誦經作法事，也叫做「作功德」，用意是為死者積功德，以免他在陰間受苦受難，這是台灣民間辦喪事時非常重視的一項活動，古傳統人家每七天做一次，一直作到七七為止，敘述如后：

1.作七另一層的目的是為人子女者，為緬懷父母養育之恩；希望藉由宗教儀式來祈求亡者與孝眷能夠冥陽兩安的祭典活動，通常會在百日或除靈前作完。主要作法為備三牲、酒筵、粄粿、清香茶、酒等；請道僧辦傳統宗教法會，藉誦經（單獨天天誦更好）方式，祈求冥陽兩安。「頭七」由孤哀子；「二七」由媳婦；「三七」由出嫁女兒分別辦理；其餘「四七」由侄女；「五七」由出嫁孫女；「六七」由出嫁侄孫女或曾孫女們出資辦理（每逢奇數為大七）。「七七」又稱「滿七」再由孤哀子辦。但現今社會變遷僅擇「頭七」及「滿七」來辦法會就算功德完滿。「作頭七」是在往生日算起第六個夜晚午夜十一時（即子時）起開始作七，但現今改在晚上九點作到超過十一時亦算可以。次日中午開始拜菜，有五味碗（飯、米粉、豆干、韭菜、芹菜、魚丸、肉丸、肉片、菜頭、豬腸、翅前膀等配成十二道），也有十二道菜，亦可用簡單果品、紅圓、發糕（象徵子孫團圓昌旺）及「麵頭山」（亦稱子孫山，餅店有賣），其餘祭品以鮮花素果最為恰當。另備一份三牲（豬肉、公雞、魚、酒、金紙等）頭朝外拜土地公。

註一：近來「作七」的演變—台灣現代工商化，有喪家兩、三天就作一個七，甚至有出殯當天即除靈之便利措施，也不得不讓人感嘆喪葬傳統禮俗已漸失矣。

註二：「祭」之義—尚書曰：「祭者察也，言人事至於鬼神也，祭有者，報本追遠也，追思其不及之養，而繼以未盡之孝也」。

註三：祭品以左魚右肉左酒右飯何也？左昔安祀祖考妣神位，以右為尊，於行禮之時，兄居右、弟在左，是故排祭品亦如是，今昔皆以右為尊之。

2.作七請王官神式：

伏以，日吉時，萬事吉祥，六神通利，四時開張，謹發誠心，手執焚香／立案焚香，躬身遙請／拜請：泰山門下。坤府傳香，童子奏事童郎。伏祈與凡民傳奏，第○殿○○冥王尊神。今則有事通請，無事不敢。未說人名先說縣市，今有台灣省○○縣○鄉○號吉宅居住，陽凡民信士○○為先嚴顯考／先慈顯妣○○一位真魂，逝世屆當○七丁憂之期，誠心敬備三牲、粿品、香楮（ㄔㄨˇ）、燭帛，清酌凡儀列在案前，為奉敬○○冥王之敬。聞。

今有請伏乞，含香降臨到台前，伏祈座位，聖筶證明。

3.退座

伏以，恭請第○殿○○冥王一位尊神。今有本家陽民信士○○，誠心敬備三牲、粿品、香楮、燭帛，清酌凡儀，列在案前，為先父母逝世，屆當○七丁憂之期，敬將微儀奉告尊神，想○○冥王諒有鑒我微誠，鑒納收領，伏祈賜來一筶，退下盞盃證分明，伏望○○冥王退下盞盃，回歸第○殿原位宮殿，顯赫洋洋，赦宥先父母顯考妣○○一位真魂，逍遙快樂，赦宥父母早日升天。

五、禁忌：古代孝男、孝女在百日祭居喪期間，家人應穿著樸素，不理髮、不刮鬍子、不出遊、不出席宴會、不看戲、不唱歌、夫妻不可行房等。但近代工業社會，工商繁忙，一切講求速度的時代，縮短喪期，已無以上必然限制了。

六、靈魂說：遠在殷商時代的人，已相信人死後靈魂升天就會升格為神，所以祖先靈魂能左右子孫的災禍與幸福。更相信靈魂也和活人一樣有食衣住行上的需求，所以才會有各種祭拜禮品及儀式的產生。人有靈魂存在及不滅的定律，因而人的身上是三魂七魄的結合，去逝時魂會隨著身體回到土裡，而魂則離開肉體飄盪於另一個空間，並且會保護庇佑子孫，因此世人對於靈魂充滿了好奇與敬畏。傳統觀念死者的靈魂還得再受擺佈，而臨著令人詫異的懸殊命運，虔誠從佛的死者，靈魂直上西天淨土的極樂世界；得道成仙的則定居仙島、神山，都可享樂；凡落入陰間地府，一律被押往地獄，接受十殿閻羅王的審判。依平生善惡判處，善者直送第十殿投生為人，生前有罪惡者，依次過十殿審訊，歷盡酷刑後，或投生為牲畜，或投入最底層的地獄，永受折磨，不得投生，慘不可言。

註一：地獄—源自佛教的善惡、因果、報應，「六道」輪迴說，道教接過此說，對地獄作了更詳盡的另人毛骨悚然的描繪。民間不敢奢望自己的親人死後能成仙、成佛，唯恐死者靈魂在陰間飽受折磨。無不希望死者靈魂早早免罪投生為人。稱死者為「過身」，就有祝願死者靈魂安然投生人世的含意。「過」即「轉移」。「過身」即靈魂已轉世投胎，重新獲得新生，因此人們還稱婦女懷孕為「有身」。

註二：卒哭—即止哭。在虞祭後舉行，也就是停止以前隨時的哭靈，而改在只有朔望，時祭之時哭靈。

王官圖

	七七王官過	天數	改良後過王圖	
王冥府第一宮	首七秦廣冥王（泰素妙廣真君）	七天	七天	孤哀子辦
王冥府第二宮	二七楚江冥王（陰德定休真君）	十四天	隔二天（九天）	媳婦辦
王冥府第三宮	三七宋帝冥王（洞明善靜真君）	二十一天	隔二天（十一天）	出嫁女兒辦
王冥府第四宮	四七仵官冥王（玄德五靈真靈）	二十八天	隔二天（十三天）	姪女辦
王冥府第五宮	五七閻羅冥王（最聖耀靈真君）	三十五天	隔二天（十五天）	出嫁孫女辦
王冥府第六宮	六七卞成冥王（寶肅昭成真君）	四十二天	隔二天（十七天）	嫁出姪孫女辦
王冥府第七宮	滿七泰山冥王（泰山玄妙真君）	四十九天	隔七天（二十四天）	孤哀子辦
	頭旬崔式判官	五十九天		
	二旬李式判官	六十九天		
	三旬韓式判官	七十九天		
	四旬楊式判官	八十九天		
王冥府第八宮	百日平等冥王（無上正度真君）	九十九天	百日祭（卒哭）	
王冥府第九宮	對年都市冥王（飛魔演化真君）	一週年	對年不計閏月（稱小祥）	
王冥府第十宮	三年轉輪冥王（五靈威德真君）	三年	對年後選一吉日，實際為二十五個月	
偈曰：「天尊哀憫救群倫，九夜幽魂盡出離，陰上南宮感受度，普皆同會入無為」，故須作旬，來開通冥路，超度亡人，以登福境。				

七、作旬：一旬為十日，作完滿七（四十九日）後即續作四旬，拜祭判官，詳如上圖。五旬即第九十九天不作，於次日一百天作百日，惟各地一般都將作七與作旬混為一談，只作七而不作旬。作旬祭拜物同作七同為五味碗。居喪至出殯間不過節；遇祖先忌日也不祭拜；出殯後祖先忌日如往常拜。但節日（清明、端午、中元、冬至、除夕等）祭祖時，必須提前一日中午先拜新亡者（數道飯菜），再於翌日祭祖。

八、喜喪燈（大燈）：一般客廳會掛兩盞喜燈，遇喪再加兩盞喪燈並列稱之，目的在區別停柩在堂或已出殯。喪燈以藍字（高齡者紅字）書寫亡者稱謂、姓名、育有子孫之代數，橫批則寫上姓氏、發源地、家族祠堂的堂號或祖籍地，百家姓世蹟堂聯詳如**附錄五~九**。在習俗上統稱這些內容為「大燈號」或簡稱「燈號」。這個習俗主要因為先民年輕時渡海來台打拼，往生後希望能落葉歸根，歸葬故里，但當時兩岸交通非常危險且費用昂貴，故無法歸葬，便將祖籍、郡望或堂號寫在祖先牌位、孝燈或刻在墓碑上，以便提醒後代子孫不忘祖先。中國內地的墓碑則無記載「燈號」的習慣。喪葬期間未出殯喪燈要掛內，喜燈掛外。出殯時車隊以此為前導，返程時採喜兩盞於前；喪兩盞於後並置前行，到家後才以喜內喪外並懸於廳，兩盞喪燈三年到焚化。

註：在傳統的社會裡，辦理婚喪儀式時，都會結燈掛於大門，且在燈上題姓氏。喪葬白燈即是姓氏燈，閩潮籍的白燈書以墨字，而且只書寫姓氏及「代數」。代數乃依據亡者有幾代人，再虛加一代，比如亡者有曾孫四代人，白燈就寫上「五代大父/大母」。客粵籍八十歲以上才可享有此尊榮。

九、孝杖：又稱哭喪棒，長1.5~2.0尺，喪期幾房就備幾支。一頭綁上紅蔴布（長孫以紅苧布綁），源起於古代孤（哀）子孝親九跪；憑以扶身物，即用以扶杖而跪之意。禮記云：「苴杖，竹也；削杖，桐也」，說明父喪與母喪材質有所區別，父喪用竹，取其節歷，四時而不變。母喪用桐杖，謂心內悲切也，長與心齊者，孝子哀戚，痛從心起也，執此以扶其身耳。上丹下方者，象天地之義，本立下者，順木之性也。成服之日執起，候服畢，焚於墓前。以上大意為父喪持竹，乃其節雖經四時不變。母喪持苦苓或梧桐，因感懷母親十月懷胎，三年哺乳之恩。孝杖於完墳後於墓前焚之或置於墓後。

第七節　墓地（園）、納骨塔與碑誌

選定墓地（園）的功用，在於作為先人安息的場所，因此要對亡者在世的人生觀做思考，讓後輩人可在此安靜，緬懷先人德行，沉澱思慮，重新展開人生再出發。大殮後配合堪輿師依生、卒年月日時辰，著手選墓地或納骨塔方位。墓碑以「兩生合一老」，即左、右為生，中為老。現公墓公園化，大小都一定（符合魯班尺生老病死苦）規格，基本上建碑內容要有：右有立碑年月、上中左右有郡號或堂號。碑正中依「生老病死苦」之序，以七、十二或十七字屬「老」為佳，如：「顯考蔡公長春墓」、「顯妣張母許擬墓」（避免用張媽）、「顯考張公安溪／妣吳氏孟儒墓」等。左採六字屬「生」，如：「男文迎／文能立」、「男三大房立石」、「奕世子孫立石」等，亦有以女兒立石，如：「女家珍／家鳳立」等。

第二章　訃告

第一節　訃告內容

訃告又稱訃聞，「訃（ㄈㄨˋ）」為報喪、不幸；「聞」為傳達消息。「訃聞」即為報喪不幸消息的意思，故柬帖「訃」與「聞」兩字宜較大標示。「訃」字應印黑字表示其哀；「聞」字係表示將此不幸的消息傳給「姻親戚學友」等人，傳達於別人府上，為表示禮貌與示給他人「吉利」起見，乃將「姻親戚學友」所得到的「聞」（消息），用「紅」字表示誠意。印訃聞訃告親友，訃聞格式範例如下：

顯 考施公登俊府君諱忠義／妣施母忖孺人名賢淑 慟於民國九十九年九月一日（農曆八月三日）上午十時十五分壽終正寢／內寢 距生於民國十五年三月廿九日享壽八十有六歲孤哀子來和、來明等隨侍在側親視含殮遵禮成服停柩在堂謹擇（涙涓）於民國九十九年九月十一日（農曆八月十三日）星期〇上午八時十分在喪宅舉行家祭禮十時三十分奠禮後隨即發引火葬安靈於鹿港鎮第八公墓福恩塔

叨在

姻親

誼　哀此訃

戚友

聞

孤哀子 來和 來明 泣血稽顙
媳婦 許惠美 林麗滿 泣血稽首
孤(哀)女 鑾言 泣淚稽首
女婿 葉欽銘 蔡仁順 拭淚頓首
孫 勝章 勝國 易成 抆淚稽首
孫媳 李建苓 泣淚拜
孫女 倩如(適陳) 盈如 美瑄 泣淚拜
孫女婿 彥呈 泣頓首
外孫 俊和 耀文 昌易 昌倫 泣淚拜
外孫媳 張清芳 黃孟軒 李美諭 泣淚拜
外孫女 葉曉菁 蔡小奇 揮淚拜
曾孫 舉財 揮淚拜
曾孫女 翊帆 揮淚拜
護喪夫(妻)○○○ 頓首(稽顙)
胞兄弟(妯娌)姊妹(姊夫妹婿)男女 頓首斂衽
宗親代表 鞠躬
親戚代表 鞠躬
親友代表 鞠躬

第二節　發訃聞時應注意處範例解說

一、祖母喪，以子女名義發訃聞（父母都不在）：顯妣楊母王太孺人名玉英慟於…，壽終內寢…，享壽八十有二歲孤哀子…，發引安葬（列名要署名男）。

二、以各種名義發訃聞應注意（含內容）

1.當公婆都不在時：先夫施公諱延翔夫君慟於…逝世，享年五十九歲護喪妻率三位孤子貴俊…等（列名要署名護喪妻）。

2.當婆婆還在時（是基督徒）：先夫施延翔君慟於…病逝於榮民總醫院，享年五十五歲，即日遺體運回新竹本寓妻林美蓮率子女…，假新竹路德教會禮拜堂舉行追思禮拜，隨即移柩出殯安葬於金面山公墓（列名要署名妻、孤子、孤女等即可）。

3.妻亡：

例一：先室徐氏麗卿女士慟於…病逝於馬偕醫院…，距生前…得年廿八歲，夫楊正國率子駿耀；女玉芹等…，即移靈台北市辛亥路市立第二殯儀館親視含殮，遵禮成服…，發引火化。

例二：哀啟者，家門不幸，禍延內助（內室）○○名○氏，距生於○年○月○日○時，享陽壽○○歲，不幸於○年○月○日○時，在家以疾終于內寢，悲痛之切，淚涓於○月○日○時，祭典駕柩還山，戚友學誼訃以聞。

4.若為天主教徒則應寫為：顯考施公金塗府君聖名進德慟於…蒙主恩召享壽七十有五歲子媳等隨侍…，在耶穌聖德堂舉行彌撒及奠禮（國人常會將奠禮寫成告別式，其實告別式為日本語，最好是不用）：（列名要署名孤子等人泣啟即可）。

三、訃聞內容解釋

1.顯考、顯妣：父亡謂「考」，母亡謂「妣」。但對人稱自已亡父為「先考」或「先嚴」，敬稱而為「顯考」，或對人說自已亡母為「先妣」或「先慈」，敬稱而為「顯妣」。

2.施公、王母等：公、母係指對男性或女性長者的尊稱；但母不要用「施媽」、「王媽」。因會與台語「媽」音係指祖母；中國人也稱年長女流為「張媽」或「王媽」等混淆。

3.諱：即古來對已死尊長名字稱呼，如亡後封號用「諡」。又尊稱父親、祖父為「君」「府君」，如「顯考施公諱登俊府君」，或「府君」二字不用。

4.夫人：為古時對女性尊稱，如「淑人」、「安人」、「宜人」、「恭人」、「孺人」等，古一、二品官之妻稱「夫人」，今為對人妻的敬稱。古稱大夫之妻為「孺人」，明清時七品官以下；今為對妻子的通稱。現人稱人妻為「夫人」。加「太」字乃對人母的尊稱。

5.時間：訃聞中有死亡、出生、殯葬三種陰陽曆（含有年月日時、上下午、星期）等時間。

6.歲數：「距」乃距生前，國人習俗以虛歲計。六十歲以上者用「享壽」，如「享壽七十有六歲」或「享壽九十有齡」（即九十歲）、「享陽壽六十有九歲」、「享嵩壽一百零二歲」、「享耆（ㄑㄧˊ）壽九十有三歲」等。如六十歲以下用「享年」，年齡輕者「得年」、「陽年」、「行年」，少年者用「年」、「年僅」等。

7.壽終：男用「壽終正寢」；女用「壽終內寢」，如四十餘歲未登壽域不可用；非壽終用「逝世」「辭世」或「病逝於○醫院」，又如「因車禍逝世」、「在○地發生車禍立即送○醫院」等，可斟酌寫明。

8.不孝男：父母歿為人子者咸感不孝，故用「不孝男○等」或「不肖子○等」，但傳統上，還是用「孤子○等」、「哀子○等」、「孤哀子○等」。

9.訃聞抬頭：為「先夫」時，則可用「妻麗華率子女等」，抬頭為「先室」時，則用「護喪夫率子女等」。更隆重者用「孤（哀）子耀文率子媳…等」。不論如何應用要注意與抬頭對稱。

10.未亡人：係古語，若夫亡子未成年，以妻名義發訃聞，抬頭用「先夫」絕不能用「顯考」。後署名應用「護喪妻」、「妻」等。「杖期生」亦係古語，父、母、妻均亡，自稱「杖期生」。父、母存而妻歿，稱「不杖期生」或簡稱「夫」，不可用「顯考」、「顯妣」。

11.隨侍在側：即嚥氣時，晚輩陪侍在旁之術語（上輩對下輩不用隨侍）。

12.親視含殮：即把遺體放進棺柩中的儀式。

13.遵禮成服：直系卑親屬等晚輩應服喪服。

14.家奠公祭：殯前敬拜物稱「奠品」，葬後敬拜物稱「祭品」，韓愈：「遠具時羞之奠」。《詩經》：「于以奠之，宗室牖下」，死者靈前供品稱「奠儀」，出殯家族祭拜稱「家奠」（現今很多人家奠、家祭都混淆不清），機關團體來祭稱「公奠」，返抵祭拜才稱「家祭」，對年合爐後叫「祭祀」等。

15.發引安葬：其實應寫成「發靷」，現寫成「引」者乃用車載之意。「發引」引發為引導出發，如火化，則用「隨即發引火化安靈於大溪金面山聖德寶塔」。

16.叨在：即遺族表感謝姻親戚友自謙之愧稱。「叨在」兩字應置文末再空四格。

17.姻親戚友誼：此封訃聞乃要上達以上人士，故應與「顯考妣」平行以示尊敬，又應以紅色表吉利，橫書之義乃係這些人關係地位平等，可於「姻世親寅學友鄉黨團社戚族宗」字中任選之，即「姻誼」、「親誼」、「戚誼」、「友誼」之意。

18.哀此訃聞：即往生者子孫很哀傷將此噩耗向前列諸人報告。前四字應寫「誼哀此訃」，如前中間要空一格才對。

註：文後可加註族繁不及備載；懇辭花車、花籃、花圈、奠文…或於某時在○處備有專車出發往○…等提示事項。

第三節　訃文中家族稱謂

家族長幼之稱謂很重要，完全是依照輩份、年紀來排序，若稱謂或前後順序錯誤將會貽笑大方，所以不可不慎。以下列舉應特別注意：

1.以顯考（妣）為抬頭時：當父逝母存（或母逝父存），以兒子名義為父、母發訃聞；抬頭用「顯考」、「顯妣」，自己稱「孤子」、「孤女」或「男」、「女」，不可用「孝男」、「孝女」等，因文中有「不孝男等隨侍在側…」，會有矛盾。另如必須以母親名義發訃聞時，則抬頭就須改用「先夫」。

2.父、母雙亡，以兒子名為父、母發訃聞：

顯考 施公登俊諱忠義府君顯
考妣施母林太孺人名忖 慟於…

孤哀子　來和　來明　　泣血稽顙

註：父、母均已雙亡，應自稱「孤哀子（女）」，家族不可加「孝」字。「孤子」、「哀子」、「孤哀子」的用法常被誤用；「泣血稽顙」特別要用於父、母親逝世。

3.翁亡婆老、翁存婆死或翁婆均亡，因子女均亡，媳婦名義為翁婆發訃聞，可在媳婦名側邊將亡子框起寫，如中興惠妹即可。

4.子女輩均亡，由孫子為祖父母發訃聞時，稱祖父為「顯祖考」、祖母「顯祖妣」；長孫媳為「承重孫媳」；孫為「期服孫」或直接稱「孫」即可。

5.未婚或未成年子女亡，父母發訃聞時，稱亡者為「故男」、「故女」或直接稱「故長男○○君」，自稱為「反服父」及「反服母」，亦可直接自稱「父、母」即可。

註：訃聞稱謂解釋：

①孤哀子：無父謂「孤」，父亡自謙稱「孤子」，同樣，無母謂「哀」，母亡自謙稱「哀子」。父母均亡要自稱「孤哀子」，亦可簡單稱「男」或「女」。如稱「不孝男」固然謙遜，但略顯俗氣，至於「孝男」「孝女」那就更俗了，對外怎能自表孝順呢？另家族人已歿可用○○○區別。

②媳婦：「媳」與「子」是相對稱的，故名要並列。媳在家中關係比女兒重要，不可列在女兒後，簡稱「媳」。

③孤哀女：孤女、哀女、孤哀女三種自稱同孤哀子，可簡稱「女」。女因已嫁，回娘家奔喪，故於訃聞名下要加註（適○）或只寫夫姓，表已歸宿姓○，以區別其未婚（女性離婚者當然不必寫男姓氏）。

④女婿：「婿」係半子，有女才有婿，故女婿要緊靠女兒旁以成偶，而女婿是外人要冠姓，依中國禮俗只要訂婚即算準女婿或準媳婦，均要列入。

⑤期服孫：古人重「長孫」，如子輩均亡，由孫為祖父、母發訃聞，抬頭應為「顯祖考（妣）」，而下款長孫自稱為「承重孫」，其他為「期服孫」即內孫。「孝孫」係別人稱呼，「期服孫」簡稱「孫」。

⑥外孫：女兒之子為「外孫」，其妻為「外孫媳」；其子女為「外孫」、「外孫女」，其夫為「外孫女婿」。

⑦曾孫：有內孫之子女稱「內曾孫」簡稱「曾孫」、「曾孫女」。外孫子女稱「外曾孫」、「外曾孫女」。外孫女子女稱「外外曾孫」亦稱「外曾孫」。正統為「曾外孫」、「曾外孫女」。

⑧玄孫：曾孫子女稱「玄孫」、「玄孫女」。外曾孫與曾外孫子女稱「外玄孫」、「外玄孫女」。玄孫子女稱「來孫」、「來孫女」。

⑨侄（姪）輩：訃聞按子、媳、女、婿、孫、孫媳、孫女、孫女婿、外孫、外孫媳、外孫女、外孫女婿順序排列，如有曾孫就要續列，若無才列印侄輩。侄輩順序為侄、侄媳、侄女、侄女婿，如家族人口眾多，要再多印有侄孫、侄孫媳、侄孫女、侄孫女婿、外侄孫等。

⑩夫妻：夫妻應列名先頭，且比孤哀子抬頭一字（字並稍大）。六十歲喪妻，丈夫要以「護喪」身份送她，故稱「護喪夫」或稱「夫」。相反的，夫亡，妻要稱「護喪

妻」或稱「妻」。

⑪兄弟姊妹、叔伯妯娌：這些人與護喪夫妻及歿者同輩，直稱胞兄、兄嫂、胞弟、弟媳等，女性歿時稱呼改為夫胞兄、妯、夫胞弟、娌等。

⑫族親代表、宗親代表、親戚代表、親友代表等具有身份地位者，或至親者皆可同列，視篇幅大小而定。

⑬如父母尚健在者，最後應列「父親」或「母親」，傳統稱謂是「反服父母」，也必須比「護喪夫妻」再抬頭一字。

6.訃聞上表悲傷術語

①泣血稽顙（首）：「泣血」形容父母之喪極感悲痛，哭到眼睛出血的意思。「稽顙」即伏著頭，不能帶孝哭喪著臉見人。「稽首（輕服者）」與「稽顙（額頭叩地稽留再起）」，其時同義。兩者於「孤哀子」中皆可使用。另媳婦與女兒都是頭蓋蓋著臉，或要趴著哭泣，故用「稽首」。女兒雖為己出，但已出嫁，因此用「泣淚」，是有別於兒、媳用「泣血」。

②拭淚頓首：凡「女婿」、「侄女婿」、「孫女婿」、「義女婿」、「胞兄弟」、「姊夫妹婿」或其他姻親男性者，古來行禮方式為「頓首」。「拭淚」、「抆淚」、「揮淚」同義，哀傷程度均以袖襟擦拭眼淚之意。而「泣」與「泣淚」即流著眼淚的意思。

③斂衽：即古婦女行禮謂之。近年來已簡化，大都以「同泣啟」取代。亦屬一大創新。

第四節　訃聞內附屬文書記載

一、治喪委員會

今常有人為將場子做大以炫耀己榮，往往將一些無關的達官、政經人士及顯要親屬，掛名為治喪委員，有人甚至印列近百名，結果當天奠禮都不到，蓋所謂「治喪委員」而當天不來「治」喪，豈不是太荒唐了嗎？故如真正要成立，應以實際參與者為主為要，委員會至少要召開兩次協調會，才能發揮其組織功能。治喪委員會名稱要依「生老病死苦」五字排列，若「故施公登俊治喪委員會」十字為「苦」不合適，應改為「施公登俊先生治喪委員會」共十一字屬「生」為宜。組織成員以熟悉及以熱忱服務為主。治喪委員會若無必要，亦可組成「治喪會」即可。

二、訃聞紙張顏色與字體

近來有人認為享嵩壽者逝世，可印大紅色以象徵喜慶，如七十歲以下白色，八十歲以上粉紅色，百歲以上大紅色，認為是（先凶後吉）禮也。純屬無稽，原因為喪事就是喪事，不因高年而變成屬喪或為喜慶之事實，但實際乃應以白色或淺黃色為宜。傳統上就是不要用粉紅色或紅色。於今變遷的社會，大多已顛覆了傳統，完全違反常理，訃告顏色改以粉紅色或紅色系為主者大有人在。

三、遺像及生平傳略

附遺照在使親友再瞻遺容，緬懷昔日情誼，永軫留儀之意（大小有八吋、六吋或四吋），並可讓至親好友長將訃聞保存，見影如見人，更添思念之情。上匾「施登俊先生遺像」，字以七或十二字為宜，符「老」為宜，如右款「清徽時永在」；左款「遺愛日長留」。又如「施母林太夫人忖諱玉潔遺像」右款「倚門淚落蓬江冷」；左款「望見魂斷圭峯寒」。傳略以生動宛轉語句明確來表達，記載亡者出生、學經歷、家庭生活、社會服務、人生觀念、子女成就、亡故原因等，如行雲流水般的表露，期使後人深表追思懷念之意。

第五節　哀謝狀（謝帖）與謝啟

一、謝狀、謝帖用黃或白色紙（勿用紅色），印主喪（含孤哀子）名即可，昔書寫「泣領○物品○份，尚容匍匐叩謝」等語。喪事於清朝餽贈物品以銀紙、白蠟燭、米粉、豬肉、雞鴨為主。現今已演變為香儀、花車（籃、圈）、輓聯、靈旌、奠品、各項儀仗隊（如國樂、西樂）、藝陣（如白獅陣、蜈蚣陣、牽亡歌陣、五子哭墓、孝女思親、三藏取經、目蓮救母、鼓吹陣、開路鼓、鬥牛陣、鑼鼓車鼓陣、電子琴、誦經團、八音團、南北管等），以上項目，無非是為增加喪葬的熱鬧度，降低喪家悲哀氣息罷了。哀謝狀（謝帖）內容如二○九及二一○頁：

註一：牽亡歌陣—是台灣民間一種超度亡魂的喪葬陣頭，通常會在出殯前夕做完整的演出，目的是牽引亡魂上西天，一般都是由女兒、媳婦或女婿出資延聘前來表演的。具有宗教信仰功能的牽亡歌陣，有說和唱兩類，主要以口白敘述為主，一般唱則是補充口白的不足，故事的發展則有一定的情節，整個表演分為「請魂就位」、「請神」、「調營」、「出路行」和「送神」五個階段。唱跳牽亡歌的目的，是希望藉由眾神的保護，在三壇法師和陰陽壇娘媽的導引下，帶亡魂過陰府、遊十殿，最後抵達西方極樂世界。牽亡陣屬於一種民間小戲，非常通俗化與生活化，表演的故事內容有佛、有道，也有勸世善言，情節變化多端，表演則有唱、有跳、有獨白、有對答，表現活潑自由，可說是一種非常有意思的說唱藝術。

註二：五子哭墓—始於西元一九六四年左右的歌仔戲團。當時電視開播歌仔戲生意清淡，乃於出殯時表演古時某員外五個兒子常至亡母墓前悲哭受後母虐待的故事。沒想到如今竟成喪家出殯時最受歡迎的陣頭之一。這種模仿當成孝道的方式，就這樣流傳開來。另一種心態是花錢隨俗的心態，生前無法好好照顧盡孝道，死後再來個風光大葬，其他人都是如此，自己又怎麼顛覆傳統呢？當然也當做是表彰對死者的孝心，電子琴花車、樂隊、五子哭墓，算是風光大葬的具體表現。死後盡孝也算是替自己留個好名，觀念不改，這樣變相的孝心會延續。生者忘了該省思的深層涵義，逝者也枉費了所想要傳達的意念。

例一：

先嚴／先慈○○淚涓於○年○月○日舉行奠禮，叨蒙族戚友誼惠賜厚誼、輓幛，並蒞臨執紼，
增添哀榮，高誼厚情，幽明均感，因守制中，未克踵府叩謝，肅具寸楮，藉表謝忱，尚祈見
宥，不勝哀沾之至　謹此
矜鑒（紅字）

遺族（　）同泣　啟

例二：謝帖格式為：

先夫謙德君　之喪　渥蒙
王武德先生惠賜
花車　輛　儀仗　隊　香儀　元
花籃　對　旌軸　幀　唁電　通　尚容叩
花圈　只　奠品　付　奠文　通
謝（大紅字）

妻　李琍虹率　孤子　崇德　崇義　鞠躬

二、謝啟（出殯後答謝用）

例一：

方同學裕軍鈞鑒：

先母因病不起，日昨與世長辭，關慰垂注，寵賜隆儀，雲情厚誼，歿榮存感，殊深銘篆五中，茲因守制在身，未便踵府叩謝，恭乞寬宥，謹以寸箋敬申謝悃 伏祈

矜鑒（紅字）

哀子 〇〇 敬叩

二〇一四年九月十三日

例二：

謝 啟（大紅字）

〇〇企業創辦人王〇〇先生告別追思會，已於〇月〇日，在桃園市〇〇大學學生活動中心舉行，渥承總統、副總統暨各級長官貴賓親友親臨弔唁，雲情高誼，歿榮存感，謹申謝忱。伏祈

矜鑒（紅字）

〇〇企業創辦人王〇〇治喪委員會

中華民國 年 月 日

第三章　喪事服制

第一節　居喪期間服制

在打桶（亡故到出殯）期間，喪家應穿著素色衣服，不過大致上祇要以樸素或不穿花色即可。男在手臂；女在頭髮上帶孝，記得男丁喪一律帶左邊，女士歿一律帶右邊（視往生者性別而定，絕不是所謂男喪帶左，女喪帶右）。早期人家為示哀喪，會在手腕繫手尾錢帶子。

1. 臂誌：父母過世，兒子及長孫要帶臂章（用二寸寬麻布做成），長孫用麻布再加一苧布。期服孫（長孫外之孫）則用別針別一小苧布。
2. 髮誌：媳婦與未婚女兒將小塊麻布夾於頭上，出嫁女兒、孫媳婦與孫女則用小苧布。
3. 用白布條：已嫁女兒、孫輩及曾孫輩用藍布條。繁忙社會為工作方便，亦有人僅帶數日就拿下置香爐內，俗稱「寄孝」。

第二節　喪服等級

服制有四制五等。

一、四制為服之種類，分正服（子為父喪）、義服（媳為舅姑或義子為義父母喪）、加服（長孫與長孫媳為祖父母喪）、降服（已嫁女為父母喪）。

二、服制的五等即所謂五服，茲分述如下：

1. 斬衰三年：乃父母及長孫為祖父母服之喪，古人要廬墓三年，其意為父母哺乳三年，要守孝三年，以報答其生育鞠養之恩。
2. 齊衰：為祖父母（五個月）、叔伯、兄弟、子女（一年）所為之服。
3. 大功九月：為堂兄弟、孫兒、姑媽、媳婦等所為之服。
4. 小功五月：為堂叔伯父母、堂姪（侄）、姪孫、孫媳等所為之服。
5. 緦麻三月：為曾叔伯祖父母、族伯叔父母、族兄弟、堂姪孫等所為之服。

第三節　喪服區別

台閩地區以白麻孝服為主（愈近親喪服材質愈是粗糙），孝男及長孫戴草箍（用茅草編成，環中加一梁一套粗麻布及白布），著草鞋，套白布為襪（今用白襪），手持孝杖（父喪用竹、母喪用刺桐1.27或1.65尺，上包麻和白布），未婚者草箍中梁後無尾，麻衫無袖，長孫麻服下加一套苧服表示區別，孝在室女及長孫媳戴麻頭（以七尺長白布折縫成），男死，左長右短。女死，則相反，帽尖綴一塊白布，穿長麻衫，下裙也不緝邊，著白或黑布鞋，鞋端綴麻，長孫媳麻下亦加一套苧服，在室女因未婚而麻無袖（凡未婚者孝服皆無袖下圓）。孫男、侄男、甥男，戴頭白，額上綴苧布，頭白用七尺長白布摺成五寸。寬縛於頭上結於腦後，下垂部份左長右短，穿苧仔衫、著草鞋，出嫁女、孫女、孫媳、侄女、侄媳甥女，戴苧頭（形制同麻頭，唯以苧易麻）、苧仔長衫、白布、鞋、鞋綴苧仔，這六者服同，晚近孫侄輩，除未嫁孫女尚可因衫無袖而分別出嫁女外，餘均不穿苧仔衫，以示與出嫁女不同。曾孫輩，戴藍穿藍。玄孫輩，戴紅穿紅。女婿、孫婿，戴白布荖包、綴苧、穿白布長衫。兄弟只戴頭白，姐妹只戴白布頭、後頭。母舅白荖包、白長衫。母妗白箍頭、白圍裙。義子女、義孫依約定而穿。

孝服多由鄰人、親人縫製，現時則向葬儀社等購買或租用。孝服有以黑色尼龍長袍或以不織布長袍取代，僅在喪服上依身份關係別上胸花，喪畢後回收或逕行焚化即可，如此似乎可以簡化許多儀軌及減少喪家悲哀之情。但嚴格說來古禮孝眷應按尊卑長幼之別及恩義情緣之厚薄，於一定期間居喪，才能意表對往生者銜哀悼念。開始穿喪服稱為「成服」，自該日起凡舉行儀式即須著孝服，閩南習俗於接板、乞水前遵禮成服，客家則於做功德、出殯之前。古制須著孝服之喪期較長，現在則已縮短時間，通常於出殯或火化後即不著孝服，此後則帶孝。帶孝有「變服」之制，即變服、換孝及脫孝。脫孝便是脫去帶孝物，古制三年喪滿時脫孝，現在則一年多，即「對年」脫孝。白色孝服通常以麻與苧兩種為主，父母之喪要披麻帶孝。服制上衣為「衰」，下衣為「裳」，在頭叫「頭絰」，在腰為「腰絰」，分述如下：

一、直系卑親屬：

1. 兒子─（正服）披麻持杖，白鞋、白襪，頭上斬衰，已婚者加草箍，未婚者袒免（頭白布加麻布），麻布垂下掩面。可全身穿白、加斬衰冠。入嗣男（義服）披麻，頭白布加苧布。
2. 媳婦─（義服）披麻，白鞋、白襪，箍頭（頭蓋用白布縫製成，公公歿，左長右短，婆婆歿，左短右長），上縫麻布。未進門之準媳婦穿紅不穿麻也不加誌。

3.女兒—未婚者（正服）與媳婦同。已婚者（降服）只有身上改披苧，箍頭縫麻布。

4.承重孫—（加服）披麻持杖，餘同入嗣男。

5.承重孫媳—披麻，箍頭布，白鞋、白襪。

6.孫、孫女、孫媳—穿白衣，頭袒免縫苧布內加一小藍布。

7.外孫等—比照內孫，唯頭袒冕要加一小紅布。

8.曾孫等—用藍色布縫摺兩角製帽子及垂肩至腰藍衣（或只戴帽）不穿藍衣。

9.玄（元）孫等—只帶用紅布縫製帽子。

10.來（甘）孫輩—用黃色布縫製（式樣同玄孫輩）只戴帽子。

二、族親：

1.侄、侄媳、侄女—披苧，袒免（或箍頭）加苧布，或一律穿白（或黑）色衣服。

2.侄孫輩—只袒免加苧布，內貼一小塊藍布及紅布。

3.侄曾孫—同曾孫輩。

4.侄玄孫—同玄孫輩。

5.兄弟、堂兄弟—只用白毛巾綁於手臂。

6.妯娌—箍頭、白或只袒免綁於手臂。

7.姊妹—箍頭、白或只袒免綁於手臂。

三、外戚：

1.姊（妹）夫、外家、連襟—頭絰（白布折製兩角，下摺邊而不加標誌），著白袍白絰。

2.外家女性—箍頭不加標誌，白布裙。

3.外甥與姨甥—男袒免（女箍頭）加苧布。

4.女婿—頭絰上貼一塊一寸寬八寸長苧布從前至後，身上白袍白絰。

5.女婿（結婚前）—頭絰上貼一塊一寸寬八寸長紅布從前至後，身上紅袍白絰。

6.女婿（結婚後四個月內）—頭絰上右兩式之紅布在內苧布在外，身上白袍白絰。

7.侄女婿—比照女婿，頭絰上貼一塊一寸寬八寸長苧布從前至後，身上白袍白絰。但頭絰上只貼一小塊苧布及紅布。

8.孫女婿—比照女婿，頭絰上貼一塊一寸寬八寸長苧布從前至後，身上白袍白絰。但頭絰上苧布下貼一小塊藍布。

9.侄孫女婿—比照孫女婿，頭絰上貼一塊一寸寬八寸長苧布從前至後，身上白袍白絰。但頭絰上加一塊紅布。

四、結拜：

1.誼兄弟—比照兄弟。

2.誼子（女）—袒免加苧布，其上貼一塊小紅布。

3.誼孫—袒免加苧布，其下貼一塊小藍布，上貼一塊小紅布。

4.禮生：只有頭絰內加一小塊紅布。

五、其他親戚：

1.男性逝世者其母親之娘家（即逝者之姑表兄弟、姑表姪、姑表姪孫、逝者之姨表兄弟、姨表姪、姨表姪孫）。

2.妯娌之娘家。

3.女婿之父親（親家）、叔伯、兄弟及女兒之妯娌。

4.姑丈之兄弟、姑母之妯娌、姊妹夫之父親（親家）及姊妹之妯娌。

5.連襟之父親、兄弟及姨子之妯娌。

6.祖母之娘家、岳母之娘家。

7.其他遠親。

8.親戚男性的白袍一般皆用七尺白布（或兩條長白毛巾）披肩，男歿時左肩右斜；女歿時右肩左斜，女性則一般皆為白布箍頭即可。假若事先不能知悉親戚出席的是男性或女性時，則可一律用白布披肩或繫手臂。

六、成服祝文（未點主不可用顯考妣）

維　中華民國○○年歲次○○年○月○日，孤（哀）子○○孫○○等敢昭告於○故孺人之靈曰，嗚呼吾父奄忽辭塵，五服有制，成於浹辰，慟哭悲哀，曷其有終，謹以牲品、香楮用伸奠獻，哀哉　尚饗！

七、告靈成服

1.成服表文用男青（女黃）紙條（寬約一寸），書寫顯考（妣）諡公母○之靈位（要合生、老），表文用白紙（貼在中央），聯語如：「**家門千載盛；富貴萬年興**」，或「**房房生貴子；代代出賢人**」等。

2.告靈文：

> 維　中華民國○○年歲次○○年○月○日，越祭日○○之良辰，今有孤（哀）子○○孫○○及孝眷○○人等，敢昭告於顯考公妣諡母○之靈位曰，痛惟吾父奄忽棄世，孝思難忘，茲當出殯之期（某七），啟設靈位，以剛鬣、柔毛、饌饈、粄果、香楮、燭錦、齋蔬、果品、牲儀、酒筵，虔備凡儀，列在案前，茲當本日成服（某事），敢告蒼天（靈前）。

註：剛鬣、柔毛─剛鬣，為豬。鬣，音（ㄌㄧㄝˋ）。柔毛，為羊。

有服之人各服其服，重服在前，輕服在後，又五拜。端服拜五方、東西南北中央、或拜三上（有服之人各服其服，重服在前，輕服在後又五拜）。

①拜東方甲乙木；福蔭孝門受天祿。
拜南方丙丁火；福蔭孝門早登科。
拜西方庚辛金；福蔭孝門發萬金。
拜北方壬癸水；福蔭孝門大富貴。
拜中央戊己土；福蔭孝門出文武。
父母棄世報親恩，賜你孝服世代榮昌。

②當天成服當天交；兒孫著得哭嗷嗷。僧人經卷來超渡；超得亡靈得逍遙。

③手端麻衣在案前；監告眾神並蒼天。二十四孝身上著；兒孫昌盛萬萬年。

④天上賜下麻衣來；著上悲聲哭泣哀。仙人造衣監天地；兒孫房房及進財。

⑤麻衣穿在身；世代萬年興。房房生貴子；戶戶斗量金。

本宗九族（內九族）五服正服圖

				高祖父母 齊衰三月				
			曾祖姑 在室緦麻 出嫁無服	曾祖父母 齊衰五月	曾伯叔祖父母 緦麻			
		族祖姑在室緦麻 出嫁無服	祖姑 在室小功 出嫁緦麻	祖父母 齊衰不杖期	伯叔祖父母 小功	族伯叔祖父母 緦麻		
	族姑 在室緦麻 出嫁無服	堂姑 在室小功 出嫁緦麻	姑 在室小功 出嫁大功	父母 斬衰三年	伯叔父母 期年	堂伯叔父母 小功	族伯叔父母 緦麻	
族姊 在室緦麻 族妹 出嫁無服	再從姊 在室小功 再從妹 出嫁緦麻	堂姊 在室期年 堂妹 出嫁小功	姊 在室期年 妹 出嫁大功	己身	兄弟 期年 兄嫂弟媳 小功	堂兄弟 大功 堂兄嫂弟媳 緦麻	再從兄弟 小功 再從兄嫂弟媳無服	族兄弟 緦麻 族兄嫂弟媳 無服
	再從姪在室緦麻 再從姪女出嫁無服	堂姪 在室小功 堂姪女 出嫁緦麻	姪 在室期年 姪女 出嫁大功	長子 期年 長子媳 期年 眾子 期年 眾子媳 大功	姪 期年 姪媳 大功	堂姪 小功 堂姪媳 緦麻	再從姪 緦麻 再從子媳 無服	
		堂姪孫 在室緦麻 堂姪孫女出嫁無服	姪孫 在室小功 姪孫女 出嫁緦麻	嫡孫 期年 嫡孫媳 小功 眾孫 大功 眾孫媳 緦麻	姪孫 小功 姪孫媳 緦麻	堂姪孫 緦麻 堂姪孫媳 無服		
			曾姪孫 在室緦麻 曾姪孫女出嫁無服	曾孫 緦麻 曾孫媳 無服	曾姪孫 緦麻 曾姪孫媳 無服			
				元孫 緦麻 元孫媳 無服				

妻為夫族（外九族）服圖

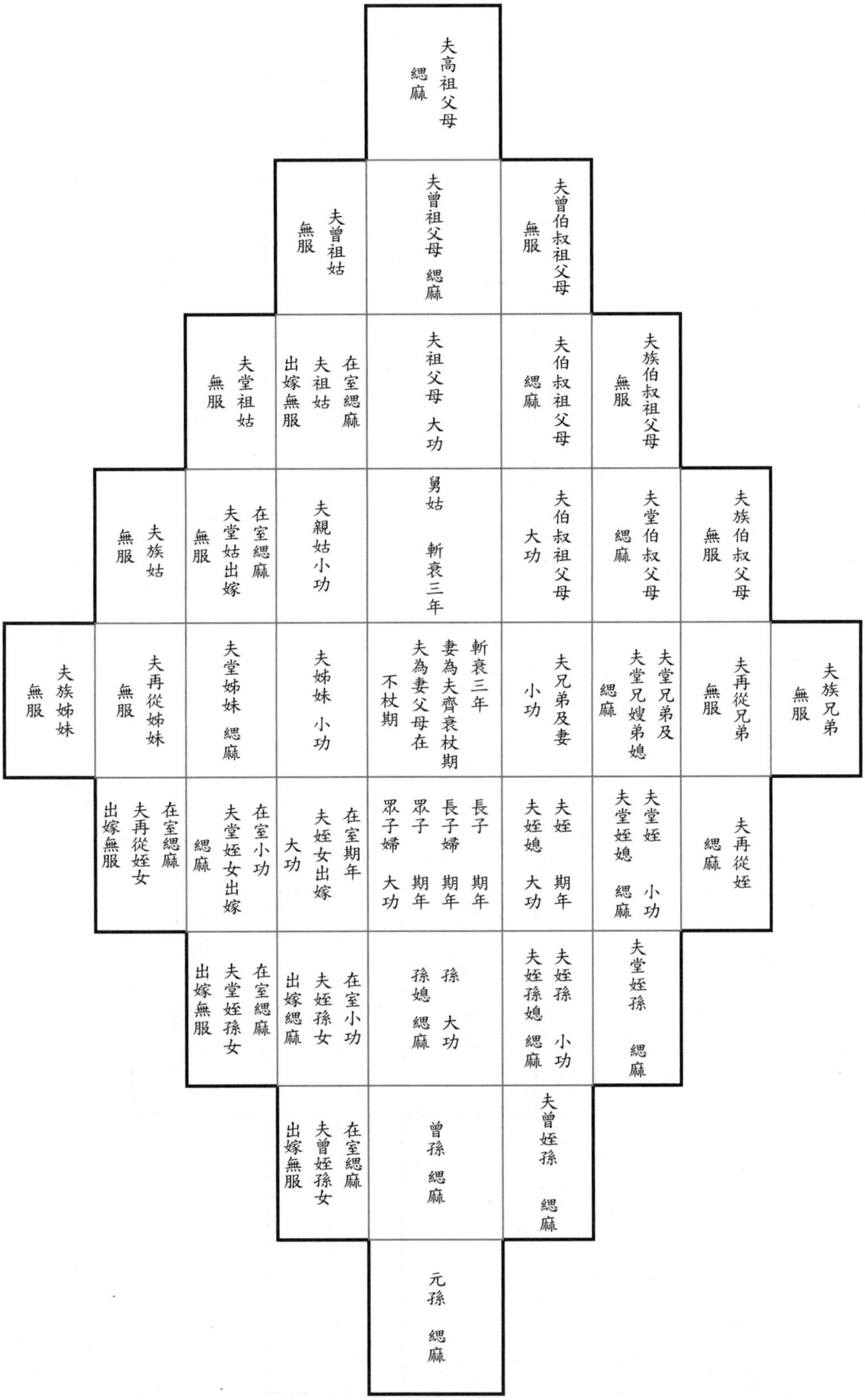
夫高祖父母 緦麻
夫曾伯叔祖父母 無服
夫曾祖父母 緦麻
夫曾祖姑 無服
夫族伯叔祖父母 無服
夫伯叔祖父母 緦麻
夫祖父母 大功
夫祖姑 在室緦麻 出嫁無服
夫堂祖姑 無服
夫族伯叔父母 無服
夫堂伯叔父母 緦麻
夫伯叔祖父母 大功
舅姑 斬衰三年
夫親姑小功
夫堂姑 在室緦麻 出嫁無服
夫族姑 無服
夫族兄弟 無服
夫再從兄弟 無服
夫堂兄弟及夫堂兄嫂弟媳 緦麻
夫兄弟及妻 小功
斬衰三年
妻為夫齊衰杖期
夫為妻父母在
不杖期
夫姊妹 小功
夫堂姊妹 緦麻
夫再從姊妹 無服
夫族姊妹 無服
夫再從姪 緦麻
夫堂姪 小功
夫堂姪媳 緦麻
夫姪 期年
夫姪媳 大功
長子 期年
長子婦 期年
衆子 期年
衆子婦 大功
夫姪女 在室期年 出嫁大功
夫堂姪女 在室小功 出嫁緦麻
夫再從姪女 在室緦麻 出嫁無服
夫堂姪孫 緦麻
夫姪孫 小功
夫姪孫媳 緦麻
孫 大功
孫媳 緦麻
夫姪孫女 在室小功 出嫁緦麻
夫堂姪孫女 在室緦麻 出嫁無服
夫曾姪孫 緦麻
曾孫 緦麻
夫曾姪孫女 在室緦麻 出嫁無服
元孫 緦麻

外親服圖

		母祖父母 無服		
	母之姊妹 小功	外祖父母 小功	母之兄弟 小功	
堂姨之子 無服	兩姨之子 緦麻	己身	母舅之子 緦麻	堂舅之子 無服
	姨之孫 無服	姑之子 緦麻	舅之孫 無服	
		姑之孫 無服		

第四節 〈國民禮儀〉有關喪服條文

第廿三條：為親人服喪日期，自亡故者逝世日起算，其期限依下列規定：

1.三年之喪（實廿五個月）：父、母。

2.一年之喪：祖父（母）、伯（叔）父（母）、夫妻、兄弟姊妹、姑、夫之父母、子女、姪（姪女）、過繼者、養子女為親生父母。

3.九月之喪：堂兄弟、夫之祖父（母）、夫之伯（叔）父（母）、孫男（女）。

4.五月之喪：伯（叔）祖父（母）、堂伯（叔）父（母）、從堂兄弟、姑表兄弟、姊妹、堂姊妹、姨媽、外祖父母、兄弟之妻、媳。

5.三月之喪：曾祖父（母）、父之姑、孫媳、曾孫、甥（甥女）、婿、舅、姨表兄弟姊妹。

對於未規定服喪期之親屬，得比照前項相當親屬之規定服喪。

第廿四條：喪期在下列之規定，在入殮、奠禮及出殯時服之：

1.三年之喪、服粗麻衣冠、素履。

2.一年之喪、服苧麻布衣冠、素履。

3.九月之喪、服藍布衣冠、素履。

4.四月之喪、服黃布衣冠。

5.三月之喪、服素服。

第廿五條：死者家屬於服喪期間內應依下列規定，在手臂或髮際（方位視死者性別而定，男左女右）佩帶服喪標誌。

1.服三年之喪者，初喪用粗麻布，三月後改用黑、白布（紗、毛線）。

2.服一年之喪者，初喪用苧麻布，三月後改用黑、白布（紗、毛線）。

3.服九月、五月、三月之喪者，用黑或白布（紗、毛線）。

第廿六條：服喪者在服喪期間之應對習俗，依下列規定：

1.服三年、一年或九月之喪者在服喪初三個月內，停止參加宴會與娛樂活動，在服喪初六個月內，停止婚嫁。

2.於服喪期滿家祭之日除服，在除服前，蓋私章用藍色，函扎自稱加「制」字。

3.服五月或三月之喪者，在服喪初一個月內停止宴會與娛樂活動。

4.期滿除服之日，宜對亡者舉行家祭。

第四章　喪葬工作

第一節　治喪常識

一、**治喪須知**：為人治喪者要有服務的熱忱，對各項治喪事宜要瞭若指掌，達到「死榮生哀」與「慎終追遠」的理想，在不浪費的前提下，做到莊嚴肅穆的地步。從嚥氣到返主回家的種種事宜，都必須做到完善為止。

二、**治喪步驟**：不論子女為「父母」親自治喪或請他人治喪其步驟如下：

1.殮前：嚥氣前設水鋪→淨身換衣化妝→舉哀遮神→辭生（腳尾燈、腳尾飯、燒腳尾錢）→並示哀→辦理死亡證明。

2.請宗教家（道士或地理師）擇定入殮時辰→葬儀社先把水鋪用布遮住→到棺木店選購棺木→入殮。

3.請地理師選墓地→擇出殯日（轉柩、奠禮、落壙等時刻）→風水泥水匠整理墓地及挖坑（先量好柩之長寬）或連絡火化事宜。

4.謄寫訃告及謝帖→採購物品（文具、燈籠、喪服、白布、手帕、中西樂隊、布蓬、廚師、燈光擴音、金紙、紙厝、旛、杖、答謝品、墓碑刻字、靈車、花車等）。

5.作七及做法事。

6.延聘治喪人員→召開工作會議分配職掌→決定各項進度→到鄉鎮區公所辦理安葬許可或連絡火化事宜。

7.奠禮前佈置→奠禮進行→出殯→辭客→上山→落壙→返主。

8.付款（葬儀社等商人）→答謝各治喪有關人員。

第二節　治喪人員

延聘各項工作人員

一、**特聘總幹事一員**（此乃大型喪禮所必須），小型選叔伯一人當家長即可，秉承喪家自己意見，分配所聘人員工作，並坐鎮指揮，下設：

1.會計：並可設出納，將所收禮金存入銀行；憑票付款。並負責將香奠儀點齊，登錄於各項收支本供喪家主人或總幹事知悉，俾便出納付款。

2.奠品受理處：負責花圈、花籃、花車、藝陣、罐頭、旌軸等受禮與安排，包括登記、發代金、返主用車紅包發放、車輛標示，受禮時並以「謝帖」發付之。

3.親戚及來賓受禮處：分別獨自設立受禮處。

4.如團體都可獨自設受禮處：如宗親、機關、社團等，並同時發放團體臂章或誼子孫之頭白布等事宜。

二、接待組

1.簽名處：負責手帕（毛巾）與胸花之發放。現代喪家改贈予每人一組透明紗袋，內裝有洗皂、避諱洗符、小毛巾等簡易包。

2.公奠登記處：備「單位名稱、主奠者、職稱、有否奠文」之紙備填，並連絡司儀排定奠祭朗誦儀式。

三、總務組

1.禮堂會場之佈置：除由葬儀社佈置外，有靈旌、銘旌、輓聯、軸幛、奠品、花圈、藝盆、親友座椅之排列與擦拭。

2.文書：訃聞之擬撰、謝帖書寫及文具用品的準備。

3.配合奠禮組負責香、燭、花、果、酒、杯、席、毯、茅沙盤等，並將拈香桌上所需物品加以佈置與整理，每副牲醴前放三個酒杯。現代人為求簡化大多統一指訂喪葬業改備水果籃取代奠祭（各祭拜者名牌插於籃上置於供桌上奠祭）。

4.配合會計組發放各種紅包及謝品，並負責發引後撕去鄰居紅紙、喪宅之黃、白紙及監督道士做淨化居所工作。

5.奠禮後會場之清理及靈厝之運回（亦可燒於墓地或於寺廟中立神位，每當初一、十五前往祭拜）。

6.庶務員：負責所需物品之採購及餐飲管理。

7.喪服縫製人員：大多交由懂禮俗之鄰里老婦人來製作。

四、奠儀組

1.司儀：公奠單位多要增一連絡員（負責公奠登記處與司儀間之聯繫）。

2.喪禮（禮生）二名，大場面可加贊禮者二人，以代理喪家司儀。

3.報告生平事蹟：一名口齒清晰、儀態端祥，且聲音能感人肺腑者擔任。

4.致謝詞：由家族推舉一人。

5.音響燈光、攝影及錄音。

6.點釘者：由逝者胞兄弟、外家至親或其嫡子嫡孫為之。

7.壓柩位（啟靈時）：請媳婦娘家兄弟、父母雙全者或福祿雙全者為之。一般是用紅圓、發粿或餅乾，也有加上碗、筷或水桶之類。取其子孫團圓與發展之意。

五、行列組

1.督導員及交通維護員：事先將隊伍行列編排成序，依預定路線前進，過十字路口注意安全，不要阻礙交通順暢。

2.開導車：用汽、機車開導（亦可省略）。

3.抬柩組、護柩組（亦可省略）及各項儀杖、花車之督導。

4.「辭客」時引起者：由父輩或同輩，父喪由族長、母喪由娘家一人為之。

六、小規模喪禮，治喪人員可精簡如下：

1.聘總幹事一名兼總務。

2.受禮處兼辦簽名工作：一至二名。

3.奠禮組：禮生二名及司儀一名。

4.布置組：視狀況二至數名（鄰居、親族或同事）。

第三節 準備事項與物品

一、宗教儀式以勸善入世之教義為主，故不論佛教、道教、基督教、天主教等，均可根據逝者本身宗教信仰，任擇一種儀式舉行。

1.做法事：佛、道兩教均有做法事的傳統，又稱做功德、做齋、做佛事等。法事依時間長短分為午夜（下午至當晚止）、一朝（一整日）、一朝半（即二夜一晝）、二朝（二整日）、二朝半、三朝（三整日）、三朝半，如亡者高堂尚在時只做一夜的「靈前繳」（晚飯起鼓至夜十時止）。其內容如下：

2.午夜：設法壇、起鼓、發表、請神、安神（竈神、監齋）、召魂、開懺、請祖靈、打地獄、引魂過橋、做靈偈、誦經、放赦、獻敬、還庫、過王、擔經、謝神、謝祖。

3.一朝：設法壇、起鼓、發表、請神、豎旛、安神、召魂、開懺、對卷、放赦、獻敬、普施、還庫、過王、謝壇。

4.二朝：一朝之後第二天開梁皇、拜香山（男）；拜血盆宮（女）、耍雜技等。

5.三朝：二朝之後第三天金山拜科偈、龍華經、大藥師經、放生、弄鐃，當中穿插耍雜技等（如行者護師、目蓮救母、廿四孝等）。

註：作法事需要較大空間，因而須要另搭帳篷（增加喪家開銷），但須因地制宜、掛三寶佛、十八羅漢圖、十殿閻羅圖、天堂及地獄圖、三清圖等，只要當中掛幾幅勸善警惡圖即可。

二、**按各種宗教儀式做法事**，如放水燈、開冥路、開火光、做功德…等所須時間通常在奠禮前一日作完，特別應以能教生慰死且不繁瑣為佳。所以各種宗教儀式：如基督教會證道、天主教彌撒、佛教法師講經說法、道教道士講經、居士誦經團、連日正宗讀經、道親說法等，應事先與家族溝通，並告知準備人員、物品與時間等。尤其注意的是：奠禮中要先舉行宗教儀式，次家奠，再公奠，通常宗教儀式與家奠時間要配合，故不論彌撒與讀（講）經，以二十分鐘為宜。

三、**金銀紙錢**：又名冥紙、冥幣、冥鈔，古稱楮鏹、楮錢、冥鏹等，俗以紙製各種錢幣焚化之，以供往生者應用。且古人以為人出生皆欠陰間錢，故死後乃有還庫之說。又以為亡靈赴冥途中須向陰曹差役及鬼魂買路或施捨，故喪家不停的燒銀獻紙。金銀紙錢的種類及其使用方法如下：

1. 銀紙：分大銀、小銀兩種。大銀用以祭祀祖靈；小銀則作為買路或施捨鬼魂（差鬼）用。自治喪起即大量燒銀錢，入殮時還作為塞進棺內縫隙用。
2. 四方金：又名刈金，可作為拜土地公用。
3. 福金：祭拜福德正神用，故也稱土地公金，當然作為拜土地公用及安葬日祭拜后土用。
4. 壽金：拜神明、土地公等諸神，信佛教者大多燒壽金及往生錢。巡山時后土燒壽金及刈金，向親友致謝時致贈壽金、炮及春干、韭菜等。
5. 庫錢：喪葬中以使用庫錢及銀紙最多，亦有將庫錢放入棺木內，供往生者冥界使用。凡人自冥司轉輸出世，向其生肖之庫曹所借之庫錢（充出生盤費），死後須繳庫。部分地區庫錢由女兒負擔。燒化庫錢有所謂「寄庫」，即家屬追念其他先亡之親人，恐其短缺使用，乃託新喪亡靈帶去轉交而多燒若干庫錢。寓意含有推恩及眾先祖的教孝作用。

據說庫錢按十二生肖而分別其一「擔」之數額如下：屬鼠者八萬、屬牛者三十六萬、屬虎者十一萬、屬兔者十萬、屬龍者十二萬、屬蛇者九萬、屬馬者三十四萬、屬羊者十萬、屬猴者七萬、屬鷄者七萬、屬狗者六萬、屬豬者十三萬。

註一：西元一七二四年黃叔璥《赤嵌筆談》，喪禮七日內成服，五旬延僧道禮佛，焚金楮，名曰做功果，還庫錢；俗謂人初生欠陰庫錢，死必還之。

註二：《安平縣雜記》，喪禮七日內成服，為頭旬，名曰「頭七」。有力人家，請僧道誦經者，名曰「開魂路」。其餘七日為一大旬。富厚之家或五旬、或七旬、或十一旬，始做完滿功德。撤靈卒哭，既畢，除靈，孝子卒哭，謝弔客。

6.往生紙：佛教徒、齋友者常燒此錢，枉死者及意外死亡者亦燒（今人常拿來摺蓮花是不對的，因上印有殊勝的經文，不宜拿來摺疊）。

7.三寶錢：三寶乃佛學名辭，一切佛陀稱佛寶，佛陀所說教法謂之法寶，隨其教法而修業者謂之僧寶，此合稱為三寶。三寶錢上印佛像及冥國銀行。

8.準化錢：經衣與五色紙、甲馬、白虎、本命錢等。

註：金銀紙錢由來—自先秦以來，喪葬即有。國人焚燒紙錢的習俗自漢朝以後開始，唐朝的太常博士王嶼說：「漢以來，喪葬瘞（ㄧˋ）錢，後世以紙寓錢為鬼事」，這是說從漢朝開始，人死之後，喪葬之時，要用錢幣與死人同葬。至於用火焚燒，可能與拜火教有關，相信火神能將所燒的東西傳達給鬼神。印度教梨俱吠陀中的阿耆尼（火神），就有如此的功能。拜神祭祖，是我國民間流傳已久的習俗之一。依民間習俗，年中三大節日上元、中元、農曆春節拜神祭祖是主要儀式，在焚香許願後，燃燒紙錢是最後的過程，此時以銀紙、九金等為主，此外，從前商的市井商賈，更是在農曆初一、十五或初二、十六，備妥了牲醴素果及紙錢來「買」通過往的鬼神。後世習俗即以紙錢施與鬼神，台灣當然亦有此俗。惟年來政府大力推行民俗改革，及環保意識的抬頭，主張以素果代替牲醴，以誠心取代紙錢，焚燒紙錢習俗已大大減少，尤其沿途丟紙錢之「買路錢」行為已明顯匿跡，足見只要政府單位合情合理的疏導，民眾百姓一定會遵守配合的。

第四節　奠禮會場布置

會場如在殯儀館則較易布置，如果利用喪家住宅周圍環境則須搭帳篷，場地大小依規模而定。國民禮儀規範第十七條規範，靈堂如果設戶外，應避免妨礙交通及觀瞻，並避免製造噪音。

1.式場用品：約十五呎西式牌樓一組及約十八呎鮮花祭壇一組、香檳色布幔、地毯、花束一對、獻花花圈一組、淨水盆一組。

2. 軸幛之布置：置於會場左右兩旁，若太多不易放置，則僅須將姓名露出外面即可。

3. 親戚靈旌置於龍邊（左邊），長幼尊卑順序參考奠禮程序中親戚上香之順序，由內而外。

4. 社會各界軸幛：大多為橫式，懸掛於兩旁，中間懸掛長官輓詞，幾幅即可，其餘儘量布置於兩旁，如數量多，則可分上下兩層。

5. 輓聯以相對偶為聯句採直式布置，其尊卑大致上依配偶、兒女（媳）、父母、胞兄弟、侄、孫（媳）、孫女（婿）、曾孫等順序排列，各式男女輓聯詳如**附錄五～六及五～七**。

6. 特別長官之軸幛，依會場形態可分二案布置：其一懸於禮堂正前方（殯儀館方式），其二懸掛在會場入口處中間（搭帳篷方式），兩者擇一均可行。

7. 會場正面字體：在會場入口處正上方即俗稱「牌樓」，必須有標題，書寫逝者姓名，便於賓友辨認。書寫字數須依「生老病死苦」之例以十二字、七字、二十二字或十七字來布置。如：「顯妣曾母彭太夫人奠禮會場」十二字或「葉元欽先生靈堂」七字等字數才得體。往喪家各重要路口亦要標示指標路線，以利賓朋赴往弔慰。

於今辦喪事可以透過民代求取一張毫無瓜葛，素不相識的人寫一張無血無淚的軸幛，高高掛出，真不知它所發揮的作用，是來榮耀亡者，還是炫耀生者。大家都知道那種沒意義的東西，卻都盲目跟著複製。

第五章　親友弔慰與奠品奠文

第一節　弔唁

1. 初喪聞耗：亡者嚥氣前後，親人即告訴親友等知悉。接到噩耗親友即趕赴停屍處弔慰，注意要壓抑情緒，不可號啕大哭，以免徒增喪家悲哀，影響治喪工作。向家屬慰以「**人死不能復生，辦後事要緊**」，希望家人節哀順變。予點香（點一支香）膜拜者輕聲祈唸：「**爸爸（媽媽）！○○姨丈（或○○人）前來向您上香，您要庇佑他健康平安**」，再向致唁者深表由衷謝意。

註：節哀順變─親喪之痛，是人生之中最大的哀痛，以逆來順受，順應變故。《禮記．檀弓》下：「喪禮，哀戚之至也；節哀，順變也，君子念始之者也」。

2. 居喪期間：殮後應設孝堂（靈堂）供親友弔唁，可備簽名簿供憑弔者簽名，家屬在幃旁點香（通常點三炷香），親友向靈位及遺像上香後，再向家屬致表慰問之意，家屬向來弔者行禮致謝，再請其至廳堂就座，供以簡單茶水。若有五人以上團體來弔時，可推舉一員代表主弔，其餘行團體行禮取代即可。

3. 奠禮時刻：當天參與者要送上奠儀準時出席，並於簽名簿上留名。領取紙花、手帕或毛巾，現喪家改贈予裝有洗皂、避諱洗符、小毛巾等簡易包。進到式場就座後，聽令禮儀師所進行之程序出列行儀。俟「發引」到「辭客」後始回。程序上細節如下：

①要公奠者先向公祭登記處辦理登記，並附帶聲明有無「祭文」。當司儀口令：「奠禮開始（奏樂）、獻奠品、讀祭文、向遺像行三鞠躬禮、奏樂、禮成、家屬答謝、復位」。禮畢後主祭者可趨前與家屬一一表示慰問。

②不行團體公祭者，可依所進行之儀規中，依序在靈案前拈香致敬，其方式為：距靈案前一步肅立向遺像行鞠躬禮，再用右手母指與食指末捻檀香一小撮，舉齊眉並注視遺像，再將檀香末洒在香爐裡（共三次），最後向遺像行鞠躬禮，與喪眷互相行禮（先向右男家屬再向左方女家屬），禮畢後復位。

③當天未能及時趕到參加者，可提前赴喪家行儀，奠禮不克前來者可提前赴喪宅弔慰，因出國或其他原因於出殯後接到訃告者，可電話向喪家說明，可在「滿七」（四十九天）前補送「禮金」。

第二節 奠品

1. 牲醴、香儀：喪家牲醴（三牲、五味各一付、六菜碗一組、紅包子、發糕各一份、素果兩份、酒或茶一份、金、香、燭等）。外戚牲醴現今一律喪家自備，改贈予賻儀，現代人為求簡化大多改備水果籃取代奠祭。香儀、賻儀即今人所謂白包，算是最實惠的贈禮，禮袋上面書寫道：右上（有敬悼某人仙逝）、正中間（奠禮或香儀）、左下（弟某人敬悼某人仙逝）、晚某人敬悼或敬輓等字樣。
2. 花圈、花籃、花車：花圈、花籃以環保、不浪費，適度控管饋贈者行儀。出殯時主車以黑色運棺車（靈車）在其上方懸掛兩條長白布；並在車前掛一小花圈及亡者遺照，或以中小貨車在車兩旁飾以白色鮮花之花案裝載為主。
3. 果盤：用水果、罐頭飲料塔等包裝而成的奠品，通常一對以成對的排列兩旁，其書寫大概要有：右上○○公（母）千古或靈前、生西、蓮右、蓮前，中間大字奠（下有一句四字祭軸），左下如姻弟（愚姻侄）○○○敬悼。

第三節 祭軸、輓聯及旌軸

祭軸、輓聯的下款要用敬奠或敬奉，不能用敬獻。有關祭軸、輓聯分述如后：

1. 祭軸—為稱頌、評價與贊揚先人業德，乃由各界貴賓所饋贈之后輓詞，一般會一幅一幅都張開掛起來，這樣可以展示家屬的人際關係，作足面子，若不然也要將祭軸疊起來，將送祭軸者的名字展示在外面，但現代人多用於撐面子已失去其意義。祭軸是用白布（藍色或紅色）所印寫而成（通常為橫式），男用祭軸字句款式範例詳如**附錄五～四**與**附錄五～五**女用祭軸。近年來環保意識抬頭，政府機關正提倡以電子祭軸取代（民間稱輓聯）。
2. 輓聯—為追思往生者的生平事跡，抒發後人誠摯懷念之情，在追悼會或紀念會上所用的對聯。通常是由一幅詩句聯對寫在白布、藍布或紅布上，布長短約一碼寬、八尺長居多，一般係由家族，尤以子女、女婿、親友等為主，有關男、女用輓聯之範例詳如**附錄五～六**與**附錄五～七**。
3. 聯軸及靈旌：親戚所贈物品，通常張貼於布料或毯子上，以直列方式懸掛。

第四節　奠文及其要點

一、為緬懷亡生者在世德澤，在奠禮儀式前就已事先擬好感人肺腑及歌功頌德的文稿，於奠禮儀式進行時安排誦讀的追悼文稱為奠文。初喪未葬者，要稱「奠」，而不稱「祭」。大致上奠文分家奠文、公奠文、誄文（敘述讚揚逝者生前德行）等三類。各式奠文範例詳如**附錄五~八**。

二、頌讀奠文之要點：

1.用詞要點：朗讀者要注意與逝者之關係、身分、輩份，而準備好朗誦內容，應注意之要點如下：

①如悼未婚女性，不可有相夫有成、教子義方、子孝孫賢、○代同堂或含飴弄孫…等語。悼男喪（如只生千金或只有一子），其文就不能有（房房生貴子）等語。

②要知悉逝者身份，如悼年僅三十餘歲的某君，就不能誤為（○老先生），又如某往生者僅生數位男女，卻誤報為（子孫滿堂）等不符實情的話語。

③稱謂要對：如府、公、先生、夫人、太夫人等可以直稱，但不可直稱逝者姓名。

2.錯誤的稱呼：如致悼於「陳媽吳太孺人…」，「陳媽」「李媽」乃係「老婢女」「下女」之稱呼，妥當稱呼人喪，應更正為「致奠於陳府（母）或吳（太）夫人之靈」。

3.朗誦方法：司儀口令「請讀奠文」，朗誦者不可一開口自稱奠文，一上口應從「維中華民國○年○月○日…」開始。或直呼「某先生」、「阿萬伯仔」等。或再把年月日置於末段。

4.讀奠文的要點：讀悼詞要虔誠，對遺像要恭敬瞻仰，心存追念。參加者不可在喪禮會場毫不莊重的談笑風生，而要有其神如在、其靈不昧之心態，與喪家同懷哀思的心情，共同達到慎終追遠的終極目標。

第五節　奠文、祭文與唁文之要點

親赴喪宅致哀者謂之「弔」。向家屬表示慰問之意謂「唁」。奠文、祭文與唁文之區分如下：

1.對逝者表達敬意、景仰、追思、懷念感恩的文詞都稱為奠文，故其結尾語應為敬輓。安葬或火化後才稱為祭文。祭文文末結尾語不用敬輓，而只用「尚饗」。

註：尚饗—臨祭而望鬼神來享的辭。今祭文末尾常用此兩字來做結語。

2. 對亡者家屬表達慰問、嘉勉、歉意、撫卹的文詞都稱「唁慰」、「唁文」。文詞絕不能寫為「敬輓」，應該用「敬唁」才對。如一則向亡者致敬，一則向家屬致唁，可一併表示稱「弔唁」。

3. 不克前往，可於白包內附帶些悼慰語如：「遠道聞訃，不克趨奠，良深歉疚，謹此慰唁」、「驚聞噩耗，曷勝悲悼，尚祈節哀」或「人死不能復生，務期節哀順變」等慰問語。

4. 祭文為祭祀宣讀之文，可說是一種生平回顧，一種臨終安慰，一種來世期許，但基本上須具以下三種內容：

①贊揚死者之德行事功。

②感念亡者之恩情。

③表達沉痛之哀思。

5. 唁文參考案：上款（如：官渡成凌雲先生）、中款（本文）、下款（如：國安會秘書長殷宗文敬唁），例舉兩範例如下：

①驚聞令尊噩耗，我與內人深表悲悼，尚請節哀順變，由於主持會議未克趨奠，良深歉疚，祈禱○○老先生往生極樂世界，並希望汝等家眷從今而後再振家聲。

②驚聞令堂先逝，令人遺憾，她是位慈祥樂觀堅強的女性，相信能在神的身邊得以照顧，故希望賢昆仲不必悲傷，務期節哀順變，為荷。

6. 朗讀唁文要點：當司儀口令「宣讀唁文」時，代讀者要到靈前遺像敬禮後，才向家屬宣讀。代讀人的立場是代表發文者身份，故稱呼喪家家屬必須加「先生」或「女士」，而稱發文者直稱「姓名」加地點與時間而已。代讀畢後與家屬相互行儀後，再向遺照行禮復位。

第六章　奠儀程序與儀式

第一節　奠儀前準備

1.奠儀應莊嚴肅穆；孝眷不宜在奠禮中嚎啕大哭，以致影響奠禮進行。奠禮中更不可閒聊、走動，以表對往生者的尊敬，奠禮要依訃聞內既定時間來進行。

2.司儀要宣布奠禮開始、家奠進行及公奠時間與禮成發引時間，以便讓參加者有所準備。

3.轉柩由宗教師（道佛人員）指揮，之後由兒子與長孫各執杖與招魂旛恭請靈位與香爐，安靈位於靈前，與會人員應肅立恭迎。

4.奠儀會場基本上應備用品：如收付桌二張、禮簿二本、簽名簿一本、謝簿一本、公祭單一本、簽字筆二支、公奠胸花一包、捻香用品一組、飲用水數箱等。

第二節　奠儀程序（均各三炷黑色香）

1.奠禮開始（奏樂）

①告靈：長子點香稟告尊親靈位後入席。

②宗教儀式：由宗教師主持，舉行宗教儀式，佛曰「說法」（誦心經、大悲咒、往生咒等），道曰「講經」或「請神」（召靈），天主教曰「彌撒」，基督教曰「證道」，道教曰「獻供」，宗教儀式為時約二十分鐘為宜。

2.家奠開始（奏）

①家族拜奠：

子、媳、女拜奠：由長子擔任主奠。

內孫拜奠：由長孫擔任主奠。

外孫拜奠：由長外孫擔任主奠。

內外曾（玄）孫拜奠：由長曾孫擔任主奠。

護喪夫（妻）拜奠。

②族親拜奠：由族長擔任主奠（亦可按輩份而分單位）。

③親戚拜奠：按輩份再細分，人數不多可一併舉行。

子的姑丈（母）及其子女。（父歿為先），由長者主奠。

子的舅舅（母）及其子女。（母歿為先），由長者主奠。

子的姨丈（母）及其子女。（母歿此次之），由長者主奠。
子媳娘家（包括子之連襟），由長者主奠。
女婿（但客屬不行個別跪拜禮）。
侄女婿，由較長者主奠。
孫媳娘家（包括孫之連襟），由較長者主奠。
內外孫女婿，由長者主奠。
侄孫女婿，由長者主奠。

3.公奠開始（奏樂）

①報告故人生平事蹟。
②各機關團體公奠。
③親戚親友誄（文）詞。
④朗讀唁文。
⑤致感謝詞。
⑥自由拈香。
⑦禮成（奏樂）。

第三節　奠儀儀式（告別式）程序

1.喪家謝祖文：

> 今居○○省○○市○○區○○里○號吉宅居住堂下裔孫○○等為家嚴/慈去世，追荐功德圓滿。謹以齋蔬果品、酒醴列陳，前來領受，伏望祖先回轉○○堂上寬心且座，重重庇佑，合家人等，出入四方，方方吉利，萬事如意，稽首奉送。

另有哀章如下：

> 維　中華民國○○年歲次○○農曆○月○日越祭日○○之良辰，茲有陽居孝男/女○○人等慟念，為家嚴/慈逝世○○辰，祭奠駕柩還山之期，敬備剛鬣（五牲）牲醴、齋蔬果品，清酌凡儀，致祭於顯考/妣諡父/母○○之靈位/柩前。

2.故公/媽 老先生/太孺人 仙逝舉行奠儀：奠禮時間按親戚人數而定，通常以二~四十分鐘為宜，儀式（含家奠、公奠）如下：

某 公○老先生/媽某太夫人 仙逝奠祭。

①奠禮開始。
②鳴炮（或發音響號）。
③奏哀樂。
④遺族上香。
⑤僧侶誦經。
⑥行三獻禮（獻花、獻果、獻酒）。（依序由外家先、次為機關首長、最後宗親）。
⑦誄文（詞）：宗長。
⑧團祭（主祭者、陪祭者、獻花、奏哀樂、讀祭文、行最敬禮、一鞠躬、請回座、遺族叩謝（亦有人特別強調，頭上斬衰冠帽應取下答禮，才不失禮節）。
⑨弔詞弔電：有請族長乙員前來弔讀。
⑩代表遺族致謝詞。
⑪拈香（親族上香、親戚上香、最後來賓上香）。
⑫回向（禮成）。

3.家奠禮詳細儀式：

①奠禮開始。
②奠者就位肅立。
③奏樂。
④上香。
⑤獻奠品（獻花、獻果、奠酒）。
⑥讀奠文（無則免）。
⑦向遺像或靈位行禮（行禮指鞠躬或跪拜，直系卑親屬家奠時行跪拜禮）。
⑧奏樂。
⑨禮成。

4.公奠禮詳細儀式：（親友行禮後，家屬於案側，男站左；女站右答禮）

①奠禮開始。
②主奠者與奠者就位肅立。
③奏樂。
④獻奠品（獻花、獻果、奠酒）。
⑤讀奠文（無則免）。
⑥向遺像行三鞠躬禮（有戴帽者要脫帽，鞠躬、再鞠

躬、三鞠躬，再復帽）。

⑦奏樂。

⑧禮成。

⑨家屬答禮（頭上斬衰冠帽取下答禮，才不失禮節）。

⑩請復位。

第四節　安釘禮

1.古代因沒有檢察官制度，而人命關天的事通常由親兄弟審視一番才啟靈，以免當子媳者被誤會草草收殮，甚至被認為忤逆不孝或虐待死亡…等，故古時封釘含有「驗屍」之意義，意謂亡者沒有遭到配偶或子女之凌虐或陷害而冤死，出殯要封棺、安釘（點釘）或（封釘）的儀式。

2.出殯當日，母歿請外家平輩以下者封之；本族請宗親平輩以下者封之，勿請上輩封棺為原則。舉行封棺點釘儀式為茶盤上置斧頭及一根釘；分別繫上紅布；一塊紅布供點釘者披肩（以示吉利），孝子雙膝下跪「舉哀」請封，有二紅包。（一份給點釘者，另一份給唸吉語之堪輿師或道士）

3.安釘儀式，子孫要在柩前下跪，堪輿師或道士會唸道：「**雙膝跪落地，黃金鋪滿地，四時無災殃，萬年大吉利**」或「**雙腳跪下去，黃金鋪滿地，一時災殃過，萬年大吉利**」。此時唸吉語司儀一手拿釘引導執斧者依序按四端象徵性的點斧（實際上並沒有把釘子釘上去），並邊點邊唸吉語，親族聽了都異口同聲曰：「有喔」。四端點畢後，再將釘輕釘在柩頭前，稱此為「子孫釘」，再由長子用嘴（牙）咬起，謂「出丁」，點、封釘吉祥語詳如**附錄五～一**。

4.封棺人接斧後，一拜或二拜；下輩者下膝跪二拜，起來後由亡者之男左邊，女右邊，依左圓行法釘之，不可在靈柩前通行。完成後復原位，腳尾段拜一拜。

第五節　出殯

出殯安葬是喪葬活動的第三個階段，出殯也就是俗稱的「出山」，正式的說法是「發引」，也就是哭送亡者上山頭安葬，這段過程當然也要藉助許多儀式來完成。出殯時，由道士先行進行超靈儀式，然後舉行奠祭禮，也就是日式說法的「告別式」。詳述如下：

1.壓柩位：要備十二粒紅湯圓（閏年加一粒）、發粿一，點香放於圓桶內，起靈時置於柩位。另也可以餅乾、水桶、碗筷等各備十二份，或以一般大石頭十二顆取代，意為團圓昌發。通常會請各房媳婦娘家派人為之，抬棺起行後拿到戶外桌面，俟啟靈後再取置房內床上象徵重振家聲。事後發給紅包。

2.清掃：當啟靈後，擇一婦人手持掃帚象徵性的往外掃兩下，意為將穢氣掃出門；再從四個角落各掃一把入內後，把地掃乾淨，意謂去霉運。清掃之吉祥語為：「**掃帚掃出門，千災萬禍盡消除；掃帚掃進來，房房添丁又發財**」。事後也發給紅包。

3.啟靈及隊伍次序：

①靈柩往屋外靈車移動時，子孫要跪拜而出（答謝親恩）。至靈車後跪送靈柩上車。子孫要拉著靈車紼帶，其意為捨不得親人離我們而去。

②出殯時親屬向遺像或靈位行啟靈禮後、撤幛（隊伍返回後撕去左鄰右舍紅紙，並協助治煞工作）、升柩啟靈，行列次序為：開道（標明○○○之喪或○府即可）、儀仗、樂隊、遺像、靈位（子孫捧持或置於遺像前）、靈柩、重服家屬、親屬、送殯者等順序。

③辭客：啟靈一段路後，擇一適當地點讓靈車暫停，家眷向後轉向送殯親友跪地答謝，請其留步稱之。

④路祭：若為高壽或德高望重之長者往生，在事前會通知家戶於行列所經路徑旁設簡易食品、素果祭拜，過後以毛（手）巾一條致表謝意。

⑤引「豐斗」（豐斗乃象徵子孫今後豐倉廩實之意）：即將魂帛神位置於盤子或神籃；且預先幫長孫（或長子）購買一套新衣、新褲及新鞋，同放於魂轎車內，俟葬後（入壙）返主時，長孫（或長子）再改換新衣裳同魂轎車返回，意為除穢佈新，喪事已結。

第七章　安葬、祀后土及除靈儀節

第一節　安葬

靈柩抵達墓穴，地理勘輿師在旁指導依正確方位、時辰入壙、掩土、入埋，稱為安葬。宗教禮儀的安葬，通常會在靈柩入壙前，道士讀「落壙」經文；基督教由牧師祈禱安息。仵工會在柩腳鑽一小孔，使屍骨能正常腐化。靈柩放正後，覆以靈旌（銘旌），最後由兒子象徵性的以喪麻衣盛土洒向壙中，以示親手埋葬親人之意。

第二節　埋葬方式

遠古時代的人，穴居野處，對死者只以茅草覆蓋身上，屍骨置於荒野，往往會遭野獸咬食，故孝子會張弓護葬、守喪，這是對喪禮的原始。葬禮的儀式多種多樣，中國人自古就是重視墓葬的民族，從葬法上來看，主要有土葬、火葬、天葬、風葬、水葬、塔葬、懸棺葬等等。受輪迴之說的影響，古代盛行厚葬，上從王公貴族到升斗小民，身後棲所都有一定的規範，官民階級與貧富差距，直接反應在墓的形制，墓葬荒丘隨人類歷史腳步而逐漸演變，從無到有，由簡單至繁複，深受每一時代社會制度和宗教信仰所約制。不同文化背景和地理環境，往往發展出不同的墓葬形式，因此從墓葬中，便可反映出當時社會制度、政治制度、經濟水準、工藝技術、審美觀念、宗教信仰等情況。

祖先亡故後，會尋覓吉地埋葬，維繫傳統「入土為安」思想觀念下，重視陰宅風水。所謂生者要住好風水，死也要沾地氣，以利陽世子孫。如台灣客家人會緬懷祖宗功德，經營祖先墳墓，建構「佳城」，佳城對聯詳如**附錄五～十**。將骨骸合葬一地，方便祭拜，另一方面也能庇佑子孫添丁發財。但有族群就依舊俗，簡單處理。

葬式主要依各民族、各地方及各宗教，可能有著不同的殯葬儀式。如火葬（將屍體埋地內或懸於壁間俟乾，於郊外焚之）、水葬（將屍體用繩綁，分段支解棄於水中）、天葬（將死者用刀全身刮完盡，搓成肉團以飼鷹犬）、地葬（有疾病死者，不用棺木埋於地下）、海葬（將屍體用繩綁，投入大海）、塔葬或缸葬（大喇嘛或高僧死後，以香料藥品，屍坐於缸或醃屍放於塔，長期給人供養）、樹葬…等。

另外辨喪型態還有如招魂葬（意外事件不幸罹

難）、獵七葬（同時辦兩喪、一人辦喪中另一人又逝世，或一年內辦兩喪）等，民間傳說可以稻草人為偶，畫五官並開光，穿第二位亡者衣服，置於紙箱內，供以腳尾飯，俟出殯行列時往空曠地拋棄（亦可與靈柩一起入壙掩埋）謂之「祭煞」，如此才不致帶來再有第三者死去的噩運。相關葬式區分如后：

一、土葬：

漢人傳統習俗人過世必看日擇地（由堪輿師擇日，選一塊風水寶地）來埋葬，如此不但可使亡者入土為安，也相信神靈能庇佑其後代子孫福祿壽喜皆全，所以土葬一直成為國人較常見的喪葬方式。在台灣的傳統觀念裡，多數人就是喜歡選擇土葬。不過台灣地狹人稠，近年在政府的大力提倡之下，很多人選擇處理較為方便的火葬，而海葬的觀念也開始被大家接受。另外土葬之後，台灣有撿骨的習俗，撿骨後也有不同的安葬方式。

土葬不僅是以漢族為主要代表，古代匈奴、突厥、回紇、苗族等少數民族，均以此為主要葬式。方法是用棺木盛屍，挖葬穴，深埋土中，以土丘為標記。中國的傳統文化觀念歷來強調「**入土為安**」，把死後的世界稱作「九泉之下」，稱往生之人為「命歸黃泉」。以中原地區漢民族而論，人民世代以農業為主，視土地為生命之本，是漢民族根深蒂固的觀念。因此人死後埋葬於土中，是使死者靈魂得以安息的好所在，然而由於死者身份各不相同，土葬又有不同級別，不同規格的葬式。如我國以往許多朝代的帝王，往往在生前就傾其國力，驅使大量民工，為其營造陵寢。現仍存於世的始皇陵、北京十三陵、河北東陵、西安昭陵、瀋陽北陵等，都是歷史的明證。皇帝以下的各級官吏，身後的土葬規格，則依官品比降。官位越高，佔地越廣、墳地越高。可見土葬在我國歷代，是階級與階層差異的社會標識。從埋葬人數的多寡現象分析，與社會形態的不同和進步是有關的。此外土葬的方式也因各民族的文化習俗不同而有所差異。漢民族在「入土為安」的觀念支配下，視掘墳、移屍為對死者的不敬或褻瀆；有的甚至為捍衛祖墳而與人爭鬥，直至傾家盪產，付出性命。苗族中卻有對死者採取多次「復葬」的方法，即一次土葬後，待棺木朽爛後再備新棺，裝骨復葬，俗稱「翻屍」，直到屍骨全部化土為止。瑤族中也有三年內舉行復葬的習俗。此外壯族、甘南藏族、佘族等少數民族均有類似葬俗。

二、火葬：

是在出殯後將靈柩移至火葬場，舉行火化禮，家屬祭拜燒銀紙後，由子孫點火予以燒化，也就是「火化」。火化儀式完成後，家屬奉遺像或靈位回去，並連絡時間取骨灰，裝入金斗甕後，擇日安置於納骨塔內。火葬在我國先行於少數民族中。《墨子‧節葬》載：「秦之西有儀渠之國，其親戚死，聚薪柴以焚之」。《馬可波羅遊記》中亦有對京、冀、晉、江、浙、巴蜀等地區「人死焚其屍」風俗的記載。這與漢朝以後，佛法東移，印度僧侶盛行火葬習俗也隨之傳來有關。唐、宋民間已有不少人奉行，尤甚是中原地區，在宋代時火喪習俗幾成民風，以致宋太祖建隆三年（西元九六二年）曾下詔嚴禁（見《東京事略‧太祖紀》）。當然火葬的禁與行，在當時是有爭論的。《宋史‧禮志》載，有人上書建議禁止火葬；提倡收屍葬於荒閒之地，但是在紹興二十八年，有的開明官吏提出反駁，認為「從來率以火化為便，相習成風，勢雖遽革」，主張貧民及客族「若有死亡，姑從其便」，當時的佛教僧侶，更是多取火葬處理後事。然而深受正統儒家說教影響的漢民族，從來視火葬為異端。漢朝以前，朝野官民之間均將焚屍作為最大恥辱和最嚴厲的刑罰之一。王莽亦將焚燒屍體作為刑律，並作出焚燒陳良等人之舉。事實上不僅僅是佛教地區才盛行火葬，也不光是佛法東移的緣故，它的出現和盛行與漢民族內部的生活方式、生活條件、宗教信仰，以及倫理價值的整體變動密切相關。儘管中國歷代政府對火葬仍然視之為喪倫滅理的行為而加以嚴禁，但在民間，由於經濟、方便、衛生等原因，儒家所謂的「身體髮膚，受之父母，不敢毀傷，孝之始也」的古訓，就變得不那麼具有約束力了，更何況較少受到儒學影響的許多少數民族，如拉祜族、藏族、土族、納西族、裕固族、鄂倫春族、羌族等，均有相沿至今的火化習俗。另有一摩梭族人死後也是用火葬。行火葬，本意為給死者脫皮，由死者脫皮變成祖魂的文化內容；祖魂的歸宿為先祖遷徙的祖源故地普斯阿內瓦，到那裡與祖先過他生前一般的生活。葬儀繁瑣奇特，有洗屍、捆屍、停屍、起屍裝棺、洗馬繞村、喇嘛開路、火化等特殊火葬程序。

火葬的過程簡單寧靜、莊嚴肅穆。優點是節省空間土地、節省費用、合乎衛生、祭祀方便，而且目前現代化經營的納骨塔，都有專人管理，環境整潔乾淨，有的更設計得像花園一般，整體感覺比較不會讓人產生害怕恐懼的心理。

三、海葬：

是在火化之後，把骨灰裝入瓦甕或金屬罐，再沉入海底，或者將骨灰散沒於海中，不過這當然是要申請辦理的，而且必須到一定距離以外的海域，才可以進行。目前台灣施行海葬的措施才剛起步，辦理的人雖然不多，不過已顯示台灣人的喪葬觀念正逐漸在改變中。

四、水葬：

水葬在我國尚不多見。是我國古代存在於南方一些少數民族（主要為青康藏）的喪葬形式。葬式一般為先由喇嘛誦經，然後將死者屍體投入水中，任其沉浮漂流。奉行這種葬式的民族，一般都生活在深谷大河之畔，他們通常以水為生，並視江河為自己生命的起點與歸宿，並往往傳有與水神有關的古老傳說。在一些島嶼國家，亦有類似的做法，也因其生養於大海之畔，故對大海懷有崇拜心理，人死之後將屍體拋入海中，名曰海葬。我國有些鄰海省份，也有將棺木置於海灘，利用潮水海葬的習俗。水葬葬式儘管比較方便，但易污染水源，有些盜殺案也往往投屍入河，不易分辨，因此各朝代均力求革除此俗，所以水葬之法已逐漸廢棄不用。但有些民族則有水葬的變異葬俗，如水族生者為使過世成人的亡靈能順利地返回祖居故地，有些地方就編折小紙船，用菜油抹浸（防水）處理後，將亡者的一點布筋或靈牌及幾粒大米置於船內，帶到溪邊焚燒，任其隨波漂流。水族係我國南方古代越人的後裔，傳說其祖先曾溯流而上，過江來到現今住地，放紙船則是水族紀念遷徙、魂歸故里的遺俗。

五、天葬：

又稱鳥葬：露天葬、野葬、馬葬、風葬等。印度、緬甸、柬埔寨等佛教國家，都行天葬，我國藏族、羌族等少數民族和某些宗教信徒較為流行此種葬法。純粹的天葬形式，以藏族的天葬葬式最具代表性，天葬本身也是藏族葬俗中最為普遍的一種葬式。藏語天葬為「杜垂傑哇」，意味「送屍到葬場」，又稱「恰多」，意為「餵鷲鷹」。「恰」是一種專門食屍的禿鷲，葬語叫「恰桂」，所以天葬實際上是鳥葬。葬式的全部過程為：人死後用亡人自己的腰帶等和衣綑綁，置於空屋或帳房角落，用布或衣物遮蓋，點燃一盞酥油燈，以示祭奠，延請喇嘛誦經，擇定送葬日期，一般在死後的第三天。送葬時，將死者用牛馱至固定的天葬場地。司葬者先煨桑供神，禿鷲、鵰、鷹、烏鴉等鳥類一見煙火，立即雲集而來，聚候於附近山巒等處。司葬者隨即剝去屍體衣服，然後按一定程序肢解屍體，繼而吹起海螺或仰天長嘯，禿鷲聞聲而至，將屍體食盡，然後飛去。出殯前，親友、鄉鄰多採參加送葬儀式，以示悼念。所有參加送葬的人，都由亡者家人分發一根穿有白線的針，以示互相之間有針線之誼，又表示施捨雖有多寡之別，而為來世積陰德，將來必有善報之意。天葬時，婦女不能參加葬儀，在家中料理內務，天葬結束，司葬人回來先以水洗臉，再用奶洗手，意在不把污穢帶回家來。天葬之俗始於何時，難以查考，但從其出現時間較晚，推斷似與佛教傳入西藏有關。佛教盛行西藏後，墓（土）葬便不再是唯一的葬式，佛教提倡把個人的一切，包括自己的肉體施捨給眾生，謂之「樂施」。於是天葬、水葬就應運而生了。

六、複合葬：

採用多次重複葬埋死者的做法。《北史・高車傳》載：「死亡葬送，掘地作坎，坐屍於中，張臂引弓，佩刀挾鞘，無異於生，而露坎不掩」，這是一種天葬與土葬相結合的葬式。《北史・林邑傳》載：「王死七日而葬，有官者三日，庶人一日，皆以函盛屍，鼓舞異從，輿至水次，積薪焚之，收其餘骨，亡者收金甕中，沉之於海；有官者以銅甕，沉之海口；庶人以瓦，送之於江」，這是先火葬後水葬的複合類型。裕固族的亞拉格家和賀郎格家等部落，當人死後，先將死者的屍體、衣服和生前所用之物抬到火化場一起火化，二三天後，親屬將全部骨灰倒入白布或紅布袋的，連同其他金、銀首飾、雜物一起，挖坑埋葬。這是先火葬後土葬的複合類型。西藏墨脫地區門巴族將死者先埋葬一年，然後掘出火化，這是先土葬後火葬的複合類型。凡有火葬習俗的民族或地區，往往採用先天葬後火葬，先土葬後火葬，或先火葬後土葬的複合葬式。

七、其他葬式：

1. 塔葬—佛教中地位較高的僧侶，死後往往實行塔葬，先用特製香料塗抹遺體，裹以金箔，存於甕中，置於金塔或銀塔內，供人祭奉，俗稱「肉身喇嘛」，西藏大活佛達賴或班禪往生後，均採用此種葬法。
2. 裸葬—高山族的一種葬俗，人死後，脫去衣服，裹以鹿皮，由親屬四人抬至山頂，打開鹿皮，使死者躺臥其上，再將其生前所穿衣服蓋在身上，俗以為這樣可以使無形的靈魂離開肉體；還潔而去。
3. 空葬—鄂爾多斯蒙古族的葬俗，空葬時先在墓地挖一大坑，再將座棺懸吊其內，然後在上面搭以木椽，用沙蒿覆蓋，這種宗教葬式現較為罕見。
4. 野葬—蒙古族的葬俗，常見於西部牧區，人死後將其屍放在木輪車上拉著跑，一直到掉下來為止，然後將屍體置於荒野，讓狼、鷹吃掉，俗以為這樣可以使死者的靈魂升上天堂，七天後如屍體仍在，就要延請喇嘛唸經，祈禱消災，解放後此種習俗已不多見。

5. 屋葬—台灣原住民鄒族長者去世有所謂屋葬儀式。埋葬之前，先在家中地上選擇墓穴，墓穴深度不一，深約一百五十公分，圓形穴，徑約一公尺。屍體以坐姿放下去，亡者不管是男是女，頭部都朝向西方，並請當地具權威的長老來為亡者禱告。

6. 基因葬—先記錄及分析死者的基因，把基因信息保存後，再進行埋葬或火化。

以上諸種喪葬形式，係我國各民族古時曾有過，其中一些具體葬式至今，尚存的不同習俗，從我國的基本地理環境、各民族的經濟、文化，生活背景等社會因素出發，而有所不同，種類繁多，實可當做殯葬改革研究內容。葬式區分：

一、依民族區分：

縱觀全世界各民族的喪禮形式，可以發現葬式極多，其區別之一在於對死者遺體處理方式及所佔空間位置的不同，分別有土葬、火葬、水葬、天葬以及它們的變質形式，如懸葬、洞穴葬、先火後土葬、先土後火葬、複合葬…等。而埋葬死者的一定形式與當地的自然環境、生產方式、生活習慣、宗教信仰、意識形態等有密切的相關。因此只要其中某幾項因素發生變化，喪葬形式就會發生相應變化。可見任何殯葬儀式難以改革的言論都屬似是而非。本論述認為橫向了解全球各民族不同的喪禮儀式，以及不同宗教喪禮，縱向了解自古以來各朝代不同的喪禮，就不會有殯葬改革不易的錯誤觀點。

二、依宗教區分：

1. 回教：對亡者葬稱「埋體」，人死淨身後，用棉花把眼、耳、鼻等孔腔塞住，再用白布包紮全身；以專用木盒及藍布蓋上；放客廳供親友憑弔，屍體二十四小時內下葬，以免腐化。墳墓建造是以黃土堆起，且不立碑（所以無姓名留供後人知悉）。亦有窮苦人家（用磚造）與富裕（用木造）人家之分；但底層一定要與地面接觸，以表回歸本原的意思。以後祭日，除到清真寺禮拜外，還要請教主到家念經，並製做宗教特有食品，及牛、羊肉食物分送親友。

2.天主（或基督）教：由神父（或教友）主持入殮，並為亡者祈禱，其儀式有：

①導言：各位親友，在這入殮儀式的開始，我們為剛逝世的教友誠懇地祈禱，求天主賞賜他在此塵世生命終結之後，能回到天父的家鄉，獲享永生。因為我們相信死亡並非生命的終結，而是進入永生的門徑。生為信仰基督的人，死亡只是生命的改變，並非毀滅。在基督再度來臨的時候，死去的人，都將復活。現在我們一起呼求仁慈的天主，眷顧剛逝世的教友。

②聖詠（或念玫瑰經及榮福五端等）。

③禱詞：

例一：主禮：請大家祈禱：天主！求祢迎接今天去世的教友（某某），使他擺脫一切罪惡的束縛，獲得永遠的安息和光明的幸福，賞賜他加入你特選的諸聖行列，與他們同享復活的光榮，多因我們的主基督。

（眾）：阿們。

例二：主禮：主耶穌基督，祢曾三日之久停留在墳墓中，藉此祝禱了所有信者的墳墓，使它能安葬人的身體，增加人們復活的希望。求祢的僕人在這墳墓中安眠，直到祢使他復活，接受光榮的日子；主，祢就是復活，祢就是生命，求祢使他在祢聖容的光輝中，享見天國永遠的光明。祢是天主，永生永主。

（眾）：阿們。

④灑聖水。

⑤獻香。

⑥禮成。

3.喇嘛教：教徒的死亡，即請喇嘛念經送魂，用何葬禮（天葬、地葬、水葬、火葬、塔葬等），須由喇嘛決定。

第三節　宗教色彩的火葬（化）

1.火葬：由於現代社會結構變遷，今人大都行火葬。喪家為亡者擇一良時，協請公營殯儀館，逕行將遺體移靈至火葬場；入窆火化，直接燒化，大約兩小時子女代表再到火場象徵性的撿骨入甕，骨灰以罈貯存，陳放於合宜的靈骨塔位。

2.晉塔：喪家將親人靈骨裝於骨灰甕中（上頭鐫刻有亡者姓名、生卒年月日），選定吉日良時，永久安置靈骨塔（土葬撿骨後亦可晉塔位）。一般晉塔時除以祭品祭祀亡者外，也一樣多要先祭拜土地公。

第四節　點主

往生者子孫為求吉祥、發達、聰穎、高陞，昔日將有身分地位的賢達者充任「點主官」，現在多由道僧或地理師代為執行。作法為用硃砂筆在捧主者所背負的魂帛（神主）上下左右中點上朱筆，攘者再以墨筆在「王」字點上硃為「主」字後，將筆朝野太陽的方向擲去，一邊擲一邊念吉祥的字句，繼以筆墨在硃砂上點，提筆點主者稱「點主官」（古稱大賓）。點主儀節如后：點主禮開始、捧主者（亡者之子）就位（面向墓壙而跪，背負神主）、點主官就位、提筆（註一）、點主（註二）、擲筆（註三）、謝點主官、奉神主入斗、禮成。

註一：點主官提筆通常會向天一指，再將筆靠捧主者口邊，令其隨呵：「指日高陞，一氣呵成」，象徵子孫和貴，一團和氣，妯娌和睦，安和樂利，再唱：「和氣致祥，奕世永昌」。

註二：筆向神主上、下、左、右、中，隨點隨唱道：「點天天清，點地地靈，點耳耳聰，點目目明，點人人長生，點主主分明」，最後主事者以筆往神主上的「王」字上點一點成「主」字，點墨時也唱道：「點王為主，點主主安」、「指日高陞，一氣呵成，一團和氣，得人生靈」、「點帛分明，科甲聯登，事業振興，大進大發」或「天地開張，日吉時辰，點王為主（唱至此即點），世代永昌」。

註三：點主官主事後，將硃筆擲向東方或向陽處，墨筆留供子孫使用，可象徵世代書香。現代人通常不舉辦此儀式，大多於墓地辦葬儀時順便點一個形式（客俗會選在奠禮告靈、告祖、告天後舉行）。點主畢，主事者會撒五穀子於墳上，剩餘一些分給子孫帶回，象徵子孫繁衍。撒子時主事者會唱念：「南方丙丁火，子孫代代發傢伙；種子撒高高，生子生孫中狀元；種子撒起起，大厝金交椅；釘子放下去，添丁又發財」，並種蓮招芋（易繁殖）於墳上。類似吉語詳如附錄五～二。

第五節　祭祀后土及拜請亡者式

「勾龍治水有功，封為后土之官，按行九州，有元龜隨焉。若見其住足，則有風水。今墓上龜背，是其遺跡也」，故墓前之神稱后土。當掩垵葬孝墳後，也需在墳地立后土，碑寫上「后土」二字，並準備供品祭祀土神，且正式稟告后土神（土地公），請其守護庇佑新亡者的墳地與亡靈，稱為「祀后土」。古代原本多請舉人、秀才或有身分的人為家屬執行此項祀后土的儀式，現代多請道士或地理師代為執行。葬畢，勘輿師要舉行點主立后土（即土地公），現代公墓均已花園化了，一公墓僅設一尊土地公神像供人膜拜，祀文如后：

一、祀文

土地公（后土）在上，弟子○○○率家族等謹為先嚴（慈）○○○逝世，乞假貴地坐○向○，○○○（處所）○坪為陰宅之所，祈求土地公惠予細心照料，使先嚴慈能往生極樂世界。歲時令節，當率家屬前來叩謝。

二、安葬完墳請后土式：

伏以萬事清吉，日吉良時，六神通利，四道開張，謹發誠心，立地焚香，躬身拜請本位后土福德正神。本山龍神，山神土地，伯公伯婆，伯子伯孫，則有事通請，無事不敢，今有○○鄉○○村○號，吉宅居住，凡民信士○○○等，慟念為顯考（妣）諡父（母）○○之靈　位柩登仙營葬於斯，葬之祭禮，誠心敬備三牲、粿品、香楮、燭帛，清酌凡儀，列在神前，為父（母）營葬築墳，圓竣之敬。伏啟后土，列位尊神，不棄採鑒，佑我先父（母），安葬牛眠，十方吉利，福星拱臨，祿馬扶持，敬佑凡民信士家門吉慶，萬事清祥，豐年穰穰，男女安康，聖筶證明。

（酌酒、燒金）

祀后土準備之供品有：牲醴（三牲）、蠟燭一對、鮮花一束、酒、水果等。金紙有土地公金、壽金、刈金、福金等。

三、完墳拜請父母式：

伏以日吉時良，萬事吉祥，六神通利，四道開張，虔具誠心，立地焚香，躬身拜請：
本墳顯考妣諡父母○○一位英靈，三魂七魄，三尸九蟲真魂，今則有事通請，無事不敢，今有陽居孝男○○孝媳○○孝孫○○等，慟念為顯考妣諡父母○○皈仙，安葬於斯，前有福星常拱照，後有祿馬永扶持，百無禁忌，十方吉利，馬鬣莊嚴，安居牛眠，茲築墳告竣，圓墳之期，五牲、粿品、香楮、燭帛，清酌凡儀，列在案前，為完墳之敬，伏祈。

第六節 返主安靈

入壙落喪後，由道僧將五穀種子播灑於墓地上，以期五穀豐登，亦為子孫繁殖之意，並且取少量墓土；連同留存少量五穀種，由長孫攜回，亦稱「返主」。葬畢殯葬隊伍自墓地原序列返回喪宅，奉神主（魂帛）以歸，即古所謂「送形而往，迎精而反」之意，稱返主或回龍。返回時只少了靈柩、燒化物品及旌旗等。特別注意前述喪燈位置（要改為喜燈在前，喪燈在後），及長孫（或幼子）更新衣，坐魂轎豐斗（神主安放米斗內）返回。

最後當魂轎幾近家中，留守家人及親友要出迎神主入門安靈。主要為設置靈桌、排香案、豎遺像及擺祭品供奉等。由長男主祭上香、獻花（奠禮剩花備二束）、獻果、行三鞠躬禮，晨昏捧飯，至滿七除靈、去桌，再將神主牌及香爐供奉在祖先牌位左側，改為初一、十五至對年（小祥）。亦有三餐供飯至滿七或至百日。也可至對年（或至合爐為止），如何選擇，主要考量盡孝心及方便性而定。

第七節 巡山及完墳謝土

葬後隔日或數日後，喪家會至墓地查看墳墓有無異狀，稱為「巡山」又稱「巡灰」，現代人亦有改為當日為之。因往昔亡者都會戴上很多貴重金銀寶飾入葬，深怕石灰土未乾會被盜棺，現代習俗已不再流行陪葬昂貴金飾，而且公墓公園化後，墓地全天候都有人看守，目前已無巡山必要。

1.巡山時着素服，攜帶壽金及三牲拜土地公，並準備大銀、蓮招芋、香、五味碗、紅龜、蠟燭、蛋、烏豆等祭墓位，向墓位行團體祭拜禮、燒銀紙始回。客俗稱「送火把」，即出殯後連續三天由媳婦送火上山，首日送至墓地，次日後漸漸縮短行程。

2.葬後先拜土地公，次拜墓，拜完舉行點主儀式，由長男或長孫負責手捧神主，面向外，跪於墓前，道士用銀硃筆在其上加一點即成。此時道士口唸四句：「未點為王，已點為主」，主你子孫福，福如東海。主你子孫祿，祿享千鍾。主你子孫壽，壽比南山。

3.接著由地理師「謝分金」、「呼龍」、「撒五穀」，孝眷要大聲應：「有喔！」，地理師呼龍吉語：

手拿羅經八卦神，盤古初分天地人。九天玄女陰陽法，曾度凡間揚救貧。南山石上鳳凰飛，正是揚法安葬時。年通月利無禁忌，今日打開青龍口。輕輕引進太封君，前面有山山拱秀，背後有屏鎮龍基。手把羅經搖一搖，二十四山都來朝。手把羅經照一照，二十四山都榮耀。前有朱雀人丁旺，後有玄武鎮明堂，左有青龍送才寶，右有白虎進田莊。祿到山前人富貴，馬到山後旺兒孫。此是吾葬聽吾斷。一要人丁千萬口。二要財寶自豐盈。三要兒孫螽斯盛。四要頭角倍崢嶸。五要登科及第早。六要牛馬自成群。七要南北山府庫。八要壽命福延長。九要傢俬百崇高。十要貴顯及侯王。

4.完墳又稱「完山」或「謝土」，即墳墓築成後，再擇一吉日為之（亦可當日圓滿完成）。祭時準備牲醴（拜土地公）、五味碗、酒餚、紅龜、紅圓及發粿（寓意「團圓昌發」）、湯圓（表落成）、金銀紙、燭、炮、鮮花等。安銘旌、謝土、撒五穀財、呼請五龍（捧斗）吉語詳如**附錄五～三**。惟今火葬盛行，已無巡山、完墳之禮。

5.安銘旌須吉辭

良時安銘旌，地穴安靈，子孫昌盛，金玉滿堂。

6.謝土

喪葬活動的第四個（最後階段）「完墳謝土」，也就是監造墳墓和擇吉日謝土。由於多數國人重視風水，相信風水好的墓地，會使家族興旺，子孫發達，反之，風水不好的墓地，則會導致家族衰敗，因此墓地的選擇，就必須非常慎重。台灣民間的喪葬習俗以土葬為主，通常在入殮的時候便開始尋找適合的墓地，而且都會請專業的地理師來協助打理，等棺木入土，墳墓建好了，便可舉行「謝土」儀式。所謂「謝土」就是拜謝「后土」，后土就是土地公。因為從此以後就要請他老人家多多照顧埋在此地的親人，拜謝土地公之後，再祭拜墓身，整個喪葬儀式到此才算劃上句點。

謝土祝語、撒五穀吉詞如后：

①謝土祝語

伏以　天神為清，地道為靈，二十四山作證明，
仙賜五穀財丁，散山山興旺，散水水朝堂。
一散東方甲乙木，青龍將軍來降福，
而今亡人安葬後，代代子孫受天祿。
二散西方庚辛金，白虎將軍來降臨，
而今亡人安葬後，代代子孫斗斗量金。
三散南方丙午丁，朱雀將軍到離宮，
而今亡人安葬後，代代兒孫出公卿。
四散北方壬癸水，玄武將軍居丑位，
而今亡人安葬後，代代兒孫富貴隨。
五散中央戊己土，呈蛇將軍位上坐，
而今亡人安葬後，代代兒孫壽彭祖。
五穀散落土，代代兒孫認成祖。
山明水秀聽吾斷，一要人丁千萬口，
二要財寶自豐盈，三要兒孫螽斯盛，
四要頭角倍崢嶸，五要登科及第早，
六要牛馬結成群，七要南北山府庫，
八要壽命好延長，九要家資石崇富，
十要貴顯永無疆。

②撒五穀吉詞

伏以　天地開張，日吉良時，此日安葬，萬事吉昌。
一撒東方甲乙木，代代兒孫多福祿。
二撒南方丙丁火，代代兒孫旺財丁。
三撒西方庚辛金，代代兒孫富萬金。
四撒北方壬癸水，代代兒孫都富貴。
五撒中央戊己土，代代兒孫壽彭祖。
五穀撒五方，兇神惡煞歸本洞。
五穀撒墳墓，代代兒孫都興旺。
五穀撒已完，房房兒孫富壽全。
五穀收入斗，房房兒孫千萬口。
進！發！

7.還山呼龍：

伏以　天花開來地花開，東西南北好安排，
我是釋迦親子弟，崑崙山上管龍來，
年月日時皆吉利，亡者安葬木門開。
一散東方甲乙木，福蔭孝門受天祿。
二散西方庚辛金，福蔭孝門早登科。
三散南方丙午丁，福蔭孝門萬年興。
四散北方壬癸水，福蔭孝門大富貴。
五散中央戊己土，福蔭孝門帶珍珠。
左有青龍招財寶，右有白虎進田寶，
前有朱雀大門吉，地煞打在地理藏。
大吉大利，子孫人等買田又買地，
大吉大昌，子孫人等代代出賢郎。

第八節　除靈後各項儀式

除靈、合爐即古之「祔」禮。相關各項儀式如后：

1.除靈：滿七（撤飯）後，祭以供品（紅龜、紅圓及發粿、湯圓、金銀紙）後，即除孝（除靈），喪家成員可以理髮修容（至今已無此限制習俗了）。

2.百日：往生日算起第一百天要做祭祀，稱「做百日」。家屬要到墳前獻花（不必帶供品及金銀紙）。在家廳堂神主前祭以供品（同上）。另有人提早做百日，例如：以男孩人口數加上長孫（總數），以百日相減；或天數，不可超出亡者年歲數等兩種祭百日之做法。

3.對年：一周年（三百六十五天）為往生者所做的祭祀稱「作對年」（逢閏年要提前一個月），做對年又稱小祥（三年稱大祥）。即由喪者子孫到墓地（獻花）及在家神主前舉行，要準備酒餚、果品祭拜，並邀姊妹、女兒等親友參加。

4.祔祭（合爐）：合爐是喪事的一個句點，古時稱「祔祭」。就是服喪除靈完畢，把魂帛燒掉，奉神主入祖祠（奉主入龕）的一種祭祀。將亡者姓名（含出生、往生年月日時分）寫入祖先牌位內，並將原祭拜香爐內香灰取一部份分送各房所供奉祖先香爐內，現代人稱「合火」或「合爐」。未合爐前喪家逢年節不可做年糕，端午、中元節不可綁鹼粽，也不能祭拜土地公。舉行大祥除喪，合爐作法：

①準備紅圓、發糕、鮮花、水果、香燭、素齋（六盤或十二盤）。

②在靈前致祭，並做最後一次的誦唸經文，然後將亡者之香灰倒入祖先爐中合爐。

③將祖先龕取下取出空白木主，書寫亡者之生、卒日期及名字，經「點主」之儀式，完成神主牌位，再放回祖先龕內。

④將祖先龕請回座，點香再拜。喪眷至此完全脫孝，一切恢復常態。

5.掃墓：新墳三年內，年年要「培墓」（備酒餚、三牲、四果祭拜）。第一年要選在清明節前一日；第二年在清明當天；第三年在清明後擇一天到墓園祭拜。此後子孫年年清明帶清香、素果、墓紙去掃墓即可。

6.三年：依古禮父母之喪要守喪三年（實際二十七個月），唯今人僅於喪滿周年後擇期舉行「三年」祭祀，即古之「禫」禮，表示仍遵守「三年之喪」之禮。

第九節　喪禮結語

聖嚴法師曾說：「人生的終點，不是生命的結束，乃是無限的延伸，以及圓滿的連續」。上述喪葬禮儀細節，我們就可以明白台灣民間的喪禮是建構於宗教信仰概念下的一套禮俗規範，眾人藉由這套禮儀流程來面對親友的過去，因為喪葬禮儀正是經過一連串的分割與結合的儀式，將社會成員的角色地位轉換，且藉此告知社群中所有的成員、親友過世的事實，以利彼此關係的互動，重新獲得調整，也使得社會秩序能夠繼續的維持下去。

先民從生活中不斷累積對於死亡的經歷，而形塑出今日的喪葬禮儀，這些儀式可以說是民族與社群從生活中累積的智慧。雖然台灣民間信仰繼無經典，後也無傳教人員，但其信仰儀式與人們實際生活混成一體，從諸多研究資料中仍可勾勒出喪葬禮儀之程序。就形式上而言，這些喪葬禮儀的儀式流程看似繁瑣，但就社會功能的角度來看，喪葬儀式不只是一種行為的禮儀，而且是社會各種價值系統的全體朗現。因為台灣民間信仰的喪葬禮儀是藉由宗教信仰的象徵體系與文化體系反映出人們世代相傳的意義模式，經由儀式的象徵，將社會綿延傳續的宇宙觀、價值取向、集體精神面貌與其他事項，傳達給所有社會成員，好讓社會繼續往前邁進。所以這套繁瑣的喪葬禮儀不僅成為社會共有的禮儀規範，且其背後呈現出各種潛存的信仰系統與應對模式，可以說是民族集體生存智慧的集大成。

生與死是人生的大事，台灣社會深受宗教影響，尤其以道教跟佛教的影響最為深遠。一般人大多相信人雖死了，但靈魂仍然存在，多數國人又相信命運風水之說，認為亡故先人對後代子孫的榮枯大有影響，因此對於喪葬之禮，一向非常慎重，各種儀節也非常複雜，除了表達慎終追遠之外，喪禮中的每一儀節都代表生者對死者的懷念與尊敬。而在中國的節日中有兩個跟人死後有密切關係的節日，那就是清明祭祖，及中元祭孤魂。透過這兩個節日的祭祀習俗，可以更進一步的認識台灣人的生死觀。另外在台灣原住民社會中，死亡同樣受到各族的重視，也有許多繁雜的習俗與禁忌，很多甚至是外人不易了解的，而對不同族群或不同宗教的喪葬文化，應該要以開放的胸襟學習彼此相互尊重。

總而言之，習俗都有他的道理，但是社會改變了，習俗也應該隨著調整，否則人就被「習」給綁「俗」了，現在也該是移風易俗的關鍵時候了。

◇喪葬禮相關術語註解

1.喪事—古稱為賻儀。大致上有入殮、奠禮、出殯、安葬、作七、返主、喪筵、百日、對年、合爐、追悼等。

2.台語有句俗諺：「在生一粒豆，卡贏死了拜豬頭」。台灣喪禮習俗中，孝男、出嫁女須各具豬頭五牲祭拜。意謂著：如有孝心，生前供養親人要緊，死了才供奉祭拜已沒有用。意同「樹欲靜而風不止，子欲養而親不待」的意思。

3.徹舖—病重臨危，則將病人由床房移至正廳中，臨時舖設之板床稱之。

4.豎魂帛—死後死者身上蓋水被，以銀紙或石頭為枕，並在死者腳邊供「腳尾飯」、燒銀紙、點香爐，意在充其食用及路費，並照明其行路。

5.開魂路—至彌留狀態或於死亡之後，即請道僧誦經，稱「開魂路」。

6.气水—死後家人穿喪服，往河邊「气水」，以銅幣投於水中，作為買水之意。

7.套衫—為死者洗身後換上壽衣稱之。

8.放手尾錢—俗稱「放手尾錢，富貴萬年」，以為死者身後有錢留存子孫為吉兆。

9.洗淨—於喪事時道士將一盆水中放黑麻油，喪家每人用指頭沾濡此水於眉下處，俗稱「洗淨」，意為潔淨。

10.收烏—納棺請道士供祭稱為「收烏」。

11.歲數—往者年齡國人習慣以虛歲計。

12.訃—報凶聞、噩耗。

13.弔、唁—弔，問終。唁，慰孝子。

14.殮—將亡者放進棺柩中。大殮時將往生者生前穿過的褲（與富同音），在子孫間傳遞，表示富貴傳予子孫之後才封棺之。

15.祭—有牲儀之獻。

16.奠—無牲儀祭往生者。

17.奠（香、燭）儀—賀人、祖安葬。

18.大孝、至孝—大孝，父制。至孝，母制。

19.嚴制、慈制—嚴制，父亡（貼於門左側）。慈制，母亡（亦貼於門左側）。

20.大喪—父母之亡。

21.翁姑—夫之父母。

22.翁舅—媳婦稱呼公公。

23.姑表—父親姐妹之子女（姑媽之子女互相關係）。

24.姨表—母親姐妹之子女（姨媽之子女互相關係）。

25.乳母—自幼給哺乳者（奶媽）。

26.孺人—古七品官夫人稱「孺人」。明清「士」之妻歿有追封孺人，有時生前誥封孺人，然今已無。古代一、二品曰「夫人」；三品曰「淑人」；四品曰「恭人」；五品曰「宜人」；六品曰「安人」。庶人之配曰「妻」，齊也。其次曰「妾」，接也（接承家務），俗稱「姨姊」。

27.嫁母—母親出嫁（降服杖期）。

28.駕輪—出柩。

29.生曰父母，死曰考妣，何也？考者，成也；言其已成事業也。妣者，媲也；言其媲助父美也。或云上父母棺柩出葬明白，下子女嫁娶完畢，方稱為考妣。不然，雖逾古稀，無成而卒者，仍稱故父母。

30.顯考（妣）、顯祖考（妣）—顯考（妣），子辦父（母）喪。顯祖考（妣），孫辦祖父（母）喪（叔伯都已不在世）。

31.副妣—庶子生母死亡。

32.所後父母—過房伯叔之稱。

33.出母—母離（出者服杖期）。

34.執紼—送葬。

35.追（哀）悼—悲傷。

36.賻儀—財物助喪的錢。

37.屍—在床之謂。

38.柩—在棺之謂。

39.幼學—十歲。

40.弱冠—二十歲。

41.得年—二十九歲以下（或年齡更輕者）亡。

42.年僅—少年者亡。

43.壯室—三十歲。

44.強士—四十歲。

45.艾服（壯）—五十歲而亡不稱為壽；五十曰艾，言髮鬚蒼白如艾色也。五十歲雖不稱壽，亦不以殀（一ㄠˇ），少壯而死，稱之。但題曰：艾年、五十曰艾，言髮鬚蒼白如艾也。

46. 享（艾）年—三十九～五十九歲死亡。

47. 享年—未達六十歲卒。

48. 享壽—六十歲以上亡（有享陽壽、享嵩壽、享耆壽等）。

49. 期頤—百歲（含）以上。

50. 不孝男、不肖子—父母歿為人子女者咸感不孝故用之，但傳統用孤獨子、孤哀子。

51. 孤子—父死。（三十歲以下無父曰孤子），三十歲以上無父，古禮不稱孤子，今人無據，但例俗久行，亦可用之耳。

52. 哀子—母亡。

53. 孤哀子—父母皆亡。父再娶之母在堂，如遇父死，宜稱孤哀子（雖繼母在堂勿論），但繼母所生之子不稱哀，可稱孤子可也。

54. 披麻帶孝—指子女為父母服喪帶孝。

55. 終卒—凶亡者。

56. 杖期夫生—（杖期是古語）父母都不在妻歿。

57. 不杖期生夫—父母尚在而妻歿，再後娶（簡稱「夫」即可）。

58. 杖期孫—長孫（長子之子）。

59. 護喪夫妻—配偶亡子未成年。

60. 期服孫—杖期孫外之孫。

61. 承重孫—無父由孫服祖父母服。

62. 正服—父母、祖父母兄弟。

63. 降服—嫁母、出嗣子；義服—朋友或師生等。

64. 降服子—出嗣子生分母亡。

65. 期服子—繼母或出嫁親母亡。

66. 加服—承重孫（媳亦同）祖亡父不在。

67. 反服—尊長為卑幼輩服喪。如父親對子女的喪事自稱反服父。

68. 反服（哭）—子亡無孫持服。

69. 五服—古喪服，衰「ㄘㄨㄟ」，以麻布一段貼在孝服心頭上，寬四寸，長六寸，不縫邊，橫揭。以斬衰（衣裳旁及下際，皆不縫緶，故曰斬衰。不言裁割，而言斯者，痛切之甚也。齊者，緝也。謂緝其衣裳旁及下際之邊）。齊衰三年、杖期、不杖期、大功（九月）、小功（五月）、緦（緦）麻（三月）等。

70. 頭絰—絰，音「ㄉㄧㄝˊ」。以麻葛做喪服，紮在頭上，叫頭絰或首絰。

71.未亡人—係古語，應該用護髮妻或妻。

72.泰山—丈人（岳父）；泰水—丈母（岳母）。

73.誼兄弟—結拜兄弟。

74.誼子，庚子—子之結拜；誼侄—結拜之子。庚子，子之結拜同年；庚侄，侄同「姪」。同年之子。

75.庚兄弟—結拜同年兄弟。

76.壽終—六十歲為一甲子始稱壽，故六十歲者亡可用壽終。

77.正寢、內寢—係古語。正寢，舊式住宅的正屋。內寢，為內屋、內房。病篤將終時父母遷正、內寢（正廳左右邊），在外歿都不可用，要叫屍魂始得入廳。

78.壽終正寢、內寢—正寢，舊式住宅的正屋。男性過世，享盡天年，在家安然過世，停屍左側。內寢，女死停屍右側。

79.隨侍在側—即噍氣（人死氣絕）時陪侍在旁（前輩對晚輩不可用）。

80.叨在—即喪家感謝姻親戚友自謙之愧稱（與忝義同）。

81.姻親—婚姻親戚。

82.內親、外親—妻、媳、族、叔、伯、母等親戚。外親為姐妹、姑媽、女兒嫁出去之親族。

83.卑親屬—法律名詞。輩份比自己低的親屬。

84.直系卑親屬、旁系卑親屬—是子、孫、曾孫的分別。旁系卑親屬為弟、妹、姪、甥等。

85.千古、生西、蓮右、蓮前—均可做為哀悼男年長亡者，輓聯、祭軸上款抬頭之尊稱詞。

86.靈右，幃右—靈右是指靈堂的左右邊，對女輓聯、祭軸上款抬頭之尊稱。男年長者過逝用千古，現代年長者女去逝用仙逝。仙逝原指有德之人卒稱之，蓋美其名之詞也。而「幃右」指的是幃布（停放靈柩用黃布圍起來的布幕稱之），通常是至親的家屬送的輓聯上款的稱謂加幃右，如父親大人幃右。

87.敬輓—用非食品類（果籃、糕盆、罐頭等祭拜）。

88.輓聯下款類型有：輓（長輩用）、敬輓、敬悼、泣輓、泣淚拜輓、泣淚敬輓、頓首輓、頓首拜、頓首敬輓、頓首淚輓、淚拜輓、頓首揮淚輓、頓首淚拜輓、揮淚敬拜輓、忍悲頓首輓、含淚敬輓、斂衽輓等多種，連自稱、姓名要湊成十一個字為吉。

89.發引安葬—正字應為「發靷」，現簡寫「引」者乃用車載之意。但「引發」兩字意為引導出發。

90.灌地降神、茅沙沃酒—灌地降神，意為以酒祭祀，祭沃酒於地，以表其誠敬。茅沙沃酒，喻其潔清白。

91.墓豎石人、墓豎石獸—墓豎石人，意名翁仲。墓豎石獸，意名天祿。

92.招魂附葬—人卒於兵、溺於水、焚於火、無屍可收而立祀主。

93.墓碑石中央以魯班尺量合老；兩旁合生；靈塔墓碑石尺寸要合義、官、財丁；勿合旺（用生老病死苦推算）。

94.三牲、五牲—祭祀牲儀，湊牲（左魚右肉、雞鴨中央）為原則。牲醴有三牲、五牲之分。三牲為豬、雞、魚三品。五牲為豬、雞、鴨、（鵝）魚、蛋或豆干、尤魚等五品及其他山珍海饈之類。

95.冥紙—供神明及往生者應用，又分為金紙（壽金、福金）、銀紙（大、小銀）兩類，喪葬還用庫錢、刈金等多種。

96.誄（文）詞—誄為文體名，故人記述死者的德行、功業，並且致表悼念的文辭。本來是上對下的，後來通行於一般人，成為哀祭文字的一種，誄文為士死而有誄者，誄之為言累也。累其生平之實行功德，為文以哀之。即今之祭軸，未葬懸於中堂，用以讚揚亡者生前德行的追悼詞，出葬焚之。或謂誄文尊褒卑方可，卑褒尊不可也。

97.考妣—妣者媲也，言其媲助父美也，或夫上父母棺柩出葬明白，子女嫁娶完畢，方稱考妣。不然雖偷古稀之年，無成而歿者，乃稱故父母。

98.諡—諡是我國自周以後，以迄清朝末年所有官宦在生前，在死後，他本人，他子孫都夢寐以求的。儘管最初訂定諡法用字，原有好壞之分，但在議諡的時候，照例隱惡而揚善，儘量往好的方面下詳語，所以除非是得罪了當朝天子。因之，即令作惡多端的人，只要獲得聖寵，便不必顧慮「遺臭萬年」。寫法是「諡」，別作「謚」，其實在說文原是兩個字。說文上言部諡字說：「行之迹，從言兮皿，闕」，所以說「闕」是這三個字聯不到一起，無從解說；徐鍇說「兮聲也」，認定兮是聲符。這一點也很勉強，因為兮的發音和謚的發音距離太遠，再則除去了兮字，皿字在字中更是不知其所以然。禮記所載人死「謚法」是皇上所賜封號，於各階層官家，平民無謚原則也。今有道德、功業的人，死後追加的名號。謚本出於皇帝所賜才能稱之。故死者必當謚，殊不知謚出於皇帝之所賜，豈常人所得於而忘謚乎，況婦人之德不外見，而親賓安知其生平之美可褒乎。

99. 泣血、稽顙—泣血，源於：「子羔悲親，泣血三年，未嘗見齒，楚詞九章，哀子吟而拭淚，居喪哀切，本份之事也」。稽顙者，凶禮之拜名也，禮載之有喪，雖緦必稽顙者，今期功稱稽首，緦麻則否，至卒哭，方添一拜字，謂其從吉而拜之。故稽顙，概為喪事以額叩地之意。

100. 仙逝—挽詩中稱仙逝，為有德之人去世，蓋其美之詞也。

101. 后土—墓前風水之神。勾龍治水有功，封為后土之官，按行九州，有元龜隨焉，若見其住足，則有風水，今之墓土龜背，是其遺蹟也。

102. 點主—埋葬後，另有點主之俗。子孫為求吉運，由賢者（通常為道士或地理師）用硃砂筆在魂帛（神主）上的「王」字點硃為「主」字。

103. 頹—作動詞或形容詞為山崩倒下來的意思。

104. 徽—美善的意思。

105. 懿德—良好的模範，用於稱讚女德。懿，美好、美善的。

106. 南柯—夢的代稱。如「南柯一夢」。

107. 奠儀—也做「奠敬」，致送喪家的賻金。

108. 鯫生—鯫，音「ㄗㄡ」，形容小。小人。謙詞，稱自己。

109. 蓼莪—音「ㄌㄨˋ ㄜˊ」。《詩經》篇名，描述孝子追念父母的心情。

110. 茱萸—音「ㄓㄨ ㄩˊ」。落葉喬木，有山茱萸、吳茱萸、食茱萸等三種。

111. 薜蘿—薜，音「ㄅㄧˋ」。薜荔和女蘿。兩種野生植物，比喻隱居者所穿的衣服。

112. 六道輪迴—男人「天、地、人、佛、畜、鬼」；女人「佛、人、地、天、鬼、畜」。

113. 三父八母—所謂三父為「親父、養父、繼父」；八母為「嫡母、繼母、庶母、慈母、養母、嫁母、出母、奶母」。

114. 內九族、外九族、三族—所謂內九族為「高、曾、祖、考、己、子、孫、曾孫、玄孫」；外九族為「外祖父、外祖母、妻之父、妻之母、母姨子、姑之子、姊妹之子、女兒之子，并己族之服親是也」；所謂三族為「父族、母族、妻族」。

115. 輓聯—是由輓歌演變而來，是屬於對死者哀輓的聯語，在中國古代人們利用詩歌來抒發內心的憂傷，輓歌即為其中一種，因此輓歌被用在送葬儀式的一部份。在魏晉時期，文人不僅愛好唱輓歌，而且喜歡創新詞語，強化其抒情功能，當時文人輓歌詩往往帶有自輓的性質，輓歌便成為特定時代的產物。譬如陶淵明的《輓歌詩》堪稱此類作品的千古絕唱。輓歌不僅對死者的哀傷而歌，更將死者的生平過往做簡潔的介紹，所歌之詞語使用白布、黃布黑字題寫，進而演化為輓歌。輓聯的懸掛常常能將悲傷、哀情、肅穆的場合宣染得更加莊嚴，喚起人們對死者的追念和不捨。書寫輓聯為了切合人與事，其突出的特點為「情動於衷而形於言」，感情之深入表達，內容充實，遣詞用語懇切實在，詩韻之濃郁往往比其他的對聯更勝一籌。因此常以長句聯的文體來呈現，往往會在上聯讚頌亡者生前事蹟，下聯則是對亡者遺世的不捨。

116. 九泉地下—春秋時晉大夫的墓地，現代人喻人往生，長眠於地底下。

117. 椿凋萱萎—椿萱，指的是父母。椿凋萱萎表示父母皆亡。傳說上古有大椿者以八千歲為春，八千歲以下為秋。因為長壽，後來形容高齡，做為父親的代稱。

118. 生曰父母，而死曰考妣曰考者成也，言其已生事業也。妣者媲也？言其媲助父美也，或夫上父母棺柩出葬明白，下子女嫁娶完畢，方稱考妣，不然雖偷古稀之年，無成而歿者，仍稱故父母。

119. 喪事中戒婚何也？父母之喪，五內崩裂，何忍親議，或男無中饋，女無至親，年紀長大，迎歸喪異食別宿，待服闋擇吉合葬為誼，或於臨危時迎娶，使親見父母亦可。

120. 過身—過者超越也，過身就是超越人的意思，客家人稱人死亡、往生為「過身」。《莊子盜距》：「今夫此人，以為與己同時而生，同鄉而處者，以為夫絕俗過世之士焉」。

121. 至孝—《中庸》曰：「事死如事生，事亡如事存，孝之至（稱為至孝）」。如親人不幸過身，為人子女者，應按習俗在靈前晨昏定省（早晚上香及供奉三餐），就是至孝的表現。

122. 來格、來享、尚饗—來格，降臨之意，《尚書・益稷》：「戛擊鳴球，搏拊琴瑟以詠，祖考來格」。禮記月令：「行春令，則蝗蟲為災，暴風來格，秀草不實」，格者到或至也。來享，奠祭時請鬼神來接受祭拜供品，討經商頌列祖「來假（享）來饗（享），降福無疆」，又以假以享，我受命溥將。尚饗為臨祭而望鬼神來享的辭。今祭文末尾常用來做結語。

123. 身故—身者就是身體，故就是死亡。屈原《楚辭・九歌國殤》：「身既死兮神以靈，子魂魄兮為鬼雄」。

124. 氣絕—《呂氏春秋・論威》：「則知所免起鳬，舉死殙（氣絕）之地矣」。

125. 喪禮—司徒修六禮以節民性，六禮就是《禮記・王制》篇：「六禮：冠、昏、喪、祭、鄉、相見」。而喪禮為六禮之一。六儀為周禮地保氏祭祀、賓客、朝廷、喪祀、軍旅、車馬等六種禮儀。並非新唐書百官志二后妃傳之淑儀、德儀、賢儀、順儀、婉儀、芳儀。而喪祀為六儀之一。

126. 冥婚—俗稱「娶神主」或「嫁香煙」，一般都將亡者相互結婚包括在內，但主要還是指活男子與亡女子結婚。

127. 駕返瑤池—用於哀輓信仰道教老年女喪的題辭，若用在基督教徒或男喪就很失禮了。瑤池，傳說中仙界的天池，在崑崙山上，為西王母所居之地。

128. 哲人其萎—本指智慧卓越的賢人即將死亡，後用來悼念已故的賢人。萎，讀（ㄨㄟ）。

129. 母儀足式—形容婦德足以作為人母的典範。式，榜樣、模範。

130. 音容宛在—指人的聲音與容貌彷彿在眼前。宛，彷彿，好像。

131. 食三角肉／食相合肉—喪事辦畢，最後要給參與者吃一餐再離開喪宅。喪宴食前忌邀請；食畢忌道別，要各自默然而去。台灣諺語有：「**來無張池，轉無相辭**」，又喪宴不用醬油碟，因為碟與疊諧音，恐喪事（重重疊疊，會再來），所以雞、鴨、肉等都先澆淋醬油再上桌。有些地方（喪事桌）肉是第一道，切成三角型肉，稱為「三角肉」，（意為菜色不多、不好、不能讓你吃得滿意），也告訴你主人家不希望辦這種桌。普通喪事菜數一定是奇數。食三角肉已成民間喪事的暗號或代稱。但現代有人予以簡化，直接發給餐廳餐券，或於奠禮結束發給二百元紅包，喪宴逕行取消。另外還有喪宴孝眷不上桌，子孫圍蹲而食，意謂父（母）已故，子孫更須團結。食畢，親友默然離去，俗信先行者會大發。已出嫁的女兒當晚就要回去，不得留下。

132. 慎終—人生在世有七情六欲，（七情是人的七種感情，為喜、怒、哀、懼、愛、惡、慾），（六欲為色、聲、香、味、觸、法），以上是貪念之始。人在生期間，日夜與親人共同生活，所產生之親情，人如果一旦消失時，短期間必定不能接受，人人都想厚葬親人，這就是「隆重慎終的儀式」，其儀式是依照喪葬禮俗，一般而言，就是喪葬禮儀十分隆重。慎終追遠死生大事，因此喪禮在我國社會中具有極重要的地位，無論家庭、社會都十分重視，有時甚至過度繁複鋪張浪費，不過人類學家認為喪禮是一種重要的通過儀式，家屬可透過此程式的進行，逐漸從失去親人的悲痛中復原，故對國人而言喪葬儀式的重要性，亦不言而喻。

133. 歸真—還其本來的情形。即人從那裡來，就從那裡去的意思。也就是「返璞歸真」。歸真是佛家對人死亡的稱呼。《釋氏要覽・送初亡篇下》「死謂涅盤、歸真、歸寂、入寂、圓寂、滅度、遷化、順世，皆壹意也」。

134. 佳城—為墓地，晉・張華《博物志》：「漢滕公薨，求葬東都門外，公卿送葬，駟馬不行，跼地悲傷，踣蹄下，得石有，曰：佳城鬱鬱，三千年，見白日，吁嗟公居此室」。

135. 富裕之家喪事，為何要辦得那麼熱鬧？傳統觀念裡，生者總是要讓往生者風光的走完人生最後一程，於是在喪葬時熱鬧了好幾天，出殯當天有各種陣頭，表現了生者對死者的一片孝心。孰不知盡孝、報恩、有節、教孝，才是喪禮的精神，但現代人又怕處理親人身後事時被指為不孝，因此表現大多以竭盡所能，一切都以「隆重」為首要。

附錄五～一：封棺（釘）或封柩吉祥語

封棺（道士、地理師）會讀頌（再配合以下五點釘任選一則）：

1. 點起子孫釘，五子登科福祿壽，財丁兩旺富貴雙全，日後兒（子）孫中狀元。
2. 手執金斧來封釘，東西南北四方明，青龍白虎來拱照，朱雀玄武兩邊排。子孫釘子孫團圓，子孫富貴萬萬年。
3. 金斧回落團圓圓，可比唐朝郭子儀，七子八婿成駙馬，面前豎起狀元旗，風吹旗帶嘩嘩翎，日後狀元出不離，大進大發枝。
4. 伏以日吉時良，天地大厝卜開張，本在深山一木長，取來魯班曲尺長短量，下做地，頂做天，日月排兩邊，大厝福人居，萬事大吉昌，手拿金斧來點枝，就請孝子跪金屍，丁蘭刻木為父母，孟宗哭竹冬發枝。

一封甲乙天門開，二封庚辛地龍來，三封丙丁火為貴，四封壬癸水為財，五封戊己買田地，子孫昌盛進契來。

一釘天門開，二釘福祿來，三釘三及第，四釘大發財，五釘大團圓，子孫滿堂來。

一釘添丁及進財，二釘福祿天降來，三釘三元生貴子，四釘子孫滿大廳，子孫釘，子團圓，子孫富貴萬萬年。

一釘龍口天門開，二釘天降福祿來，三釘三及第，四釘四季大發財，五釘子團圓，富貴萬萬年。

一點子孫昌，二點富貴長，三點三及第，四點有名揚，五點大團圓，富貴萬年昌。

一點黃龍金門開，二點子孫滿堂來，三點三元三及第，四點四季大發財，五點子孫大團圓，子孫富貴萬萬年。

大尊翁某某姑功德圓滿，天堂上名列神仙。昇駕鶴高登樂境，佑兒孫富貴綿延，子孫釘，子團圓，世代昌榮萬萬年。

一點東方甲乙木，福蔭裔孫長享福，

二點西方庚辛金，福蔭裔孫萬年興，

三點南方丙丁火，福蔭裔孫早登科，
四點北方壬癸水，福蔭裔孫大富貴，
五點中央戊己土，福蔭裔孫萬萬年。
一點東方甲乙木，子孫代代居福祿，
二點南方丙丁火，子孫代代發家火，
三點西方庚辛金，子孫代代發萬金，
四點北方壬癸水，子孫代代大富貴，
五點中央戊己土，子孫壽元如彭祖。
一點青龍東方甲乙木，子孫房房大發福，
二點白龍西方庚辛金，子孫代代發萬金，
三點赤龍南方丙丁火，子孫代代做甲老，
四點黑龍北方壬癸水，子孫房房富貴隨，
五點黃龍中央戊己土，子孫代代出文武。
一點青龍東方甲乙木，子孫房房受天祿，
二點白龍西方庚辛金，子孫代代發萬金，
三點赤龍南方丙丁火，子孫代代做甲老，
四點黑龍北方壬癸水，子孫房房富貴隨，
五點黃龍中央戊己土，子孫代代出彭祖。
一點丁，子孫昌盛，時時日日得財利，
年年添丁生貴子，房房再添福壽兒，

二點財，財寶連財，金花玉樹進門來，
吉日點釘天賜福，良時進土地生財，
三點貴，福祿雙隨，科甲年登顯名仲，
子孫金榜永帶名，金花玉樹慶家成，
四點壽，壽比南山，福如東海永長春，
鳳毛麟趾財丁貴，鶴算龜齡福壽全。

註：執事者肩披紅彩帶，手端茶盤，上置安釘物有斧頭繫紅布、釘繫紅布、紅布及紅包兩（分贈點釘及念吉祥話者）。封棺子孫是封不得的。要對頭中心最高處及中央旁邊釘，慎之。

附錄五～二：點主、開鑼吉祥語

周公命謚，取善祿長，一筆神主，萬世流芳。
天地開張，日吉時辰，點王為主，世代永昌。
指日高陞，一氣呵成，一團和氣，奕世永昌。
點日高陞，一氣呵成，和氣致祥，得人生靈。
點帛分明，科甲連登，事業進興，大進大發。
點前光前，點後裕後，點王為主，子孫昌盛。
點手手會拿，點足足運行，
點上添來一點紅，代代兒孫變富翁。
一筆拿起指上天，孝門富貴子孫賢，
王字頭上加一點，世代榮華萬萬年。
一筆拿起指東方，孝眷人等大吉昌，
點得房房生貴子，富貴榮華福無疆。
丁蘭刻字為母親，萬古流傳到如今，
王字頭上加一點，子孫世代萬年興。
手拿珠筆在佛堂，世人效著丁蘭方，
王字頭上加一點，代代裔孫大吉昌。
手拿珠筆向青天，點起木主是神仙，
王字頭上加一點，子孫富貴萬年興。
手拿珠筆在壇前，請僧超渡亡昇天，
王字頭上加一點，兒孫富貴萬萬年。
神牌本是木來裝，真名真姓在中央，
請僧超渡我點主，兒孫富貴大吉昌。
點天天清，點地地靈，點耳耳聰，
點目目明，點人人長生，點主主分明。
點天天清清，點地地靈靈，點人人長生，
點主主有神，王字頭上加一點，主福主祿萬年興。
神王神王聽我主張，一筆成主奕世榮昌，
手拿硃筆在佛堂，世上效著丁蘭芳，
王字頭上加一點，代代裔孫大吉昌。
南方丙丁火，子孫代代發傢伙，
種子撒高高，生子生孫中狀元；
種子撒起起，大厝金交椅；
釘子放下來，添丁又發財。

註：

一、入壙落喪埋葬後，另有點主之俗，以求子孫吉運。請道士或地理師為「點主官」，在神主（靈牌）上點紅朱，繼而在朱上點墨。

二、點主稟靈文：不孝男（孫）及眷屬人等，為父母登仙，駕鶴西歸。茲當是日，請僧到宅，追修功德，宣經禮懺，開通冥路，今請得道士，手拿金筆，點起神主，望子孫奕世榮昌。點主者提筆通常向天一指，再將筆提近捧主者口邊，以筆向神主上、下、左、右、中，隨點隨唱道曰「我今把筆對天廷，二十四山作聖靈，孔子賜我文章筆，萬世由我能作成」在配合上述各則吉祥語。

開鑼最先鳴，聲響透天庭，
請佛來超度，靈魂早超昇。
三聲明鑼在佛前，請佛到家發善緣，
今日佛前來超渡，亡者靈魂上西天。
三聲鳴鑼在佛前，請僧到家發善緣，
田真哭活紫荊樹，子孫富貴萬萬年。
三聲鳴鑼佛前開，請佛請僧到家來，
今日佛前做功德，超渡往者上天台。
三聲鑼響透天庭，孝門家中大吉興，
佛祖面前做功德，世代子孫出賢人。
天清清來地靈靈，鑼聲響亮請眾神，
請得眾神齊下降，眾神下降作證明。
銅鑼生來圓叮叮，連響三聲請眾神，
請得眾神齊下降，薦拔亡者早超昇。

註：開鑼時要手持銅鑼向壇前佛祖拜三下，再向出青天拜三下，再打鑼三響，口念以上祝語。

附錄五～三：謝土撒五穀財、還山呼請五龍（捧斗）吉祥語

一散東方甲乙木，子孫代代受天福，
而今亡人安葬後，青龍將軍來降福。
二散西方庚辛金，子孫富貴斗量金，
而今亡人安葬後，白虎將軍來降臨。
三散南方丙丁火，子孫福壽百歲老，
而今亡人安葬後，朱雀將軍到離宮。
四散北方壬癸水，子孫受祿文武隨，
而今亡人安葬後，玄武將軍居丑位。
五散中央戊己土，子孫代代護君主，
而今亡人安葬後，呈蛇將軍位上座。
五穀散落土，代代子孫認成祖。
口念四方真龍到，元亨利真八卦神，
上下十方皆吉利，黃龍弄珠臥牛眠。
中央戊己是巨門，天降瑞氣長留存，
寅葬卯發臨時應，福祿自有慶家門。
手拿五種搖一搖，二十四山盡來朝，
山神土地來保護，有關真魂入雲宵。
手捧米斗請龍神，五方龍神齊動身，
龍神有請齊齊到，拱護佳城福駢臻。
北方壬癸是文曲，大發財丁富貴足，
千倉萬箱積金玉，五代子孫連接續。
西方庚辛武曲金，象水旺氣來朝欽，
大發財丁螽斯盛，天賜福祿應善心。
南方丙丁是康點，山明水秀合雙清，
大發財丁石崇富，五代同堂家業興。
混沌初開天地人，盤古開天到如今，
神農傳下五穀種，天長地久救世人。
一要人丁千萬口。二要財寶自豐盈。
三要兒孫螽斯盛。四要頭角倍崢嶸。
五要登科及第早。六要牛馬結成群。
七要南北山府庫。八要壽命好延長。
九要家資石崇富。十要貴顯永無疆。
手捧米斗請五方，五方龍神齊振動，
龍神有請一齊到，穿山渡水到明堂。
東方甲乙是木龍，山明水秀來朝拱，
大發財丁難計共，金榜題名姓名香。

西方來龍庚辛金，象山旺氣來朝欽，
大發財丁螽斯盛，金榜題名得好音。
南方丙丁是屬火，生旺官祿來聚會，
大發財丁重重賞，金榜題名為首魁。
北方壬癸水生旺，萬水會結來到堂，
又有生方文筆現，男為卿相女配王。
中央來龍是戊己，良時吉日合天機，
大發財丁貴無比，金榜題名天下知。

註：

一、謝土撒五穀口訣：天道為清，地道為靈，二十四山作證明，仙賜五穀財丁過，散山山興旺，散水水朝堂。撒畢將拜過芋頭皮、蝦殼、貝類撒於塚上（象徵子孫繁衍、金蟬脫殼之意）。

二、呼前念：「天花開地花開，五方龍神漂漂來，龍來招百福，時到萬里財，房房生貴子，戶戶進田庄，家門千載盛，富貴萬年興」。呼後念：「五穀也散完，富貴兩雙全，房屋財丁發，兒孫萬萬年」。

三、隨唱道上面任何一則，邊念吉祥語後，家族同聲答「有喔」。拜祭完畢孝子孫等墳邊圓行（男左女右）三迴，由狹路至大路回家

一別千古	一別長眠	七魂歸天	千古永訣	千古君子	千古典型
千古流芳	山河並壽	大雅一夢	大德可方	大德可風	上壽逍遙
亡魂歸天	日沉西方	日落西沉	仁風安仰	仁風廣佈	仁厚猶存
文峰已杳	功在桑梓	功高德重	功業長存	丕振家聲	永息主懷
正氣長存	石祿悠歸	古道可風	古道猶存	世德流芳	西天作佛
安息主內	安息主懷	羽化登仙	老成凋謝	自在解脫	名留青史
回歸本源	含笑九泉	含笑歸仙	長才未竟	長才未盡	杏仁春黯
壯志未成	壯志常存	青史留名	受全五福	往登淨土	金童提手
忠厚誠懇	忠勤堪念	返璞歸真	典型足式	典型猶存	典範永垂
典範永彰	典範昭彰	泰山安仰	泰山其頹	星沉北極	音容宛在
音容隔世	南柯一夢	南極沉輝	南極遽落	奕失流芳	幽明永隔
風範猶存	耶穌是主	神赴香山	神遊蓬島	祖德流芳	英靈永在
哲人其萎	哲萎其人	高山仰止	高山流水	高風亮節	高登樂境
草木含悲	流芳百世	浩氣常存	留善在世	益綿世澤	降帳風淒
倫德千秋	教子有成	耆宿歸山	接引西方	望重如山	陰陽永隔
逍遙西方	逍遙自在	常懷追思	常懷追遠	乘鶴歸去	馭鶴西歸
痛失典範	痛失宗賢	痛悼英明	痛失英才	痛失英明	痛失英豪
景行行止	悲作古人	雲暗竹林	雲祥繞戶	雲遊仙鄉	善德常昭
善譽昭彰	善舉昭彰	極樂世界	極樂蓮邦	道山歸去	道範長存
道範猶存	跨鶴仙鄉	跨鶴西歸	跨鶴東來	跨鶴東返	萬古安仰
萬古流芳	萬世流芳	殿圯靈光	蒙主恩召	椿風庭冷	椿庭露冷
椿樹凋殘	愷悌慈祥	源遠流芳	慎終追孝	詩禮克敦	遐齡景從
夢入南柯	魂兮歸去	魂赴九京	魂赴淨邦	魂飛仙鄉	魂登天界
駕返道山	駕返蓬萊	駕鶴西歸	駕鶴登仙	福壽全歸	福祿壽全
瑤闕雲寒	碩德風範	碩德常昭	碩德猷存	碩德堪欽	德大如天
德音孔昭	德重如山	德高望重	德望常昭	德隆望重	德業長昭
德範常昭	撒手西歸	範典永垂	儀型宛在	蓬島歸真	樹息風靜
遺徽永在	遺愛千秋	遺範長存	龍華赴會	騎鯨西歸	鶴歸華表

一夢不返	一夢南柯	一夢黃泉	女史安仰	女宗安仰	女宗堪誇
子孝孫賢	三從俱備	山隕姊歸	大雅云亡	巾幗稱賢	天人永隔
月失光輝	月落星沉	化鶴仙遊	化鶴仙逝	化鶴歸去	化鶴歸來
召赴仙宮	北堂萱萎	仙遊蓬島	母道猶存	母儀可風	母儀足式
母德難忘	四德俱全	四德俱備	四德堪誇	玉女引導	玉樓赴召
玉樓恩召	玉樹盈庭	玉樹清芳	永訣終天	永訣遐齡	西天作佛
西方接引	西池駕返	百世良範	百世流芳	夙嫻女訓	佛力接引
彤史留芳	彤管青史	治內有方	典型安仰	典型垂芳	明倫教孝
明德教孝	赴會蟠桃	修養正果	迎歸樂國	星沉北極	星沉寶婺
皈依我佛	神赴瓊樓	南國女宗	春寒絳帳	品重璠璵	品德昭彰
封髮堪誇	貞靜幽嫻	恩大功宏	素懷德澤	容顏慈祥	淑人其萎
淑慎仁慈	淑慎堪誇	淑慎堪嘉	淑慎賢良	淑德典範	淑德揚芬
教子有方	欲見無從	帳望高風	望雲生悲	望雲增痛	德溫且惠
逍遙西方	婦德典範	婦德風範	馭鶴仙鄉	馭鸞西歸	痛失蘭秀
溫恭淑慎	粧台月冷	惠周人倫	掌珠喪失	登極樂國	義方教子
義方裕後	華開見佛	慈竹風淒	慈竹霜寒	慈風可法	慈恩長昭
慈容永存	慈雲失仰	慈雲失蔭	慈惠懿德	慈惠難忘	慈暉永昭
慈暉常昭	慈範永存	慈顏宛在	道參王母	道訪仙姑	萱堂月冷
萱帷月冷	夢入仙鄉	夢入華胥	夢入華境	夢登仙境	夢遊仙境
閨中行秀	壽全五福	端肅良範	壺範猶存	瑤池仙境	瑤池赴會
瑤池赴宴	駕返西池	駕返瑤池	駕鶴仙鄉	賢慈可風	撒手人寰
慕其德音	嫻淑仁慈	德言容工	德音孔昭	德厚流芳	德厚恩深
德紀彤篇	德配孟母	德從昭範	德深量廣	德深量闊	德惠永存
德業長昭	德路逢春	德馨千秋	塵埋寶婺	蕙帳風寒	遺風宛在
親恩永在	積善留芳	遽登仙鄉	遽夢黃梁	歸合本源	寶婺仙鄉
寶婺星沉	寶婺雲封	瓊樓月缺	譽滿鄉里	閫範猶存	蘭摧蕙折
蘭宛風清	蘭蕙柳絮	懿訓猶存	懿德長存	懿德長昭	懿德猶存
懿德堪欽	懿訓常昭	懿範淑德	懿範猶存	靈歸北極	鸞參王母

附錄五~六：男用輓聯

父喪：

永念親恩言不盡；孝心子職恩難忘。

父駕靈魂登天界；祝辭故土赴仙鄉。

功業不隨形相杳；文章留作典型看。

百年養育歸黃土；萬種悲愁望白雲。

守孝不知紅日落；思親只望白雲飛。

塵世已無遺憾事；夜台空有夜歸魂。

篤義親恩言不盡；善教子職永難忘。

一血一汗培育我成長；一言一行終歸我懷恩（女輓父）。

燕寢問安惟有母；鯉庭趨謁已無親（女輓父）。

訓兒女竟爾長眠成碟幻；謀家業忽然永隔促猿鳴。

篤勤家計昊天父德在；善愛兒孫厚地親恩存。

子孝孫賢眾口同稱鄉里望；山頹木壞傷心空憶老成人。

痛我父一生總留遺憾在；看兒孫幾輩那有返魂回。

子淚失怙鞠育澤恩滄海大；孫悲祖喪情深德比玉山高。

父竟長辭自幼承恩嗟未報；親恩永在至今遺訓感乃深。

父德難忘哭泣焚香酬厚德；親恩未報悲哀禮拜謝深恩。

父親恩深似海兒孫承大德；親情惠重如山子女獲溫馨。

父辭塵世束手無回長入夢；子痛心腸今朝有淚隔人天。

父嚴教澤深恩永念千秋仰；親儉治家厚德難酬萬古懷。

生我育我竟爾長辭騎鯨去；呼天應地溘然無語駕鶴踪。

同甘同共振家聲家聲有譽；一德一心育子女子女無羞。

孝思永憶騎鯨此去成千古；恩德難忘化鶴歸來已百年。

忠厚存心常懷音容愁不盡；實言處世永念遺訓淚難乾。

椿樹已凋親朋拈香悲北海；萱花尚茂兒孫披麻哭南山。

親厭塵紛壽終正寢歸蓬島；兒悲手澤眼流雙淚滴麻衣。

嚴肅教子遽德同天悵未報；父親劬勞顯恩無極限靡酬。

忠孝見貽謀有子能擔天下事；榮哀酬盛德傷心遽失老成人（父公職）。

振作數晨星鶴駕已隨雲影杳；何堪憶舊雨鵑聲猶帶月光寒（父公職）。

愁恩向誰宣悔未臚歡承菽水；終天成永訣遽教泣涕進羹湯。

考終留有先型福壽康強備洪範；公去應無遺憾箕裘弓治繼家聲。

鰥生幸廁萊班正喜螟蛉承教誨；駕鶴遽歸蓬島也應蓼莪廢詩歌（義子輓義父）。

岳父喪：

大雅云亡梁木壞；老成凋謝泰山頹。	音容不見兒孫淚；日（月）落雲愁半子悲。
遇丈人竟無緣矣；為半子豈不悲哉。	我愧乘龍自慚稱半子；父今駕鶴從此仰何人。
魂遊極樂赴京登仙去；駕鶴歸天頹兮半子愁。	公不少留風木傷心分半子；吾將安仰音容回首隔重泉。
半子情深叨預鯉庭詩禮訓；泰山跡杳忍教鶴駕海天愁。	東床坦腹惠予吾輩如子教；愛女及婿慈恩長昭永懷恩。
情同半子耿耿傷心泣五內；恩比父親潺潺下淚哭親靈。	情關半子滴滴淚珠如水下；恩重猶親聲聲悲慟泰山靈。
暗淡愁雲父顏不見女兒泣；寒風霧鎖岳德難忘半子悲。	德範堪欽帷冀泰山常蔭婿；鶴齡方祝孰期冰鑑頓捐塵。
坦腹愧無才惠及婿鄉叨庇蔭；傷心靡有已失教泰岳驟傾頹。	問病屬前朝祇道泰山高可仰；訃音聞此日忽教半子淚常零。
方幸視我猶兒一夢忍從秋水下；未報公如父幾回淚灑泰山前。	甥館媿相依面命耳提承訓誨；靈幃空在望山頹木萎鬱悲哀。
岳父處世人忠良敦親睦鄰性慈祥；一夢千古九泉下高登樂境赴仙鄉。	

夫喪：

往昔何曾祈祿命；而今無語問蒼天。	鸞飛鏡裏悲孤影；鳳立釵頭嘆隻身。
夫婦緣今世未完來世補；兒女債二人共久一人完。	親家老貧負擔忍耐稱孤子；行修名立誄詞悲作未亡人。
無緣才郎長夜不醒蝴蝶夢；傷心愚婦深宵悲聽子規啼。	郎果多情樓上冀迎蕭史鳳；妻真薄命塚前願作舍人鴦。
前世修來數十載同甘苦共枕眠；如今陰陽兩分隔愁苦寸斷柔腸。	
一夜夫妻百世恩那堪驚醒鴛鴦夢；半生結髮萬鍾情但願結成連理枝。	

女婿喪：

一樣乘龍方為寒門誇得婿；千秋化鶴忍聽其妻哭無夫。	情同半子耿耿傷心泣五內；恩比父親潺潺下淚哭親靈。
訓誨雅教呵護猶似半子情；殘宵夢迴暮秋葉落三寸深（義女婿）。	魂兮安歸何處更尋極樂也；逝者已矣難堪最是未亡人。
天上玉樓成長恨東人去遠；塚邊華表立莫教西域鶴來遲。	快婿羨乘龍傳粉方欣光晉殿；仙人長誇鳳吹簫終不返秦柚。
棄爾子拜棄爾妻此際殊多不了事；哭吾婿即哭吾子從今永作未亡人。	

兄弟喪：

百年三萬日；一別幾千秋。
玉樓有召君應赴；鐵硯無情我尚磨。
江名廉讓魚猶在；樓鎖文章鳳不還。
河東三鳳存雙美；荀氏八龍少一人。
洛邑機雲難並美；首陽薇蕨不成春。
孤鳥失朋情百結；問天無語淚縱橫（義弟）。
春草池塘猶入夢；秋風鴻雁不成行。
堂下荊枝春黯淡；樓中花萼日凋零。
撫今追昔成往事；觸景傷情憶斯人（姪喪）。
魯衛分離誰禦侮；壎篪迭奏不成聲。
仁風德厚音容宛在；毅氣流光福壽全歸。
鶺唳三更空月冷；鴒啼午夜咽風寒。
知汝太聰明原非壽相；使余多煩惱常念佳兒（子喪）。
少者歿長者存數誠難測；天之涯地之角情不可終。
手足情深弟竟決然棄塵世；望子成龍兄將何以忍高堂。
永訣塵寰富貴榮華皆是幻；別歸蓬島親同手足也分離。
多子多孫競秀階前承膝下；成仙成佛樂應天上勝人間（義弟）。
教子成名太好萱花託慈蔭；修德獲報佇看蘭玉振家聲（義弟）。
教子成名孟氏擇鄰賢母德；事生送死主修撒社里人悲（義弟）。
善德常昭普濟人間修好事；終溫且惠徧留世上作良心（義弟）。
誼緣結合只道此生如手足；好景無常那知一別隔幽明（誼兄弟）。
禮義往來慷慨交遊情不斷；淵源訓篤真誠守信道揚長（誼兄弟）。
中表最相親玉樹栽來欣握秀；後生忽怛化瓊枝萎去慟悲懷。
流水轉哀音友愛雁行悲折翼；落花凝血淚仙逝鶴鯨痛歸真。
隔至慘難聞知是姪兒呼母哭；遊仙魂不返忍看我弟悼亡詩。
兄竟去矣地下遇雙親先為致意；弟將何之堂前撫諸子不負囑言。

祖父母喪：

慈雲散失驚天地；善氣長存慟子孫。

篤信撫愛教禮訓；善心孫子聽遺言。

一夜秋風摧狂祖竹；三更涼露淚灑孫蘭。

慈訓長昭謹守燕謀母失；深恩未報陳烏哺永難忘。

祖德本堪陳耕種寶異仰；先芬徒泣誦撫磨硯何從。

仁霑既是歌笑歡顏承百歲；毅化滿身淒涼血類孝三年。

泣杖何人恨落本風淒未報；含飴如昨痛重闈日冷何堪。

忠勤家計懷念音容愁不盡；厚愛兒孫永懷慟泣淚難乾。

德高望重一生辛苦成泡影；富貴功名百歲一身化為空。

風起雲飛室內猶浮誡子語；月明日黯堂前似聞弄孫聲。

岳祖父喪：

深痛曇花纔一現；方知芝草本無根。

痛子情深尚有爾母；藐躬德薄累及吾兒。

教忠教孝塵世堪稱淒慘事；至善興隆白頭老父祭兒靈。

通其猶龍劍水雲橫嗟去渺；祖已化鶴花亭月暗恨歸遲。

姻好附孫枝當年空懷千尺影；仰瞻同祖竹未秋先隕一庭霜。

祖德永留芳傳家事業仰福佑；先芬徒位誦未遂烏報長含悲。

奉杖幾何時方期愛日長綿歌笑雙顏承百歲；含飴今不再從此悲風陡冷淒涼血淚哭重闈（輓祖父）。

叔伯父喪：

惠及子孫恩永在；顧予堂侄德難忘。

忠厚存心先輩夙敦棠棣好；音容隔世今朝又感竹林寒。

訓誨親承猶子鯉庭聆教範；音容頓渺兒曹馬誡感遺書。

宗親喪：

哀鳴地干修文客；涕隕江中捉月人。	難忘手澤永憶天倫；繼承遺志克頌先芬。
忠厚居家德望長垂稱族範；實心博愛倏皈極樂慟宗親。	○秩○齡壽命考終留道範；一朝千古白馬素車弔音容。
北斗翹瞻願效陳詩歌祖德；東床達選忍陪捧硯泣孫行。	忠貞為人睦族敦親垂典範；義芳教子治家創業蔭兒孫。
剛正為人睦族敦宗垂典範；毅言處世治家創業蔭兒孫。	淒雨橫天南極星沉悲一族；秋雲漠地中天日落慟宗親。
壽終正寢完來大璞歸天地；通稱無憂留得和風惠子孫。	德高望重遠近仰欽尊式範；恩大功宏賢人歸去慟鄉鄰。
誠可格天誼託蘭交如手如足；噩耗傳來悲深薤露可泣可歌。	堂前共仰遺容一生儉樸留典範；半世勤傳嘉風廉以度日遵遺訓。
高齡翁將百歲老安白髮歸真路；享福壽近期頤常話青燈別風塵。	
經語懺語梵語絃笛語語語無非超父魄；僧聲鑼聲音聲鐘鼓聲聲聲盡是渡親魂。	

百歲高齡長者喪：

仙闕已登極樂國；霓裳同詠大羅天。	老終九五雙壽福；名高北斗仰遺風。
卓爾高才超一世；不留遺憾到重泉。	齒德尊望隆五族；飲盡三萬六千觴。
大雅云亡典型猶在；老成遽謝言行可師。	仁山尚在德高望重；毅豹典型駕鶴西遊。
數到期頤尚餘幾算；考終天祿永別千古。	應享大年綿延百歲；典型尚在哀感一門。
月照寒楓空谷深山徒泣淚；霜風宿草素車白馬更傷情。	難忘手澤永憶人間；繼承遺訓克頌先芬。
歷數古今人百歲期頤能有幾；細詳前後事一生幸福竟無虧。	堂上悲傷多謝親朋來執紼；家中寥落深蒙族戚增哀榮。

政界喪：

行善魂歸永樂國；政德成佛佛身邊。	行善為榮歸天國；政德成佛惠澤長。
完來大璞歸天地；留得和風惠子孫。	君獨逍遙厭塵世；我來憑弔感人情。
萬古功名垂竹帛；千秋遺愛在堂陰。	明月清風懷舊宇；殘山剩水讀遺書。
生為名宦死為神一身榮貴；民哭青天子哭父兩地悲愁。	忠誠睦族宗慟西山紅日落；實厚為人親懷碩德範風存。
為國為民如此好官實難得；立功立德至今遺澤在人間。	遺愛難忘黍雨堂陰皆德政；循聲遍誦江雲海水盡秋思。
哀鳴地下修文客樑木風摧橫塘不見神龍影；涕隕江中捉月人德星夜墜遙漢駕看仙鶴飛。	

其他通用輓聯：

山頹木壞；雨泣風號。	音容宛在；浩氣常存。	流芳百世；遺愛千秋。
一生行好事；千古留芳名。	人間耆老逝；天上大星沉。	天不留耆舊；人皆惜老成。
高風傳梓里；亮節昭來人。	高風傳鄉里；亮節昭後人。	蒼松長聳翠；古松永垂青。
正道至今猶在；清名終古長留。	美德堪稱典範；遺訓長昭泣人。	隴上猶留芳跡；堂前共仰遺容。
一代已無名士跡；百年又作古人看。	一生儉樸留典範；半世勤勞傳嘉風。	三更月冷鵑猶泣；萬里雲空鶴自飛。
千里弔君惟有淚；十年知己不因文。	大雅云亡樑木壞；老成凋謝泰山頹。	公去大名留史冊；我來何處別音容。
天生壯志三更夢；萬里西風一雁哀。	半世勤勞傳美風；千條溪壑是哀聲。	白馬素車愁入夢；青天碧海恨招魂。
何日一夢飛蝴蝶；竟使千秋泣杜鵑。	扶桑此日騎鯨去；華表何年化鶴來。	良操美德千秋在；亮節高風萬古存。
明月清風懷入夢；殘山餘水讀遺詩。	明月清風懷舊宇；殘山剩水讀遺書。	春花正濃人已老；華年剛盡歲方新。
思卿已碎心千疊；哭汝重抛淚數行。	南國再來人世隔；西廂怕見月重圓。	流水夕陽千古恨；淒風苦雨百年愁。

朗月清風懷舊宇；殘山剩水讀餘書。
悲聲難挽流雲住；哭音相隨野鶴飛。
等閒暫別猶驚夢；此後何緣再晤言。
壺中日月三生夢；海上雲山萬里秋。
遺世文章多灼見；平生業績足千秋。
魂歸九泉悲夜月；芳流百代憶春風。
鶴駕已隨雲影杳；鵑聲猶帶月光寒。
仁風德厚音容宛在；毅氣流光福壽全歸。
秋色荒涼喬陰莫仰；愁雲黯淡仙馭難回。
高風送秋飛霜迎節；駕鶴上漢驂鸞騰天。
梅蕊開時噩音忽至；蔚灰動處大夢難回。
蒲劍斬邪魔高千丈；榴花照眼血淚雙行。
時事傷心風號鶴唳人何處；哀惜慘目夜落烏啼霜滿天。
貌杳音沉身歸靜府應無憾；兒悲女泣淚灑江天慟有餘。
駕鶴難回終隔雲山家萬里；騎鯨採石五百年明月重圓。
碧海朝空此日扶桑龍化去；黃山月冷何時華表鶴歸來。
象應少微星彩落蕭辰悲夜月；名登耆舊傳芳留梓里憶春風。
斯人卓著千秋業；此後留傳萬古名（僧人）。
四大皆空乃成圓覺；三緣已斷獨自歸真（僧人）。

桃花流水杳然去；明月清風幾處遊。
情操風木終天慟；淚點寒梅觸景思。
慈竹當風空有影；晚萱經雨似留芳。
翠色和雲悲夜月；鴻雁聲哀月一輪。
盡堪模範端人品；不可消磨壽世書。
鵑啼五夜淒風冷；鶴唳三更苦雨寒。

悲音難挽流雲住；落花啼鳥總傷神。
雲深竹徑樽尚在；雪壓芝田夢不回。
椿形已隨雲氣散；鶴聲猶帶月光寒。
榮名富貴千秋譽；華胄風光萬世昌。
龍隱海天雲萬里；鶴歸華表月三更。
騎鯨去後行雲黯；化鶴歸來霽月寒。

平生壯志三更夢；萬里西風一雁哀。
遺世文章多灼見；平生功業足千秋。
碩德典型千古在；和鄰風範萬古存（僧人）。
有才有德事業長存；為國為民斯人可法。
客燕思歸悲添秋士；賓鴻信斷夢杳仙鄉。
海闊天空忽悲西去；鳥啼葉落猶望南歸。
菊徑荒涼道山遽返；蓉城縹緲仙駕難回。
多少人痛悼斯人難再得；千百世最傷此世不重來。
菊徑荒涼冥漠秋郊悲雨泣；蓉成縹緲蒼茫野陌悵風淒。
碧海潮空此日扶桑龍化去；黃山月冷何時華表鶴歸來。
公未讀古書言行動合于古；誰能測天命生死順受其天。
憶杖履追隨亮節清聲猶在；悵老成凋謝嘉言令德常存。
憶杖履追隨直節清嚴猶在望；悵老成凋謝名賢言行未終篇。

附錄五～七：女用輓聯

母喪：

泣淚愁天紅月落；哭聲驚動白雲飛。

哀泣聲聞天地動；悲聞驚耳海山崩。

雙眼血珠如下水；鐵心難禁淚悲哀。

孝思永憶耿耿傷心泣五內；恩德難忘潺潺下淚哭親靈。

悲雨雲愁鶴唳鳥啼皆泣血；星沉月落女兒痛哭淚不乾。

萱草忘憂堂北慈雲深庇蔭；杏花失豔江南春雨倍淒涼。

蒿薤同歌彤管流芳存懿範；茱萸偏插素幃設奠祭哀思。

懿德芬芳幼蒙撫育情意重；慈暉遍施猶子提攜荷深恩。（輓義母）

母德悵難酧慟泣哀聲沖斗宿；親恩懷未報愁流悲淚洒河山。

孤鳥鳴山上聲之悲慟星沉海；哀鶯泣谷中滴滴淚流月落西。

恩深情似海未盡烏報竟仙逝；兒悲無止境懷念何處覓音容。

相夫教子成實業家共仰坤維徽厚載；備極歸真留璇璋範譽揚彤史有遺徽。（女兒輓）

泣乾黃海魚蝦笑；淚灑青山草木愁。

慈竹臨風空有影；晚萱經雨不留芳。

鶴駕已隨雲影杳；鵑聲猶帶月光寒。

梅蕊開時噩音忽至；蔚灰動處大夢難回。

時事傷心風號鶴唳人何處；哀情慘日月落烏啼霜滿天。

慈竹風催長有遺徽留懿範；含桃雨潤不堪清酌奠靈幃。

愁雲漠地月落星沉兒女淚；淒雨橫天風飄雪下孝心悲。

親去不回難禁一心崩裂地；生離死別難免雙眼淚懸河。

未盡反哺恩慈親忽爾謝辭世；痛想承歡日血淚滂沱呼蒼天。

陡帖痛前年方祝萱顏長白髮；捐幃當此日忽悲菽水隔黃泉。

遺容今宛在終天惟有思親淚；慈訓永留存寸草痛無益母靈。

祖母喪：

半世劬勞哀棄養；永留遺恨慟無涯。

慈竹霜寒丹鳳集；桐花香氣白雲飛。

寶婺星沉天上宿；蓮花香現佛前身。

終天惟有思親淚；寸草痛無益母靈。

瞻仰慈雲思祖德；寒芒寶婺渺仙鄉。

寶婺騰輝同尊母壽；瑤池返駕空憶慈容。

無病而終想是生平修道；含飴未報憂從何日能忘。

反哺未能忽聽慈烏啼夜月；柔情教子滿堂恩愛晤無期。

忠勤家計繫念祖容愁不盡；厚愛孫蘭永懷慟泣淚難乾。

善訓猶存淒涼甥館慈雲暗；慈惠頓香縹緲仙鄉夜月寒。

明月冷清輝慈竹影寒甥館日；慈雲斷喬蔭曇花香杳佛堂雲。

孤鳥鳴山上聲聲悲慟星沉海；哀鶯泣谷中滴滴淚流月落西。

恩深情似海未盡回報竟仙逝；兒悲無止境懷念何處覓音容。

慈竹臨風空有影樂敘享天倫；滿庭淚雨泣餘悲淑德永長昭。

勤持家計恩深似海慟今無聞親訓誨；惠愛兒孫德大如天悲後不再膝承歡。

岳母喪：

兒女情親自昔早完姻緣願；人天路隔從今長抱別離悲。

泰斗星平佇看庭前蘭桂秀；水高月滿惟求陽下子孫賢。

作婿高門痛昔日岱宗莫睍；有親如母嘆今朝惠帳空懸。

悲雨雲愁鶴唳鳥啼皆泣血；星沉月落女兒痛哭淚不乾。

蔥肆和知慈蔭如雲叨半子；萱幃空仰流年似水隔重泉。

半子荷深恩玉鏡堂前承色笑；一朝悲怛化璇闈堂上失慈暉。

久蒙對待猶兒教薦馨香一瓣；未得報恩如母難禁珠淚雙行。

獲選昔乘龍自入婿鄉蒙厚愛；遊仙今駕鶴何堪甥管杳慈雲。

甥館謀慈雲愛女情深兼及婿；靈幃瞻泰水遊仙夢去倍傷神。

憶杖覆追隨直節清嚴猶在；望悵老成凋謝名賢俑俚佮。

姐妹喪：

乘鸞仙去悲無極；痛盡今生姐弟緣。

猶憶床東初坦蕩；那堪堂北杳慈顏。

貞靜幽嫻姊妹行中推獨冠；淒涼寂寞杜鵑聲裏暗神傷。

鶴駕遽西歸痛姊音容從此杳；雁行竟中斷傷予手足何以堪。

常憶往事雲煙姊成西方菩薩感慨痛傷不已；每思童年快過竊念兒時難追時老不再回頭。

妻喪：

炊臼張公方入夢；鼓盆莊子太無情。

奉倩豈無傷感意；安仁空有悼亡詩。

呼群樑燕聲何慘；失侶秋鴻影不雙。

炊臼夢來哭爾三年髮白；斷機人去愁予五月楓青。

〇代同堂孝子賢孫都灑淚；南極星沉東海鵑啼徒泣血。

夫創實業中饋賢聲傳懿範；神歸極樂悼亡哀慟感鄰椿。

坤造配乾閨秀清風欽典範；母儀足式性溫合德仰芳型。

負我多情空抱鴛鴦偕老願；祝卿再世重尋鶼鰈未完盟。

洲峰日落西山猿哭更傷情；松柏凋謝南州一族愁雲悲。

情意纏綿夫暢婦隨皆樂事；夢魂寂寞兒啼女哭最傷心。

喪失萱堂（椿庭）懷對高軒臨執紼；門懸占次淚蒙親朋唁豚兒。

緣盡先離漫說來生還有約；事多未了敢去已死便無知。

締造艱難沒世敢忘賢德曜；蹉跎遲暮傷應竟作老安仁。

貌杳音沉身歸靜府應無憾；兒悲女泣淚灑江天慟有餘。

菱鏡影孤哉慘聽秋風吹落夜；錦機聲寂矣愁看夜月照空幃。

駕鶴難回終隔雲山家萬里；騎鯨採石五百年明月重圓。

夫子成實業家中饋賢聲傳壺範；神仙歸極樂土悼亡哀慟感鄰春。

憶齊眉常舉案地下招魂懷德耀；聞落葉而傷心靈前跪奠孝微之。

百歲女宗親喪：

東日愁雲斜；遐齡來永訣。

一生行好事，千古留芳名。

高風傳鄉里；亮節昭後人。

母儀足式輝彤管；婺宿沉芒寂繡幃。

彤管揚徽傳淑德；素幃設奠起哀思。

悲風乍發星沉海；哀雨推行月墜天。

婺墜中天悲泣血；星沉北海淚長流。

慈竹臨風空有影；晚萱經雨不留芳。

懿德昭彰歸極樂；慈恩燦爛會瑤池。

懿德傳諸鄉里日；賢慈報在子孫身。

我將奉觴為賢母壽；天忽促駕下詔書來。

難忘淑德永記慈恩；春暉未報秋雨添愁。

東海婺沉海上愁雲驚駭浪；南洲萱萎陵前落日促猿啼。

剛志忠良為國為民施懿德；毅堅恭讓立身立則教芳規。

備九疇五族考終老沉寶婺；享〇秩〇齡上壽駕返瑤池。

慈竹高深截髮留賓思往事；靈萱萎謝東芻弔客慟哀思。

勤慈博愛恪遵道德遺家訓；淑慎溫良和睦鄉鄰教後人。

肅靜養神一塵不染皈仙界；莊嚴真性五蘊皆空返佛鄉。

潔守閨門一身節與冰霜勵；克全婦道千古心同日月明。

懿德久欽力冀萱幃門壽宇；高年多福忽乘蓮筏返瑤池。

上壽說期頤綽楔褒榮種人瑞；美談傳巾幗瑤池返駕樂仙遊。

勤儉著箴規族戚同悲賢壽母；慈顏咸懿範親朋共弔太夫人。

賢德配乾坤相夫教子良規奕顯；慈恩同日月和睦鄉鄰典範昭彰。

是壽母是福人厥德不回其則不遠；有賢孫有孝子雖死之日猶生之年。

勤儉祝夫謀閫範猶在念悲孝子哀良母；操持昭婦道懿德堪欽執紼親朋痛淑人。

女喪（通用）：

月去空幃人不在；水流花落莫回頭。 / 西竺蓮翻雲影淡；北堂萱萎月光寒。 / 花落萱幃春去早；光寒婺宿夜來沉。

萱幃寂寞鳥啼血；月落西天鴉哽悲。 / 慈德千秋仰宇宙；母恩萬載戴青天。 / 穩雲月落星無主；雨洒蟬寒花葉流。

彤管揚芬久欽懿範；繡幃香冷空仰徽音。 / 何日一夢飛蝴蝶；竟便千秋泣杜鵑。

涼月淒清光沉婺宿；慈雲飄渺遠隔仙鄉。 / 良操美德千秋在；高節亮風萬古存。

教子義芳東海傳懿範；敦親睦族南洲著楷模。 / 南國化行長留懿範；北堂春去空億慈顏。

日月光明婦道長揚昭九秩；子孫彥秀仁風德厚壽千秋。 / 壺範咸飲一夕返駕；坤儀足式千秋彤管流芳。

助夫興業尚能家計潤風振；處世寬和且守貞誠道義求。 / 世澤綿延鶴算松齡欣五福；家風廣進康甯嵩壽頌三多。

青鳥傳來王母歸時鸞珮冷；玉簫聲斷秦娥去後鳳台空。 / 告蒙族戚雲情賜貺恩深感；別謝親朋血淚兒悲接待疏。

教子義方名香世頌三台宿；傳家節儉品秀人爭百歲圖。 / 訓示兒孫羨昔日芳規猶在；優遊蓬島嘆今朝遺像空懸。

喪荷麻衣裂膽斷腸悲大父；門懸素布低頭伏地感高賓。 / 淑德成全皓潔媊星光煥彩；端莊道遠祥徵婺宿耀精芒。

慈德千秋懿範永垂家國史；母恩萬載慈音猷繞子孫行。 / 慈竹風摧長有遺徽留懿範；含桃雨潤不堪清酌奠靈幃。

勤慈博愛懿德傳諸鄉里日；淑慎溫良賢慈報在子孫身。 / 萱草忘憂堂北慈雲深庇蔭；杏花失豔江南春雨倍淒涼。

蓮蕊生香有子心中無限苦；萱花遽謝出人意外不勝悲。 / 篤忠成家辭世棄朋來佛國；實心創業別塵離戚渡慈航。

懿德昭彰母儀足式輝彤管；慈恩燦爛婺宿沉芒寂繡幃。 / 懿德久欽力冀萱幃開壽宇；高年多福忽乘蓮筏返瑤池。

女星沉寶婺悲聲驚耳山河動；仙駕返瑤池哀泣遙聞星斗沉。

仙鶴返桃源堪歎落花隨水去；歌聲起蒿里肯叫明月送魂歸。

孝思何所止那堪今朝長永訣；親恩仰天高痛念此日竟登仙。

蓬島師仙駕愁雲蔽月山河動；萱幃想母儀淒雨悲風草木愁。

三從懿範為鄉為里千秋可法；四德流芳為國為民萬古良規。

守制痛今朝哀感親朋臨執紼；披麻悲此日叨蒙族戚蒞拈香。

東海椿影斜駕返西天悲一族；南洲星光沉榮歸極樂慟宗親。

賢德配乾坤南北任行長留懿範；慈恩同日月北堂春去空仰慈顏。

輓比丘尼：

了無遺恨留閨閣；自有餘徽裕後昆。

聞經直入真常界；受度永拋幻化身。

繡幃花殘悲隨鶴唳；妝台月冷夢覺鵑啼。

肅靜養神一塵不染皈仙界；莊嚴真性五蘊皆空返佛鄉。

發廣大心宏法利生功果圓滿歸淨土；乘般若船直到彼岸惟願再來渡眾生。

風吹落夜瑤台暗；法轉幽魂慧性明。

寶覺光中宣法旨；金蓮界裡悟圓音。

仙馭返瑤池慈容縹渺；天星沉寶婺閫範流傳。

齊山本不老為雪白頭；綠水原無憂因風皺面。

其他類女輓聯：

一代芳名完孝節；九重賜祭永春秋（輓節女）。

如此少年聰明不壽；正當弱冠催竹堪悲（輓愛女）。

克勤克儉垂四德；惟貞惟靜樹三從（輓節女）。

翠色和雲悲夜月儞；儈鴻雁聲哀月一輪。

兩情相悅天下永年何大促；人天路隔重求如意總無憑（輓未婚妻）。

死別莫如何夫婿竟占炊臼夢；達觀無不可朋儻同為執紼人（輓友妻）。

相夫子持家任其勞不享其福；遠兒孫治命止乎禮更達乎情（輓友妻）。

學養功深年徵強士；死生命定天厄賢人（輓四十餘歲）。

痛失良才忍教白髮送黑髮；英年早逝却看淚眼對悲容（輓後輩）。

幼同學壯同僚無限深情難宜罄；痛無知思無益又從何處覓蘭交（輓同學）。

慈姑相夫課子淑德早標彤史範；婆母尊親繡幃儀容永溯憶恩情（媳輓姑）。

萬古如斯登泰觀魯傳忠播信炳千載；聖師賢內蘭桂芳香繼志述事開未來（輓師長）。

呂子振家禮大全弔輓對聯：

倚門人去三更月；泣杖兒悲五月寒。

一段狂風雲鎖巫山人不在；萬年生氣月明仙嶺鶴歸來。

炊臼夢回一枕東風燈影冷；斷機人去半窗殘月杼聲寒。

雲掩婺星瑟瑟風生淒暮夜；泉枯大水涓涓落淚沛春江。

少承孟織歐書獨羨五常眉最白；久仰董帷馬帳不遺一老眼誰青。

方幸視我猶兒一夢忽從秋水下；未能報公如父幾回淚灑泰山前（輓岳父）。

才堪邦殿夙稱奇抱璞嗟垂荊嶠泣；帝以樓成催作記焚麻竚看後昆賢。

平常呼友亦稱兒愧我未酬剪髮報；今日登堂誰有母與君共咏匪莪篇。

無論曳杖便成歸四壁風淒那堪子少；未可問天徒拭淚一方雲杳曾奈爾何。

儉勤是寶著家聲鼎養方隆忽訝鏡中鸞影去；謙讓攸宜推闡教豐禧未艾即看雲裡龍章來。

憶少時勗及成人午夜忽乘僊璧聽書空有淚；何今日情堪舍我九原此別曹堂啜饌永無期。

憶當年牛耳登壇幟壯戈鮮朗月溫風垂哲範；擬此歲馬鞭接武髯枯纓斷曉雲殘月寄離哀（輓女兒）。

藝壇何事不推豪梁木先摧風雅於今誰作主；蘭砌數傳皆雋士文章有後地天罔極總難酬。

儀式場門：

千江有水千江月；鶴歸華表月三更。

流水夕陽千古恨；淒風苦雨百年愁。

朗月溫風垂折範；曉雲殘月寄離哀。

榮名富貴千秋譽；華胄風光萬世昌。

營謀商農傳後輩；萬里無雲萬里天。

龍隱海天雲萬里；化鶴歸來已百年。

月照寒楓空谷深山徒泣淚；霜封宿草車白馬更更傷情。

告別於斯泣感高賓臨執紼；式場陋俗淚蒙貴客賜哀榮。

孝恩永憶握杖披麻蒙執紼；恩德難忘悲哀泣血謝來賓。

披麻哭泣淚迎戚友臨執紼；握杖悲號銘感親朋增哀榮。

泣淚愁天感賻旌儀慰哀族；哭聲驚動蒙唁奠弔解愁人。

教子成名北斗泰山同仰望；送喪執紼金鐃鼙鼓共悲哀。

樑木風催橫塘不見神龍影；德星夜墜遙漢驚看仙鶴飛。

撒手了無難塵世長辭歸碧落；傷心將大用夕陽雖好近黃昏。

母父德帳難酧悲哀堂上蒙唁弔；親恩懷未報哭泣門前謝友親。

明德維馨不外齊莊中正以承祀；慎終追遠毋忘孝悌忠信之貽謀。

附錄五～八：各式奠文

奠父文例一：

維民國○年○月○日不肖兒謹以香花酒饌之儀，致奠於父親靈前（後兩則稍修加入亦可）。嗚呼！生兒年幼，不省晨昏，侍奉無狀，變起俄頃，江城絕唱，黃鶴一去不返，世路崎嶇，誰憐無父之人，詠孟宗哭竹之詩，傷心鬼籙；頌黃香溫榻之文，淚濕滿襟。哀哉爸爸，賢孝溫仁，與母相守，鶼鰈情深，平居儉約，撫教殷勤，如今芝蘭馥郁，庭樹濃蔭，方期雙星並壽，日月同春，詎平地雷聲，禍由不測，一夢不醒，無術返魂，望白雲悠悠，愴懷萬古，恨歲月匆匆，天地無情。前塵若夢，呵護之餘，溫情猶在，荒郊月冷，自今路隔幽明，今日乘鸞西去，應在瑤天，何年化雨東來，復潤春庭，生芻一束，椒酒三斟，父其有靈，來格來歆。嗚呼哀哉！尚饗！

奠父文例二：

嗚呼父親，剛直守章，勤奮創業，利就名揚，克勤克儉，舉家安康，育我長大，篤訓慈祥，本期百歲，福厚壽長，胡為一疾，夢入黃粱，鞠育深恩，似水難量，如今登仙，碎斷肝腸，從嗣無聞，訓誨金章，幽明永隔，欲見何方，靈輀將駕，奠酒薄陳，父其有靈，降格來嘗，佑及孝眷，富貴熾昌。嗚呼哀哉！尚饗！

奠父文例三：

嗚呼父親，孝友德全，生我育我，訓誨淵源，我期父壽，億萬斯年，胡為一疾，英靈歸天，我等兒輩，腸斷淚漣，呼天躃踊，風木淒然，音容何適，欲見無緣，幽明永訣，窀穸寒煙，猿驚鶴唳，衰草芊芊，天長地久，抱恨綿綿，父其有靈，鑒此清筵。嗚呼哀哉！尚饗！

奠母文例一：

維民國○年○月○日不肖兒謹以香花酒饌之儀，致奠於母親您的靈前。嗚呼！生兒年幼，不省晨昏，侍奉無狀，變起俄頃，江城絕唱，黃鶴一去不返，世路崎嶇，誰憐無父之人，詠孟宗哭竹之詩，傷心鬼籙；頌黃香溫榻之文，淚濕滿襟（文同奠父文例一）。哀哉母親，賢惠仁慈，與爸結褵，鶼鰈情深，修婦道以佐清風，苦而不伐；勤家事而伴明月，備極辛勤。如今芝蘭馥郁，庭樹濃蔭，方期雙星並壽，日月同春，詎玉京之召促，一夢不醒，天不憖遺，父將安適？地不載德，兒將誰親？望白雲悠悠，愴懷萬古，恨歲月匆匆，流水無情。前塵若夢，呵護之餘，溫情猶在，荒郊月冷，自今路隔幽明，今日乘鸞西去，應在瑤天，何年化雨東來，復潤春庭，生芻一束，椒酒三斟，父其有靈，來格來歆。嗚呼哀哉！尚饗！

奠母文例二：

媽！今天是您出殯的日子，這麼多愛您的親朋好友都團聚到您的靈前，我們看在眼裏，而悲在心中，回憶起媽在懷我們的時候，受盡種種的痛苦，出生以後又是百般地疼愛與照顧，這麼大的恩惠終生難忘。媽您慈祥的笑容與和藹的態度是我們所不能忘懷的，尤其是我們五個兄妹受到委曲挫折之時，您的叮嚀又重現在我們的腦海中。啊！媽！您所做的一切都是要我在人家面前站得起、有面子…。如今您正要接受我們孝敬的時候，卻離開了這群愛您的人及這美麗的世界。媽您要離開我們的那一天就是我的生日，讓您受盡了十月的痛苦一生、養、育、鞠，這是何等的偉大。呀！樹欲靜而風不止，子欲養而親不待，欲報親恩報不盡，念茲在茲，我會擔起做大哥的責任，教導弟妹，以慰母親在天之靈，安息吧！

奠母文例三：

哀哀慈母，勤儉孔彰，慈惠懿德，淑慎賢良，待翁以敬，教子義方，克勤克儉，合家安康，其恩莫大，期待壽長，因勞久積，病入膏肓，思親鞠育，德大難量，如今仙逝，痛切肝腸，繞膝無倚，盡孝無娘，音容何適，杳隔仙鄉，靈輀將駕，薄奠酒漿，母靈在上，來格來嘗，保佑孝眷，內外安康。嗚呼哀哉！尚饗！

奠母文例四：

慈母靈前曰：哀哀慈母，大量寬宏，慷慨辭世，使我心傷，遺容瞻仰，萬感淒涼，追思昔日，寸斷肝腸，驚遷某地，未存斗糧，克勤克儉，創立營商，能伸能屈，能忍能容，遠來近悅，漸次繁昌，其恩莫大，期待壽長，因勞久積，病入膏肓，纏綿三豎，而受災殃，無疑斯疾，竟遇無常，身歸淨土，魂回天堂，思親苦痛，阻隔陰陽，親朋執紼，極盡恐惶，天道難測，神道緲茫，未曾學得，返哺之鴉，那識今日，跪乳之羊，悲風慘慘，淚雨洋洋，謹讀半紙，奠酒三觴，母若有知，來格來嘗。嗚呼哀哉！尚饗！

奠岳父文例一：

嗚呼岳父，性屬忠良，待人以誠，處世有方，地方英才，和睦鄉里，熱愛桑梓，造福家鄉，岳父遺德，善舉昭彰，岳父精神，萬古宏揚，女婿半子，視為綱常，顧我情深，深恩難忘，乃翁之恩，實與父京，本期百歲，福厚壽長，一夢南柯，永隔陰陽，魂登雲路，魄授天堂，幽明永隔，愚婿悲傷，敬備素品，降格來嘗，佑及孝眷，富貴熾昌，岳父處世人忠良，敦親睦族，性情慈祥，一夢千古，九泉之下，高登樂境，馳赴仙鄉。嗚呼哀哉！尚饗！

奠岳父文例二：

嗚呼岳父，性屬忠良，待人以德，處世有方，地方英才，和睦鄉里，熱愛桑梓，造福家鄉，岳父遺德，善舉昭彰，岳父精神，萬古宏揚，七旬壽享，四代同堂，瑤京下召，駕鶴天堂，一夢南柯，永隔陰陽，一逝千古，真魂何方，音容不見，子孫斷腸，岳父為人，各界敬仰，女婿半子，視為綱常，淚洒三巡，鑒此不忘，敬備素品，來格來嘗。

奠岳母文例一：

嗚呼岳母，而今已矣，慨然長逝，永念恩情，慈雲德善，倫理綱常，慈母良師，賢聲永傳，尊我岳母，誨我良多，愛我惜我，如蜜如飴，溫恭淑慎，貞靜端莊，相夫教子，享樂倫常，本期上壽，壽若陵崗，何因一疾，逝陰別陽，仙鄉徵召，駕鶴西翔，親恩雖大，亦難追隨，親朋執紼，半子悲傷，望靈典祭，來格來嘗，蔭佑兒孫，富貴安康，岳母處世仁慈心，拜佛誦經來修身，母是聖善德堪誇，南國女宗昇天庭。嗚呼哀哉！尚饗！

奠岳母文例二：

嗚呼岳母，而今已矣，慨然長逝，永念繫思，來竹之日，創業之時，不辭辛勞，早夜奔馳，相夫教子，斷杼下機，愛我惜我，如蜜如飴，淳淳善誘，慈母良師，子緣娶婦，待弄孫兒，花甲有幾，須毫期頤，無疑疾病，華佗難醫，登仙羽化，駕返瑤池，抱恨千古，永別分離，嗚呼岳母，使成依隨，親恩雖大，亦難追隨，天道何在，竟至於斯，親朋執紼，極盡傷悲，今將窀穸，難捨難依，悲風慘雨，痛則如何，哀哀我輩，難瞻母儀，敬備素品，奠酒三巡，英靈何在，諒必有知。

奠夫文例一：

嗚呼我夫，終身所託，百年作合，白首相依，同甘共苦，比翼雙飛，鶼鰈情深，夫唱婦隨，家門清吉，第宅光輝，胡為一疾，遽爾隨雲，同林寂寞，妾身誰依，兒女孰託，欲見無緣，神單影孤，君子何鄉，神歸冥漠，告奠於堂。嗚呼哀哉！尚饗！

奠夫文例二：

維　民國○年○月○日妻○○銜悲忍淚，備蔬果時饈，致悼於先夫○君○之靈前，嗚呼我夫，自結褵以還，近十五載於茲，同甘共苦，患難扶持，憐我者唯君，慰我者唯君，風晨雨夕，耳鬢斯磨，花前月下，笑語溫存，相期舉案齊眉，同偕白首，詎知連理枝斷，禍起俄頃，白雲蒼狗，念浮生之若寄，絕唱江城，歎流水之無情！哀哉吾夫，世隸風城，幼承庭訓，賢孝寬仁，溫文儒雅，賦性真諄，為創業以奔波，苦而不伐，勤耕藝而伴明月，備極辛勤，方幸芝蘭並茂，玉樹清芬，正鸞鳳之和聲，忽化鶴兮選遁，天不慭遺，余將安仰？地不載德，兒將誰親？恨玉京之召促，天涯失侶，痛江淮之絕涸，客夢無憑。薜蘿夜月，惟聞烏喚城頭，剪縷秋燈，忍聽孤鴻啼血？聞蕭史之琴音，言伉儷而側怛腸斷，唱梁鴻之戀曲，對孤鏡而惆悵神傷，枕蓆尚溫，可憐路異幽明，繐幃猶懸，何堪回首前塵？今日乘鸞西去，魂歸極樂，何年跨鶴東來，重臨禹甸？鵲橋若渡，唯願音容入夢，生芻清醪，尚希雲篳來歆。嗚呼哀哉！尚饗！

奠夫文例三：

維　民國○年○月○日妻○氏謹以清酌時饈，致祭於先生○○君之靈，曰：嗚呼我夫君，百年天作合，白雲長相依，猶嫌太短促，胡為天不佑，遽爾分東西，比翼兩分飛，林同人寂寞，妾身何歸依，兒女屬託誰，欲見已無緣，身單影一個，君去何仙鄉，神歸于冥漠。謹告奠於堂，曷禁悲哀聲。嗚呼哀哉！尚饗！

奠妻文例一：

嗚呼吾妻，系出名門，幼嫻內則，麗質天生，于歸於我，相敬如賓，方期偕老，琴瑟和鳴，宜家宜室，百爾肇興，相夫教子，似海情深，既生既育，萬事足成，何期一疾，棄爾良人，今日離別，痛欲斷幾，肝腸欲斷，汝何忍心，愛汝恨汝，真情難分，緬懷悲泣，不禁涕零，幽冥間隔，永訣死生，金石可朽，耿心不明，爰奠椒漿，芻束敬陳，神其有知，靈其鑒誠。嗚呼哀哉！尚饗！

奠妻文例二：

先室○夫人之靈曰：嗚呼我妻，本為名媛，少讀詩書，熟諳女紅，娉婷嫋嫋，顧盼媚生，謙恭有禮，賢淑端莊，及歸依我，相敬如賓，夫妻情深，如膠似漆，結褵之初，財缺物乏，夫婦二人，患難與共，歷盡風霜，辛苦倍嘗，胼手胝足，開創家業，賢妻治家，內外井然，孝順公婆，和睦妯娌，相夫教子，萬事定成，家人贊賞，鄰人稱善，豈期一疾，魄散魂傾，幽冥間隔，訣明生死，金石可朽，此情不冥，聊陳一酌，靈其鑒歆。嗚呼哀哉！尚饗！

奠男通用文例一：

恭維〇公出身晉江望族兮，七歲渡台。久居竹塹兮，賦性忠誠。堪稱克苦兮，尤足堪穆。畢生經商兮，歷盡風霜，教育兒女兮，訓誨淵源。課督兒孫兮，能以義方，況尤好施兮，澤惠桑梓。熱心公益兮，待人克己。積善獲福兮，五代同堂。正當享福兮，天倫之樂。胡為一夢兮，遽爾仙鄉。〇秩晉〇兮，駕返西天。胡天不佑兮，千古永訣。音容何適兮，永隔終天。猿驚鶴唳兮，穸窀寒煙。哀思設奠兮，德訓流芳。聊具牲酒兮，微意永存。惟靈有知兮。來格來嘗。

奠男通用文例二：

〇〇先生，良質品行，胡天不祐，魂返泉京，將茲偶別，永隱幽冥，噩耗傳至，痛不欲生，壽星既殞，難見音形，靈車西駕，忽爾騎鯨，夜闌月墜，霜飛殘更，一夢千古，長眠不醒，徒嘆造物，無可奈嗚，聊備薄物，以表寸心，望靈祭奠，來格斯馨，神其在上，鑒我哀誠。嗚呼哀哉！ 伏惟 尚饗！

奠男通用文（呂氏家禮大成）例三：

噫嘻！天之生人兮，厥賦惟同，民之秉彝兮，獨厚我公，雍容庭宇兮，愷悌是崇，優游鄉里兮，禮義是宗，方期盛德兮，福履比嵩，胡天不佑兮，倏忽黃泉，悵望不見兮，追憶高風，備牲與醴兮，匍奠以供，冀公降靈兮，鑒我微衷，洋洋在上兮，來格來嘗。伏惟 尚饗！

奠女通用文例一：

天有不測風雲，人有旦夕禍福，大雅云亡，誼切絲蘿，豈忽然奔於九泉，悲風頓起，草木含悲，令人痛惜不已，哀感山陽之曲，苦風淒雨，無限哀傷，願太夫人駕返瑤池，余願足矣。妳系出名門，自幼聰明，秉性溫馴善良，夙嫻女訓，詩禮克敦，伉儷情深，樂善好施，譽滿鄉里，咸予敬仰稱頌，源遠流芳，玉樹盈庭，子孫滿堂，備享天倫，高年八八，福壽雙全，遽登仙鄉，從此千秋永訣，幽冥兩隔，瞻仰無期，雖泉路茫茫，碩德猶存，祈太夫人，祐吾地方後進，促成偉業宏願，祥和繁榮，謹此告奠。來格來嘗。

奠女通用文例二：

憶〇夫人，賢淑端莊，相夫以賢，內助稱良，督教子女，咸循義方，主持中饋，淑慎流芳，猝然一疾，病入膏肓，華佗難醫，渺隔陰陽，與世永辭，而登西方，擇吉告別，俎豆馨香，果品列陳，供奠靈場，從茲永別，碎裂肝腸，恩深淚落，以海難量，神其不昧，來格來嘗。嗚呼哀哉！伏惟 尚饗！

奠女通用文（呂氏家禮大成）例三：

嗟夫！淑人之德，體坤之貞，純德之美，如玉之璋，早為人婦，相夫有光，比為人母，教子有方，持家以慈，勤儉傳芳，處族以量，巨細咸臧，豈期大數，遂夢黃粱，幽明倏阻，實為可傷，某叨眷屬，祇自徬徨，爰有牲醴，奠祭於堂，仰祈靈貺，是格是嘗。伏惟 尚饗！

奠兄弟文（呂氏家禮大成）範例：

惟兄弟與某，氣一情肫，友于可掬，胞乳思存，而今已矣，雁序拋羣，門庭蕭索，手足離分，棣萼不韡，孰知箎壎，黃沙白草，寥落英魂，悲焉兮，波搖銀海淚紛紛，痛矣哉，刃割丹臺不忍聞，今逢月朔望，具牲與醇，是用表忱，鑒此香焄。嗚呼哀哉！尚饗！

奠表兄弟文（呂氏家禮大成）範例：

惟靈與某，中表誼分，生平交處，不減弟昆，況靈德範，猶愈蘭芬，悲今憶昔，涕淚傷魂，特尊一酌，聊獻一豚，幽冥髣髴，鑒我心存。 尚饗！

奠姊妹文（呂氏家禮大成）範例：

惟我姊妹兮，女中之英，處則孝友，嫁則令名，茲焉西逝，棠陰悴榮，愛隆一本，哀慟煮羹，莫伸燃鬚，曷罄哀情，幽冥修阻，將何表忱，登堂薄奠，羞我犧牲，嗚呼哀哉！尚饗！

奠朋友文（呂氏家禮大成）範例：

嗟夫！吾友聲氣之交，歃血雉盟，筆研同事，映雪囊螢，談心促膝，相期鵬程，文星忽隕，遽奪遐齡，形單影隻，風慘雨零，恨不同歿，隨我友生，滿襟隕涕，鵑骨盈盈，怨帝召促，作賦玉京，痛君之往，五內欲崩，萬縷千緒，難悉友情，泣撰數語，黃河淚傾，魂乎歸來，鑒我衷誠。嗚呼哀哉！伏惟 尚饗！

附錄五~九：百家姓世蹟堂聯

丁	濟陽	夢人生松 兆徵列棘	卜	西河	義戒榮利 民比牧羊	于	河南	定國之德 大其門閭	山	河南	望重七賢 統紀十卷
王	太原	暖梳柳岸 瑞溢槐堂	孔	魯國	牒系素王 派源東魯	文	雁門	功成霸業 文開蜀都	尹	天水	函關接道 晉邑輕祿
毛	西河	名高選典 檄喜安陽	尤	吳興	交定誠齋 操清家宰	仇	平陽	望重鸞栖 風高義讓	牛	隴西	禮動明王 書詒後學
卞	濟陽	氣存脫幘 吟重隱居	白	南陽	詩學傳家 盛名震世	田	雁門	家傳兵法 世捧易經	史	京兆	三相一門 八公四世
包	上黨	芝堂映瑞 儲位讜言	石	威武	八公同日 萬石名家	甘	渤海	高宗舊業 秦始上卿	皮	天水	鹿山隱士 楚水神仙
左	汝南	聖門高第 衛國干城	申	京兆	科名群英 存問元老	冉	武陵	聖門賢士 蜀撫幕賓	吉	馮翊	才子名高 孝行見重
江	濟陽	文武世第 良官家聲	任	樂安	五經腹笥 百草彈文	朱	沛國	忠留折檻 學紹考亭	伍	安定	鄢郢孝聞 闔閭忠著
伊	陳留	篇進咸義 言諷非勞	羊	太原	庭魚著潔 峴碑垂思	匡	晉陽	鑿垣夜讀 遮道扳留	向	河南	人羨元風 帝稱大耐
池	西平	西河衍派 泉石比蹤	仲	中山	折獄名家 補袞茂績	成	上谷	南陽譽滿 白虎名高	安	武威	盡忠拒獻 興學重農
吳	延陵	延陵望族 渤海名裔	宋	沛國	明庭圭璧 文苑英華	周	汝南	將軍世第 諫議名高	沈	吳興	三美名堂 八友稱俊
狄	天水	桃李公門 介胄儒士	杜	京兆	詩史大名 武庫隆望	刑	河間	吏民模範 京洛文宗	汪	平陽	翰林裴譽 秘監嘉石
祈	太原	推賢望重 抗諫聲高	利	河南	中山賢相 得道真人	辛	隴西	二虎望重 五龍名高	巫	平陽	廉介自守 才能著稱

冷	京兆	春山義士 鐵面象冠	言	汝南	吾道已南 流風自北	李	隴西	隴西系牒 柱下霓雲	呂	河東	書成左議 學動帝師
余	下邳	八賢望重 三諫風高	何	廬江	揚州洽溥 汝陽望重	介	鄴鄭	慶集天倫 名蜚蘭水	阮	陳留	竹林高概 蓬島仙姿
車	京兆	燈燃螢火 稿著玉峰	別	京兆	義旗先指 射虎除殃	林	西河	九龍世第 十德家聲	宗	京兆	長風大志 甘露異常
卓	西河	紀氏雲臺 從遊洞口	虎	南陽	天朝祭酒 簡子郡臣	易	太原	孝可格天 文能動地	孟	平陸	孔門亞聖 東野大名
金	彭城	忠賢累世 孝友旌門	花	東平	成都猛將 懷遠英侯	房	清河	瀛洲妙選 葛令首推	邵	博陵	學高康吉 德繼文宗
來	平陽	力鋤勤績 博古通今	邱	河南	三州典政 二字褒賢	明	吳興	清邊奇謀 獻瓜異術	岳	山陽	勇堪報國 智足摧鋒
姜	東齊	珠花繼譜 龍杖遺封	胡	安定	鼎元世裔 麟史名宗	柳	河南	派擅河東 閥傳柳下	姚	吳興	梁陳之史 應變之方
俞	河南	學躋十友 德到四公	洪	敦煌	名齊四謝 慶襲三洪	茅	東海	樹下彝猶 山中高臥	施	吳興	易講石渠 名蜚紫塞
段	京兆	節凜軍門 識參痕聽	郎	北海	望氣占風 削木剪紙	紀	高陽	座隔雲母 筆夢青鏤	祝	太原	對策臨軒 濟飢昌後
侯	上谷	唐皇勒石 上谷綿瓜	封	渤海	得大臣體 有高士風	范	高平	瀟灑靈襟 清修姱節	查	齊郡	海陵文行 廣德儒風
涂	南昌	翰林三妙 奕業四奇	計	京兆	書著蓬庵 師傳范蠡	南	汝南	名高作使 望重賦都	柏	魏郡	圖象凌烟 掃氛夔鎮
祖	范陽	聞雞起舞 藏火攻書	馬	扶風	百年名世 絳帳於前	宮	太原	雅重王公 廉稱雲縣	班	扶風	兩都賦就 異域功臣

容	敦煌	上古名臣 一鄉仁孝	貢	廣陵	彈冠慶士 巵從南遷	唐	晉陽	陶堯啟緒 虞叔振封	孫	樂安	賦比擲金 書傳映雪
高	渤海	高陽世胄 渤海盛宗	袁	汝南	嗤彼前賢 承茲世德	殷	汝南	才雄赤電 學擅青箱	康	京兆	髫戚掄魁 金門待詔
翁	塩官	同歌柱石 傳世科名	倪	千乘	尚德緩刑 明倫訓士	徐	東海	八龍世業 五鳳家聲	韋	京兆	傳勝黃金 加袍蜀錦
夏	會稽	清溪孤高 孝先純篤	席	安定	言納神宗 歌來唐帝	海	薛郡	勤政惜民 赤心報國	耿	禹陽	疏勒泉湧 蒲關劍鳴
凌	河間	含山名宦 江表虎臣	桂	天水	政彙一書 鎮安七郡	晏	齊郡	顯君功烈 賢相家風	苟	河內	六經羽翼 八龍無雙
時	隴西	壽春清白 和州廉能	郜	京兆	奕世儒宗 歷朝科甲	晁	京兆	好學長者 海內奇才	秦	天水	孔門高弟 蜀國名臣
宰	西河	會稽著功 贊篁頌德	郤	濟陽	敦書多禮 倜儻瑰偉	家	京兆	同庚蘇友 克忠宋臣	陳	潁川	潁川世第 大吏家聲
莊	天水	天水衍派 周室蜚聲	曹	譙國	譙國名宗 匡王世胄	張	清河	書傳黃石 志切赤松	馮	始平	鄭國名卿 西京人物
許	高陽	評總月旦 望肅睢陽	章	河間	掌中占草 石壁飛書	梁	安定	白鳥甘露 雪嶠灞陵	陶	濟陽	五柳名高 百梅望重
郭	汾陽	太原名宗 汾陽世裔	陸	河南	洛下文章 並馳伯仲	連	上黨	沛澤名賢 金門羽客	商	汝南	兩侯致美 三元流芳
崔	蘭陵	天降神君 人歌慈父	常	平陽	一郡清風 三年化洽	終	南陽	請纓南越 懷璧東都	寇	上谷	白首同居 赤心報國
盛	廣陵	廷尉持平 蒙齊稱號	姬	南陽	赤烏元臣 紅衣國士	梅	汝南	階登文右 帳開鳳池	符	琅琊	漢代名流 魏州保障

魚	馮翊	陂以存恩 詔旌頁白	庾	濟陽	名卿兩秀 世第三登	莫	鉅鹿	謀參軍國 名著異邦	黃	江夏	五經世第 千頃家聲
溫	太原	文藻世系 忠孝傳家	曾	魯國	宗傳洙泗 族甲南豐	湯	中山	馬駐建康 三台垂詔	傅	清河	楫濟巨川 勳鏤漢鼎
彭	隴西	闡秘爻畫 名重漢家	逄	譙國	畫策圖吳 掛冠浮海	隆	南陽	南宮美政 二衛貞廉	游	廣平	立雪程門 步雲秘監
項	遼西	手格過詩 清廉投渭	華	武陵	郟隅撫愛 江表歡心	賀	廣平	性嗜黃流 節勵清操	童	雁門	歌傳循史 薦賜逸民
費	江夏	四英名高 二難望重	覃	齊郡	忠孝傳家 義勇蓋世	富	齊郡	燕京三傑 鄭國太卿	雲	琅琊	器制少府 學興慈州
舒	京兆	賦傳牡丹 錢奏公帑	景	晉陽	績著雲臺 名傳戒石	祿	扶風	涇陽世胄 龍飛首登	鄒	范陽	范陽名族 涿郡高楣
萬	扶風	居同三世 譽並四家	隗	餘杭	孝感江右 著知赤金	鄔	穎川	時推度鹿 世號栖鴉	雍	京兆	漢室肇基 簡州著蹟
廉	河南	功著晉陽 化行南郡	虞	陳留	欽于唐宗 扶於宋室	管	平陽	功高極世 秀發義經	賈	武威	紀烈雲臺 講經虎觀
楊	弘農	清白傳家 經綸蓋世	趙	天水	派衍天潢 家傳清節	鳳	平陽	都督雅重 漢代神先	詹	河間	一盂菓子 三尺神童
雷	馮翊	誼篤金蘭 精浮寶劍	葉	南陽	地起樓臺 儉德傳家	董	隴西	威名震主 才學匡時	靳	西河	系遡西河 道宗伊洛
熊	鍾陵	滕閣名宗 豐城甲族	廖	汝南	古今人表 朝野仙姿	黎	京兆	訓型遺規 家傳之學	裴	河東	武庫縱橫 玉山照映
壽	京兆	書院創興 家居著述	翟	南陽	門題感世 相號通明	葛	頓邱	文紀知名 清節著譽	榮	上谷	涉獵群書 約束猛虎

種	河南	循良著績 忠孝傳家	鄭	滎陽	家傳詩教 聲播蓬萊	鄧	南陽	名卿兩秀 世第三登	樂	南陽	學好左文 人稱水鏡
稽	譙國	孤松獨立 野鶴昂然	駱	內黃	略冠三軍 才齊四傑	歐	平陽	盧陵喆裔 吉縣徽聲	劉	彭城	政馴渡虎 燈焰吹藜
蔣	樂安	銅符鼎峙 玉笱班聯	蔡	濟陽	派衍濟陽 班聯玉階	潘	滎陽	貌冠洛陽 芳留錦邑	樊	上黨	春秋刪垂 麟符別錫
魯	扶風	學貫五經 政誇三異	謝	東山	東山世第 寶樹家聲	盧	范陽	范陽盛裔 海內儒宗	衛	平陽	資幾睿聖 東土遺徽
錢	彭城	彭城閥閱 闌水衣冠	鮑	上黨	俊逸參軍 端方司隸	賴	潁川	疏行紹興 派衍潁川	霍	太原	秉政禁闈 登臨翰海
酆	京兆	壽考雙徵 讜言屢見	龍	武陵	來鶴頌德 乘龍休徵	戴	譙國	二禮名家 毛詩露穎	鍾	潁川	綴羽緝商 揮毫灑墨
薛	河東	河東齊名 五雋流芳	儲	河東	器凝臺閣 詩稱大家	蕭	汝南	相傳人葉 文著六朝	魏	鉅鹿	公忠體國 機警能文
韓	南陽	佐漢偉功 肥唐相業	顏	魯國	名高二協 功定五經	簡	范陽	監法奏罷 性理詳明	闕	下邳	才能著譽 治績馳聲
闞	解梁	忠垂夏鼎 義佐漢家	龐	治平	孝行無雙 賢良第一	譚	齊郡	文羨七齡 時榮三任	藍	汝南	持正蹇直 彈劾觸邪
邊	譙國	東觀著作 天下知名	羅	豫章	藻彰五色 道唱儒林	嚴	天水	月映粟灘 星飛帝座	蘇	武功	三蘇並駕 五鳳齊標
竇	燕山	五桂傳芳 千人奪錦	饒	平陽	道術雙峰 良徵元禮	顧	武陵	洛中三傑 吳下神君	龔	武陵	金樓著節 畫軾宜猷
上官	天水	杖妖立義 定獄片言	司馬	河內	志奮題橋 功成題枕	諸葛	琅琊	司隸家聲 分鼎遠略	歐陽	渤海	史裁五代 名擅北州

一生心性厚 百世子孫賢	山水風光秀 子孫世澤長	山明子孫賢 水秀家業興	山明金鳳舞 壬山生貴子	山明騰瑞氣 水麗財自發	千秋常祀典 萬代紹書香	水秀玉龍飛 坤水出賢孫
水秀起祥雲 山壯旺人丁	天和隨所寄 風氣若無懷	父恩深似海 母德重如山	牛眠生紫氣 龍耳發祥光	元德沐千世 捷書傳萬年	立德齊古今 藏書教子孫	吉人眠吉地 佳偶奠佳城
先人德望在 後輩業績高	名山千古秀 福地萬古昌	百子天地壽 千孫日月長	行善天地蔭 修德龍神護	地靈千山秀 人傑百世昌	地靈蔭千古 人傑傳萬秋	佳山千古秀 松柏萬年青
佳城安祖塔 寶穴壯家聲	青山芝蘭茂 碧海瀚澤長	青山長作伴 松柏永為鄰	青山長福壽 玉水旺財丁	承先光祖德 啟後裕良圖	承先光祖德 啟後裕家聲	奇峯朝福地 秀水育賢人
松蒼繞勝地 柏翠護佳城	南山千古秀 東海萬年春	面山如對畫 玩水爰臨池	洞天引金鳳 福地兆玉麟	厚德昭桂子 高風飴蘭英	財丁興旺水 龍鳳吉祥地	財丁興旺地 龍鳳飛翔天
桃李成蹊徑 蘭竹光畫圖	高風襲祖訓 正氣遺孫枝	祥雲龍吉地 瑞氣照佳城	通古今文史 育天下英才	福田祖上種 心地子孫耕	福光照萬代 壽域慶千秋	福地龍飛鳳 旺向興財丁
椿萱挺而健 芝蘭清且香	勤儉敦夙好 耕讀秀群英	壽同松柏茂 福共海天長	遠欽仰祖德 近悦迎宗功	靠山明堂闊 興宅子孫賢	德行感桑梓 品節昭後人	德貫天人際 氣穿日月光
積德培麟趾 傳善起鳳毛	龍旺發富貴 穴真子孫興	龍盤虎亦踞 地靈人更傑	靜時疑水近 高處見天闊	騎龍騰空去 駕鶴朝西歸	戴璧千年俎 祈祥萬年燈	靈山昌百世 寶穴旺千秋

一生正氣垂青史 兩袖清風貫長虹	一代英雄土一堆 寒雲哀草翳荒丘	山川飽含千古秀 椿萱長占四時春	山明金氣昭先祖 水秀祥光映後人	山環水抱聚紫氣 虎踞龍蟠呈吉地
子孝孫賢昌百世 宗功祖德著千秋	已見有功成鼎足 誰言無策定神州	三思未報劬勞德 一世難忘養育恩	水色山光襯吉地 花香鳥語頌鴻恩	水秀山明千里外 寶山玉案連峯起
天經地義無今古 智山仁水有靈通	功名未就身先卒 日落青山萬古愁	四面朝山宜虎伏 三亭護穴得龍藏	四面紫氣靄吉地 八面靈龍擁洞天	且喜座中先得月 不妨睡處亦看山
母儀千古留桑梓 長記慈惠傳後人	百世昌隆賴先輩 千秋功德垂子孫	先妣飽經風霜苦 兒孫永銘養育恩	至高無上榮先祖 德邵豐功譽後賢	地連八斗文光聚 峯拱大門瑞氣盈
地憑祥光開泰運 人以正氣耀兒孫	安渡巨浪方仰泰 溪循重山再東流	艮山貴向乘生氣 玉水藏風永吉祥	牢記禮為孝之本 莫忘道以德為宏	來山必然發甲第 去水定主獲貞祥
青山源遠護吉地 碧水長流靄門庭	佳城永賜房房福 吉地長生代代財	佳城福地慰父母 青山綠水蔭子孫	宗祖發祥承世澤 子孫興盛振家聲	近智近仁近孝悌 希賢希聖希顯達
依水傍山大福地 步雲攀桂有緣門	前望麟巒光祖澤 後依龍脈耀孫枝	建家創業光先緒 頂祖耀宗蔭後人	旺龍真穴千古富 砂水朝抱萬載昌	忠恕有恒為國事 孝思不匱報親恩
美德人間耀兒女 音容天堂保子孫	美德常齊天地永 嘉風久伴山河存	祖塔奠安光世澤 宗恩厚福蔭兒孫	祖德宗功千載澤 子孫繼承萬年光	祖德宗功征祥瑞 子孝孫賢迎騰達
祖德流芳綿世澤 塔靈錫福蔭兒孫	英靈已作蓬萊客 德範猶勵後代人	後環青山千古秀 前抱綠水萬代興	紅塵多姿非真景 蜉歸淨土悟無生	恩大汪洋無他報 心懷想像有天知
恩育兒孫情天長 愛心不逝似地久	恩育兒孫情天長 愛澤後輩比地久	恩育兒孫如地厚 福澤後輩似天高	祥光燦爛照先祖 瑞氣蒸騰裕後昆	桃花影裏飛神劍 碧海潮生茫茫劫

茹苦含辛撫兒女 厚德載福蔭子孫	家風遠播起祥光 世澤永綿浮瑞靄	教子相夫稱美德 節儉勤勞存懿範	報效先輩唯修德 希冀兒孫當盡忠	案朝福海千秋盛 地接桃津萬代興
堂堂兆域牛眠地 郁郁佳城馬鬣封	清草池邊墳一丘 千年埋骨不埋羞	欲見嚴容何處覽 唯思良訓弗能聞	慎終須盡三年禮 追遠帶懷一片心	福地金龍接脈來 天高地遠一壺中
福海星風拱北斗 夢筆生花產棟梁	福履綏將豔世傳 慈心博愛留人間	普渡眾生憑佛道 匡扶宇宙藉神榮	祿創良模光後裔 富承善訓耀前人	慈恩育後情無私 愛心澤人芳流長
榮名富貴千秋譽 華胄風光萬世昌	傳家詩禮千秋繼 玉筆文章萬世尊	漫步龍山隨繾綣 暢遊福嶺任逍遙	煙消赤壁人何在 月滿長江水自流	萬里雲山勞想像 一生宗仰重湖山
蓬山此去無多路 瑤池迎母小玉挽	操如松柏清如竹 言可經綸行可節	興龍旺穴真發富 貴砂青水秀子孫	德厚恩深天地永 靈山秀水日月長	維護家風有建樹 正人君子受推崇
顯妣從善興家道 娘恩比天蔭子孫	靈山寶穴千古秀 瑞彩祥雲萬年昌	嶺上梅花香五里 墓前明月照三更	閫範流芳傳萬代 風徽煥彩耀千秋	廬暖情深傳祖訓 江長志振家風遠

靈安福地臥真穴 子孫世代福無休	一生辛勤德傳梓里 終身節儉範式親朋	一世清名英年早逝 半途福壽壯志未酬	山川豪氣元龍高臥 英靈遐想仙鶴常遊
山輝川媚光華相映 子貴孫賢仁壽同登	五里巨粱長留浩氣 靈安仙山永慰英靈	仁義自修君子安樂 勤儉傳家後代利貞	地靈人壽百歲同歸 月白風清一盃自酹
取靜於山寄情於水 近山流水後輩共懷	得山水情其人不朽 懷凌雲志兒孫必賢	剪月裁雲深恩長在 問晴課雨美德永恆	渡海東來　開萬派 開山北望系育千孫
福地洞天先賢獨得 近山流水後輩共懷	傳家不外為善兩字 教子隻在積德一端	蓋世功名不矜不我 一心道德在敬在誠	德沐桃李名高金鼎 功裕芝蘭節映冰壺
蹈德詠仁路無不暢 正身履道樂以相傳	懿德長存子孫託福 非份莫求世代永昌	山如父肩父肩擔兒女 水似母愛母愛潤子孫	日月星辰三光呈異彩 春秋冬夏四季浴清芬

天馬映佳城大德必受 金龜排福地長發其祥	念前輩克勤克儉創業 勉後裔課耕課讀振家	風範億萬年長傳後代 典型千百世永駐人間
青山綠水相依夢繞龍潭 白雲紅日相伴魂繫藍天	天澤萬物吉地佳城蘊清靈 世法孝悌神人祖德祐賢傑	先世囑言創業維艱憑血汗 後昆秉訓箕裘克紹照丹心
身臥福地始成大朴歸天地 魂泊靈山更留和風惠子孫	東巴鍾靈遷台繁衍傳千古 海源淵澤匯海朝宗納萬流	東郡傳來宗族發揮承世澤 海地居聚子孫興盛振家聲
佳城福地慰父母一生艱辛 青山綠水蔭子孫萬代興旺	河畔龍潛福地鍾靈昌後裔 南屏鳳舞名山毓秀葬先骸	春祀秋嘗本地水源思祖澤 地靈人傑蛟騰鳳起紹孫賢
南極星輝千載祥光朝福地 鵬祥天上萬重瑞氣護佳城	氣聚運臨山巒起伏藏秀穴 水潤財盈明堂金粼現祥龍	清幽淡雅四季庭前花常豔 潔淨無塵全年後院樹長青
傳家唯孝悌岩留雲盈福地 養性在忠良駕護海擁新天	魁星高照千房裔輩通文武 智扭乾坤萬代兒孫達聖賢	錦山永茂南飛彩鳳獻佳城 秀水長流北躍金龍朝福地
立德齊今古祖德千秋常祀典 存厚傳子孫兒孫萬代紹書香	至道永遺徽禮讓尊賢垂大義 德威長戴頌懷仁希聖仰高風	承家多有德北斗鍾靈征吉地 繼代有仁風湖山毓秀兆佳城
渤海建佳城案外交峯擎五指 延陵藏福地堂前秀水透雙溪	紫氣盈福地山接桃峯增福壽 祥雲擁洞天案朝竹嶼兆平安	靈通彰瑞靄致意焚香酬祖德 塔氣結祥雲誠心禮拜報宗親

參考資料

書名	作者	出版社名稱	頁數	出版日期
婚喪禮儀手冊	諶克莊	新竹社教館	235頁	1990.06.30
深情相約—婚嫁禮俗面面觀	呂敦萍／羅健蔚	國家出版社	153頁	2008.03.01
台灣舊習慣生活與飲食文化	卓克華	蘭臺出版社	300頁	2008.12.01
台灣生命禮俗—漢人篇	李秀娥	遠足文化出版社	200頁	2006.06.26
台灣的生命禮俗	秋雨編輯部	秋雨文化出版社		2005.11.05
婚禮	郭崧文	福田出版社	65頁	2002.05.29
「鮮」起妳的蓋頭來—中國婚禮	蔡利民	上海文藝出版社		2001.11.01
柬帖法式備覽	印成市區委會	天津人民出版社		2007.12.01
婚嫁		宗教文化出版社	153頁	2004.05.01
台灣人的生命之禮	王　灝	壹原出版社		1992.07.10
民俗與民藝	阮昌鋭	臺灣省博物館		1984.10.09
臺灣民俗之禮	洪進鋒	武陵出版社		1992.07.10

本書特點：

一、本書具有學術性參考價值，內容結合了行政院訂定的國民禮儀規範，全方位解讀了台灣漢人生命禮俗源流，將今昔的生命禮俗一一陳述。並深入淺出，井然有序的介紹多款好詞、佳句。是婚喪喜慶不可或缺的禮儀範本。

二、內容鉅細靡遺撰述，完全酌參了台灣現實風俗民情。能讓讀者提升在交際應酬上祝、悼、賀詞的品質與情境適應能力。同時本書不僅具實用性及趣味性外，更讓人入於目、朗於口、融於心，在一個特別的日子裡，一句真誠的祝福，一篇動情的賀詞，勝過五彩鮮花，勝過浪漫的詩句，勝過貴重的禮物。

三、書中各篇附帶範例，或典雅莊重，或詼諧幽默，或妙趣橫生，可謂不拘一格，應有盡有。無論您在何種場合，扮演何種角色，本書都能提供您臨場素材，讓您語出驚人，讓聽者感動。

國家圖書館出版品預行編目資料

生命禮俗五部曲Rituals of Five Stages in Life 瀟灑走一回 / 施來山 編著 --初版-- 臺北市：蘭臺出版社：2016.1

ISBN 978-986-5633-17-2(平裝)

1.生命禮儀 2.中國

530　　　　　104024312

禮儀民俗研究叢刊 7

生命禮俗五部曲──Rituals of Five Stages in Life 瀟灑走一回

作　　者：施來山
編　　輯：高雅婷
美　　編：林育雯
封面設計：塗宇樵
出 版 者：蘭臺出版社
發　　行：博客思出版社
地　　址：台北市中正區重慶南路1段121號8樓之14
電　　話：(02)2331-1675或(02)2331-1691
傳　　真：(02)2382-6225
E—MAIL：books5w@yahoo.com.tw或books5w@gmail.com
網路書店：http://bookstv.com.tw/、http://store.pchome.com.tw/yesbooks/
http://www.5w.com.tw
網路書店：博客來網路書店 http://www.books.com.tw
總 經 銷：成信文化事業股份有限公司
電　　話：(02)2219-2080　傳 真：(02)2219-2180
劃撥戶名：蘭臺出版社 帳號：18995335
華文網路書店、三民書局
香港代理：香港聯合零售有限公司
地　　址：香港新界大蒲汀麗路36號中華商務印刷大樓
C&C Building, 36,Ting, Lai, Road, Tai,Po, New,Territories
電　　話：(852)2150-2100　傳真：(852)2356-0735
總 經 銷：廈門外圖集團有限公司
地　　址：廈門市湖裡區悅華路8號4樓
電　　話：86-592-2230177　傳 真：86-592-5365089
出版日期：2016年1月 初版
定　　價：新臺幣380元整（平裝）
ISBN：978-986-5633-17-2